国家社会科学基金“十三五”规划2018年度教育学一般课题“面向核心素养发展的课堂深度学习设计研究”（课题批准号：BCA180093）成果

课堂深度学习设计

——面向核心素养发展

杨南昌　著

Designing Deep Learning for Classroom

Toward the Development of Key Competences

中国社会科学出版社

图书在版编目（CIP）数据

课堂深度学习设计：面向核心素养发展 / 杨南昌著．—北京：中国社会科学出版社，2024.5

ISBN 978－7－5227－3494－1

Ⅰ.①课…　Ⅱ.①杨…　Ⅲ.①课堂教学—教学设计　Ⅳ.①G424.21

中国国家版本馆 CIP 数据核字(2024)第 086177 号

出 版 人　赵剑英
责任编辑　许　琳　姜雅雯
责任校对　周　昊
责任印制　郝美娜

出　　版　中国社会科学出版社
社　　址　北京鼓楼西大街甲 158 号
邮　　编　100720
网　　址　http://www.csspw.cn
发 行 部　010－84083685
门 市 部　010－84029450
经　　销　新华书店及其他书店

印　　刷　北京君升印刷有限公司
装　　订　廊坊市广阳区广增装订厂
版　　次　2024 年 5 月第 1 版
印　　次　2024 年 5 月第 1 次印刷

开　　本　710×1000　1/16
印　　张　19
插　　页　2
字　　数　283 千字
定　　价　108.00 元

凡购买中国社会科学出版社图书，如有质量问题请与本社营销中心联系调换
电话：010－84083683

序

因教学和研究的需要，近些年，去中小学听了不少的课，欣喜和惊诧于教师课堂教学创新所带来的进步和变化，同时也感慨于一些创新课堂的表象下，传统根深蒂固的“授受主义”教学思想所导致的浅层学习问题仍未得到根本解决。比如，一些看似对话式的热闹课堂，实则是“对不对”“是不是”“好不好”这类的简单对话，或是期待学生按照教师设定答案的“剧本式回答”。尤其在公开课中，这种剧本式回答就容易演变为“迎合性的课堂表演”。又如，有的老师会在一堂课中设计五花八门的齐读、跟读、诵读、接龙读、小组竞读、男生读、女生读、默读等，目的可能只是吸引学生的注意而非学生的学习。一些教师的课堂创新可能实现了学生在外在活动上的形式参与，但学生的内在思维不一定与外在活动“同频共振”，自然也就很难实现深度主动学习。我们到底需要什么样的课堂？素养导向的课堂教学创新如何实现从外在到内在都主动的深度学习呢？这些问题常常困扰着我，成为撰写本书的最初动因。

课堂教学创新是一个很宽泛的研究主题，已有很多学者做了大量卓有成效的探索和研究。我又该从何处入手来探讨课堂教学的创新呢？当AI技术催生数字教育新形态，当培养学生面向未来的核心素养和深度学习能力成为全球教育改革运动的共同指向，显然，建基于传统认知心理学之上的教学设计理念已难以胜任，而国际教育领域新兴的跨学科研究学习——学习科学，以不断涌现的学习新观点为创变课堂教学提供了坚实的理论支持。因为，所有课堂教学创新理念的背后，本质都是学生的学习问题，聚焦学习创新是高质量课堂教学变革的基点。因此，从学习科学和深度学习视角来审视素养导向的课堂教学创新，自然成为了本书撰写的立足点和设计主线。

正如谚语所云：若想改变它，必须理解它；若想理解它，则必须改变它。本书首先尝试跳出教室场域的狭窄视野，将课堂学习的理解置于人类学习更广博的概念视域中，构建一幅理解课堂深度学习的多维立体图景，包括融合正式与非正式学习的“四生学习”视角，整合两组学习过程（个体获得过程和群体互动过程）与“个体—群体—环境”交互关系的三维学习框架视角，以及同时关注教学的外在活动和学生的内在思维体验的优质教学视角。

卡尔·马克思指出，哲学家们只是以不同方式解释世界，而问题在于改变世界。“参与世界，改变世界”正是深度学习的基本命题和价值意蕴指向，即发展学习者应用所学对世界做出积极、可持续的改变能力，也就是个体对他人和世界做出贡献的人性回馈能力——为人的美好生活搭建通路。当我读到富兰（Fullan）和麦凯琴（McEachen）对深度学习如此至高的价值定位时，心底突然涌现一种热血沸腾般的神圣感：浅层学习带给学生的是不能改变世界的“惰性知识”，而深度学习拥有着唤醒学生内在生命的力量，面向深度学习的课堂教学创新，不仅是现时的一种教学变革，更是教育者面向未来、赋能学生改变世界的使命行动。特别是在生成式AI时代“知识消费”课堂模式仍占主导的今天，探索和实践课堂“化知识为素养”的深度学习变革行动尤其迫切。

在本书的写作过程中，我常提醒自己，不能只做课堂深度学习的解释工作，更重要的是要助力教师开启变革课堂的设计行动。唯恐自己写出来的东西不能为一线的教师所用，耳边也常回响起雷格曼（Lagemann）的那句话：教育研究生产了很多理论，却长期被批评为没有产生多少“可用的知识”。为此，我在自己的大学课堂和小学课堂中努力开展深度学习的设计研究，希望能提炼出一些“可用”的设计原则。面向未来的教育变革行动，不应该只发生在中小学课堂，也不只是发生在大学课堂，而是大学和中小学教师“双主体”以及大学和中小学“双课堂”的同步革新。我希望能将更多的师范生（未来教师）置于大学老师设计的“深度学习课堂”，帮助他们在体验深度学习的过程中，不仅自己要学会“如何深度学习”，更要学会在未来的教师工作中“如何为深度学习而教”。

设计是本书关注的焦点。康弗雷（Confrey）精辟地指出，教师的每次课堂教学情境都是独特的，而设计是应对独特情境的唯一方式，虽然我们不可能精准预测一个设计结果，但可以通过一个连同实践论据的解释性框架引导设计实践。因此，他更愿意将学习科学所做的设计研究产生的理论称为“解释性框架”。正是基于这一认识，本书提供的不是课堂深度学习设计直接的、具体的操作步骤，而是尝试建构由学习理解、设计理念、设计思维、设计模式、设计评价、文化工具和技术支持等组成的一个课堂深度学习设计的整合行动框架。就像造房子一样，建筑师关注的重点是如何搭建好一个稳固的房屋框架，至于个性化的装修工作则留给房屋的主人。搭建房子最重要的是它的“四梁八柱”以及支撑墙体的内核钢筋，课堂深度学习设计的整合框架就好比创建深度学习课堂的“四梁八柱”，情境化、意义感、关联性、社会交互和专家思维发展等则是深度学习教学法的核心和搭建深度学习课堂的“内核钢筋”。抓住了深度学习的内核，我们就能创建出更多富有个性而多彩的深度学习课堂。

杜威“实践作为交换”的观点和吉布森（Gibson）的生态心理学理论暗示着理论的境脉性：理论和设计会依据当地复杂情境的特性而变换，需要在传播理论的同时描述境脉的独特性。这也是本书最后附上大学和小学两个课堂深度学习设计实践案例的原因，希望可以帮助教师在课堂设计实践中有所参照，并能根据自身教学实际重新将“境脉中的理论”境脉化。

和学习科学设计研究产生的许多有关课堂复杂情境的设计原则一样，本书形成的课堂深度学习设计理解不是一种定律，而是一种尝试和努力。我们希望所做的工作能为教师提供一种创建课堂可能的脚手架模式、一种理解自己已有丰富课堂实践经验的新途径，并以此引导产生成功的学习结果，改变课堂，改变学生，进而增进他们参与世界和改变世界的能力。由于作者水平有限，书中纰漏之处在所难免，敬请各位方家批评指正。留存的问题，让我们回到课堂实践中再设计、再实践、再探究，因为设计研究本身就是一个朝向学习理解的不断迭代的探究过程。

写就本书初稿，正值国庆中秋双节前夕。信步走出房门，路边桂花阵阵飘香，街头人们喜气洋洋，手机直播传来中国高等教育学会学习科学研究分会2023学术年会在武汉召开的盛况，欣然中情不自禁地在会议直播间的互动聊天室发了一条祝语：愿更多学习科学研究进入千万教师的课堂，生根开花，恰如金秋丹桂，香播四方。

杨南昌

2023年9月23日

目　录

引　言　面向未来而教的时代之需 ······ 1

一　现实审思：我们在面向未来而教吗？ ······ 2

二　聚焦素养：全球教育改革运动的共同指向 ······ 4

三　从“教”到“学”再到“深度学”：课堂变革的二次转型 ······ 6

第一章　深度学习与核心素养：路径与目标 ······ 11

第一节　认识深度学习 ······ 11

一　深度学习的缘起与发展 ······ 11

二　深度学习的核心特征 ······ 15

三　深度学习的认识转变 ······ 19

四　深度学习的能力构成 ······ 21

五　深度学习的发生机制 ······ 23

第二节　解析核心素养 ······ 27

一　素养：一个易混淆的概念 ······ 27

二　核心素养的内涵 ······ 29

三　代表性核心素养框架内容 ······ 31

第三节　深度学习：核心素养发展的路径与目标 ······ 36

一　过程：深度学习是核心素养生成的必要路径 ······ 36

二　结果：深度学习与核心素养能力兼容互补 ······ 39

三　实践：面向核心素养发展的课堂深度学习 …… 40

第二章　课堂深度学习：学习科学视角的多维理解 …… 42

第一节　广博学习视野中的课堂学习 …… 43

一　四生学习：将课堂学习置于更广博的概念中 …… 43

二　从微观到宏观：将课堂学习置于更广博的图景中 …… 48

三　家校社协同：将学习者文化境脉的多样性转换为教育资产 …… 54

第二节　三维框架视角中的课堂深度学习 …… 57

一　理解学习的三维框架 …… 57

二　三维框架视角中的课堂深度学习 …… 58

第三节　优质教学视角的课堂深度学习 …… 65

一　优质教学：促进学生参与高认知水平学习活动 …… 65

二　优质教学：从“主动学习”向“深度主动学习”转型升级 …… 67

三　优质教学：让学生获得一流的学习体验 …… 71

第三章　课堂深度学习设计：一个整合的行动框架 …… 73

第一节　课堂深度学习行动的出发点 …… 74

一　转变从教学思维开始：从“自上而下”到“自下而上” …… 75

二　改变从课堂开始：“大—中小学”双主体双课堂的联动革新 …… 76

三　改变从认知提质开始：突破认知天花板 …… 78

第二节　课堂深度学习设计的整合行动框架 …… 80

一　学习科学与教学设计的融合设计行动框架 …… 80

二　富兰等的四层次深度学习框架 …… 83

三　深度学习四构件行动框架 …… 84

四　综合构建：一个课堂深度学习设计的整合行动框架 …… 86

第三节 促进深度学习课堂转型的设计思维 …… 88
一 设计思维：促进深度学习课堂转型成功 …… 88
二 运用设计思维创新教学的三面向原则 …… 93
三 课堂深度学习的逆向设计 …… 102

第四章 课堂深度学习设计：典型模式与策略 …… 106
第一节 深度学习教学法 …… 106
一 深度学习典型项目与案例学校的观点 …… 106
二 基于学习科学的共同观点 …… 109
第二节 深度学习模式的选择 …… 113
一 深度学习三维框架下的模式类型 …… 113
二 典型深度学习模式的设计选择 …… 119
三 深度学习的单元学习设计 …… 142
第三节 促建深度学习课堂的文化工具 …… 148
一 深度学习课堂的文化特质 …… 148
二 学习规范：促建深度学习课堂的文化工具 …… 150
三 课堂深度学习规范形成的过程模式 …… 155
第四节 技术赋能的深度学习 …… 170
一 用技术支持学习 …… 171
二 技术赋能深度学习的3P模型和效能机制 …… 174
三 建构学习者的数字化深度学习能力指标体系 …… 181

第五章 课堂深度学习的评价设计 …… 186
第一节 课堂深度学习评价设计模型 …… 186
一 深度学习评价概述 …… 186
二 深度学习评价设计3P模型 …… 190
第二节 深度学习评价常用方法 …… 194

一　面向思维结构的评价 …… 195
二　面向深度理解的迁移评价 …… 202
三　面向能力发展的进阶评价 …… 205
四　面向学习体验的评价 …… 208
五　指向深度学习的情境化作业设计 …… 209
六　数据驱动的学习评价 …… 219

第六章　课堂深度学习设计的实践案例 …… 224
第一节　小学数学深度学习单元教学案例 …… 224
一　设计理念 …… 224
二　设计框架 …… 225
三　设计案例 …… 226
四　实施效果 …… 234
第二节　大学课堂深度学习设计案例 …… 244
一　现实痛点 …… 244
二　系统创新 …… 245
三　思政融境 …… 255
四　实施效果 …… 257

参考文献 …… 260

附　录 …… 282
附录一　深度学习调查问卷 …… 282
附录二　沉浸体验量表（FSS） …… 289

后　记 …… 291

引　言

面向未来而教的时代之需

世界变化之快已超乎预期。步入21世纪，随着人口、环境、资源、政治等全球因素的复杂变化以及科学技术的快速发展，一个充满易变性（Volatility）、不确定性（Uncertainty）、复杂性（Complexity）和模糊性（Ambiguity）的世界——“乌卡时代（VUCA）”已经到来。这个描述未来的新创词旨在发出警告——我们的世界正在变得越来越难以预测和管理。[①]一方面，学生未来将从事的工作，有65%现在还不存在；另一方面，当他们毕业走向社会时，他们在学校所学专业指向的工作或许已不复存在或者正在逐步消亡。学生还没有毕业，知识就落伍，一毕业就面临失业的新挑战。[②]

这一趋势在人工智能时代变得越发明显。科技的加速发展导致社会变迁的加速，引发社会结构、家庭、工作、教育系统、课堂结构等变化速率以及生活节奏的持续加快，这一现象被德国社会学家哈特穆特·罗萨（Hartmut Rosa）称为“当下时态的萎缩”[③]。因此，只用“变化”来形容当下社会已然不足，这个世界已经被重塑，而且重塑的速度远远超过了人

---

① ［美］查尔斯·菲德尔、玛雅·比亚利克、伯尼·特里林：《四个维度的教育：学习者迈向成功的必备素养》，罗德红译，华东师范大学出版社2017年版，第6页。

② Switzerland：World Economic Forum，*New Vision for Education：Fostering Social and Emotional Learning through Technology*，October 3，2016.

③ ［德］哈特穆特·罗萨：《新异化的诞生：社会加速批判理论大纲》，郑作彧译，上海人民出版社2018年版，第17页。

们改变的速度。[①] 例如，2022 年 11 月底，美国人工智能研究实验室 OpenAI 的聊天机器人模型 ChatGPT（Chat Generative Pre-trained Transformer）一经推出，便引发全球热议和高度关注，以知识传递为核心的传统课堂被逼入墙角。时代之车的驾驶者需要面向远方“预见性开车”，学校教育者需要“面向未来而教”。约翰·杜威（John Dewey）曾说：“如果我们沿用过去的方法教育今天的学生，那么我们就是在剥夺他们的未来。”

一 现实审思：我们在面向未来而教吗？

身处这个激变时代的教育者，需要增加对学生学习、技术变革以及未知复杂性的了解，反思学校该为学生提供什么样的学习，形成什么样的知识、技能和素养，才能为他们的未来做好准备。然而，审思当前的课堂，授受主义教学根深蒂固，知识本位的教育仍占主导，技术支持的学习环境仍处于低水平使用，学生继续学习着原来的课程，还没做好面临世界挑战的准备。

根据《中国教师未来教育认知调查报告》显示，在学校的教学组织中，班级集中讲授平均占 70.59%，个性化学习平均占 29.41%。[②] 另一份《中国中小学学习空间调查报告》的数据表明，演示布局使用的频率最高（3.27），其次是小组布局（2.93）和个体布局（2.78），团队教学布局最低（2.52）。学生使用技术设备完成作业的频率最高，其他学习任务相对而言使用较少。[③] 来自七个国家的一份创新教学项目研究报告同样表明，教师和学生在学校教室中的技术使用，仍停留在传统教学的基础应用上，很少用来支持合作与知识创造的深度学习上（如图 0－1所示）。[④]

---

① Friedman T. L.，*Thank You for Being Late*：*An Optimist's Guide to Thriving in the Age of Accelerations*，New York：Farrar，Straus and Giroux，2016，p. 31.

② 《中国教师未来教育认知调查报告》，中国教育科学研究院未来学校实验室、中国教育发展战略学会未来教育专业委员会，2021 年。

③ 王素等：《中国中小学学习空间调查报告》，中国教育科学研究院未来学校实验室，2022 年。

④ Michael Fullan & Maria Langworthy，*A Rich Seam How New Pedagogies Find Deep Learning*，London：Pearson，2014，p. 31.

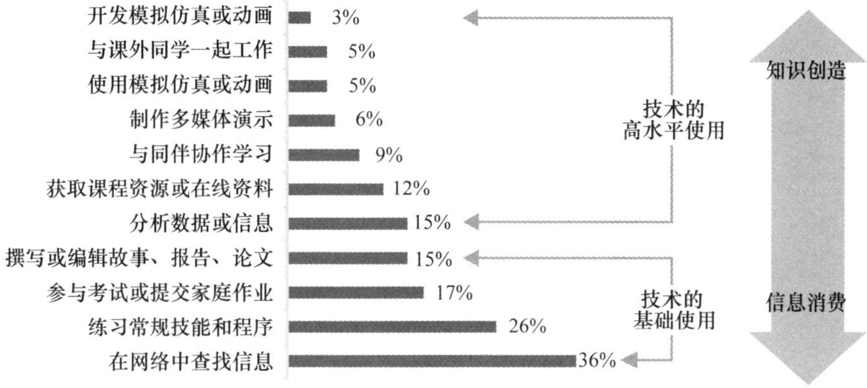

图0－1　技术使用和知识创新

这意味着，学生未来所需的问题解决、批判性思维、合作交流与创造等高阶能力不仅没有在学校课堂中得到充分的锻炼，甚至有多项研究发现，“孩子在学校的时间越长，他们的好奇心就越少，创造力在逐步下降”①。笔者所在的课题组进行了一项针对小学、初中、高中三个学段学生的深度学习能力调查，也部分证实了这一结果。分析发现，随着学段的提升，学生的创造性思维、批判性思维、团队合作倾向、学会学习能力等关键能力不增反而下降（图0－2），且所有维度整体检验的F值都达到显著水平（$P<0.05$），表明不同学段的学生在深度学习能力上均存在显著性差异。以创造性思维为例，小学段平均得分4.631，初中段平均得分4.135，高中段平均得分4.034。这一问题在大学阶段依然明显，有不少比例的大学生在课堂中不知道如何进行小组合作，他们习惯于听老师讲、记笔记的课堂，不习惯于发起课堂提问和主动学习。

这暴露出，大学生缺乏的恰恰是中小学教育没有重视的。赵勇认为，这是为培养适合工业时代生产雇员而设计的传统教育范式的预期结果，不足为奇。创造力要培养人“想把事情做得不一样”，而在传统雇主看来，

① ［美］詹姆斯·A. 贝兰卡主编：《深度学习：超越21世纪技能》，赵健主译，华东师范大学出版社2020年版，第72页。

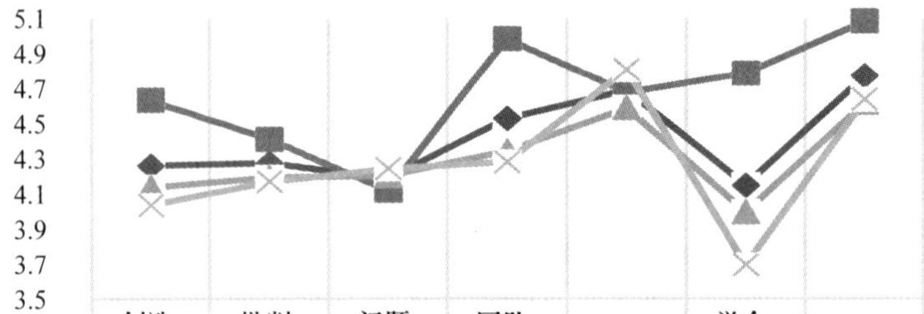

	创造性思维	批判性思维	问题解决能力	团队合作倾向	沟通倾向	学会学习能力	学习毅力
总体情况	4.26	4.273	4.185	4.525	4.687	4.147	4.77
小学	4.631	4.409	4.117	4.98	4.674	4.784	5.08
初中	4.135	4.19	4.2	4.341	4.585	3.994	4.615
高中	4.034	4.166	4.241	4.277	4.804	3.692	4.633

总体情况　小学　初中　高中

图 0－2　中小学生深度学习能力情况对比

这只会让人成为一个糟糕的不顺从员工。在传统课堂上，教师喜欢的往往也是乖乖听话、顺从的学生。用培养 20 世纪产业工人的行动办明天的教育，与面向未来而教的素养教育理念背道而驰，难以培养适应未来创新型经济社会所需的创造型人才。

二　聚焦素养：全球教育改革运动的共同指向

面对时代新变局，培养学生面向未来社会和工作所需的核心素养和深度学习能力，已成为 21 世纪能力导向的全球性教育改革运动的共同指向。在这场全球性的教育改革运动中，“核心素养”与“深度学习”成为世界各组织和国家共同追求的教育理念。

1997 年，经济合作与发展组织（OECD）设立了“素养界定与选择：理论与概念基础”项目，最早倡导“核心素养”教育理念的研究与变革，目的在于提供一个健全的概念框架，为确定关键能力提供信息，加强国际评估，并帮助确定教育系统和终身学习的总体目标，以应对相互依存、不断变化的复杂世界。在之后的“教育和技能的未来2030”项目中，继而提出了“学习指南2030”，阐明未来的共同核心目标和要素，帮助学生实现个人幸福感和集体幸福感。① 2006年，欧盟组织推出包括母语沟通能力、外语沟通能力、数学素养和科技基础素养、数字素养、学会学习、社会与公民素养、创新意识与企业家精神、文化意识和表达八个方面的核心素养框架②，并在2020年进一步提出包括个人能力、社交能力、学会学习三方面的LifeComp终身学习框架③。美国、芬兰、法国等一些发达国家也研制了符合自己国家发展需求的核心素养框架和课程改革方案。大部分政策都强调学生发展深度内容知识以及将知识和技能应用到校内外的新任务和情境中的能力，体现了对学生在“高水平学术学习和真实世界应用”上的双聚焦。④

迈克尔·富兰（Michael Fullan）认为，在这场新的全球素养导向的教育改革运动中，深度学习是获得全球化能力的过程，必须将之与核心素养发展结合在一起。在加拿大推进基于核心素养的基础教育改革进程中，富兰提出的以“深度学习”和“深度学习胜任力（全球化能力6Cs）”为核心的概念发挥了重要作用。他与英特尔、微软、培生（Pearson）国际教育集团以及普罗米修斯（Prometheus）科技公司联合开展了“面向深度学习的新教育学”（New Pedagogies for Deep Learning）研究项目，项目涉及美国、挪威、芬兰、加拿大、新西兰、乌拉圭、澳大利亚七个国家，近1500

① OECD, “The Definition and Selection of Key Competencies”, (May 27, 2005), https://www.oecd.org/pisa/definition-selection-key-competencies-summary.pdf.

② European Commission, “Key Competences for Lifelong Learning”, (Apr 30, 2022), https://www.britishcouncil.org/sites/default/files/youth-in-action-keycomp-en.pdf#: ~: text = The%20Reference%20Framework%20sets%20out%20eight%20key%20competences%3A, initiative%20and%20 entrepreneurship%3B%208%29%20Cultural%20awareness%20and%20expression.

③ European Commission, “Life Comp: The European Framework for Personal, Social and Learning to Learn Key Competence”, (Apr 30, 2022), https://publications.jrc.ec.europa.eu/repository/handle/JRC120911.

④ M. Huberman, Catherine Bitter, Jennifer Anthony, J. O'day, *The Shape of Deeper Learning: Strategies, Structures, and Cultures in Deeper Learning Network High Schools*, American Institutes for Research, September 1, 2014.

所学校。①

根据国际教育发展趋势和国内教育发展现实，我国于2016年正式发布具有中国特色的核心素养框架。2022年4月，教育部印发《义务教育课程方案和课程标准（2022年版）》，核心素养导向既是课标研制工作的主线，也是课标文本的主旋律。新版的课程标准总目标明确提出，“聚焦核心素养，面向未来。依据学生终身发展和社会发展需要，明确育人主线，加强正确价值观引导，重视必备品格和关键能力培育。精选课程内容，注重培养学生的爱国情怀、社会责任感、创新精神和实践能力，奠基未来”②。这表明了深化教学改革在坚持素养导向、强化学科实践、推进综合学习和落实因材施教上的根本指向。

三　从“教”到“学”再到“深度学”：课堂变革的二次转型

课堂作为学校教育的主阵地，是当前学校教育转型和教学革新的焦点所在。2001年6月，随着《基础教育课程改革纲要（试行）》的颁布，我国新一轮基础教育课程改革全面启动，拉开了基础教育课堂转型的序幕。时至今日，自主、合作、探究等“以学为中心”的教学理念早已深入人心。课堂变革经历了从侧重“教师的教”到关注“学生的学”的转型。然而，仅仅完成这一步转型还不够，中小学课堂仍存在一定形式上的“虚假学习”、活动导向的“浅层主动学习”现象，需引起我们的警惕。

（一）警惕虚假学习

虚假学习实际上是学生根本没有进入学习状态，采用各种“伪装”方式蒙蔽老师，进而逃避学习的假装学习行为，③ 是一种形式上的、表面上的学习。有些虚假学习的产生归因于教师对学习的浅层理解，如教师简单地认为，在课堂教学中将学生的两张桌子拼在一起就是小组合作，在课堂上

① 杨艳辉：《迈克尔·富兰的深度学习理论研究》，硕士学位论文，西南大学，2020年，第1页。

② 中华人民共和国教育部：《义务教育课程方案和课程标准（2022年版）》，http://www.moe.gov.cn/srcsite/A26/s8001/202204/t20220420_619921.html，2022年4月21日。

③ 陈静静：《学习共同体——走向深度学习》，华东师范大学出版社2020年版，第4页。

多提问就是对话教学，或者让学生进行小组合作只是配合教师完成其教学设计的一个形式①等。有些虚假学习主要存在于学习进度跟不上、对学习内容缺乏兴趣的学生身上。他们或者自尊心使然，或者为了避免教师惩罚而假装认真写字、读书。他们在小组中讨论非常热闹、提问时积极举手，看似在主动参与学习，实则可能是迎合教师的“虚假学习”。

此外，近年来一些学校流行让学生在课前用“导学案”进行自主学习，看似体现了“学生主体性”的教学理念，但它真的在课堂中充分发挥了“导学”的作用吗？相关调查发现，导学案存在不适当的使用。一方面，它消解了教师教学的主导功能，按照导学案固定流程的机械化授课，削弱了对学生的适切调控；另一方面，导学案把课前预习做“厚”了，而整个学习过程却变“薄”了，当学生在课上直接回答已经预习的那些陈述性知识，教学匆匆而过，进程加速，这实质上只能是一种草率、空泛以至虚假的学习。② 种种表面伪装的学习，使得教师对部分学生的学习效果产生误判，导致课堂教学的加速，形成“教师教—学生迎合—教师误判—教学加速—学生再迎合”的虚假学习怪圈，并最终在考试面前现出原形。

（二）警惕活动导向的“浅层主动学习”

在第八次课程改革进程中，教师在努力实现传统灌输课堂的变革转型，促使学生从“被动学习”向“主动学习”转变。虽然从现实的观课中经常能看到教与学在形式上的转变，而课堂长期存在的浅层学习问题却没有得到根本解决，有些教师似乎又陷入一种“活动导向的教学设计”误区。这种“聚焦活动的教学”像钟摆一样走向了“聚焦灌输式教学”的另一端，热闹的活动背后忘记了“明确的智力目标”。为说明这个问题，格兰特·威金斯（Grant Wiggins）和杰伊·麦克泰格（Jay MeTighe）在其著作《追求理解的教学设计》中，专门虚构了一个以“苹果”为主题的单元教学案例（见表0－1）。

---

① 闫昱洁：《警惕课堂合作学习中的虚假合作》，《教学与管理》2015年第28期。

② 李铁安：《反思导学案》，2021年11月10日，http://www.nies.edu.cn/jysp/202111/t20211110_337767.html，2022年5月14日。

表 0-1　　　　　　　　“苹果”主题单元教学活动设计①

对象：三年级　　　　时间：秋季两周	
涉及学科	参加的活动
语言艺术课	阅读有关苹果佬约翰尼的故事，并观看这个故事的插图幻灯片。每个人都编写一个充满创意的有关苹果的故事，然后通过蛋彩画的方式来讲述他们的故事
艺术课	从附近的苹果树上收集树叶，然后用树叶做成很大的拼贴画，挂在三年级教室走廊附近的布告栏上。音乐老师教孩子们唱关于苹果的儿歌
科学课	用自己的感官仔细观察和描述不同类型苹果的特征
数学课	老师向学生演示如何按比例制作苹果酱，并为三年级全体学生做足够多的苹果酱
苹果园实地考察（综合）	学生可以看到苹果汁的制作过程以及乘坐当地的大巴车到处参观
苹果节（综合）	家长穿着苹果服饰来庆祝，孩子们则轮流开展各种活动：制作苹果酱、搜索有关苹果词语的比赛、咬苹果比赛及包含苹果问题的数学技能题比赛。苹果节的最后环节是让被选出来的学生朗读他们的苹果故事，同时所有的学生享用由餐厅工作人员准备的糖果苹果

我们看到，在这个“苹果”主题单元中，教师设计了各种各样学生感兴趣的动手操作活动，是典型的活动导向的课程。但细细思考，却看不到这些活动背后的学习目标和价值。如果学生认为自己的任务只是参与活动，而不是对活动意义的深刻思考，② 只动手不动脑，活动与内容分离，这种看似基于跨学科主题的主动学习，实则还是迷失课程价值的浅层学习。

（三）课堂教学的二次转型

综上看来，虽然在过去二十年来的课程改革推动下，教师的教学关注点已经从“教”转向了“学”，但仅仅完成观念上从“教”到“学”的转

① ［美］格兰特·威金斯、［美］杰伊·麦克泰格：《追求理解的教学设计》（第二版），闫寒冰、宋雪莲、赖平译，华东师范大学出版社 2017 年版，第 2 页。（对原文描述进行了表格化整理）

② ［美］格兰特·威金斯、［美］杰伊·麦克泰格：《追求理解的教学设计》（第二版），闫寒冰、宋雪莲、赖平译，华东师范大学出版社 2017 年版，第 16 页。

变，或仅在形式上完成从“被动学习”向“主动学习”转变还远远不够。

进入深水区的课程改革，需要进一步推动学生的学习方式从“被动学习”或者“浅层主动学习”向“深度主动学习”的转变，整体实现课堂教学从“教”到“学”再到“深度学”的升级转型。中国学生发展核心素养的提出，以及《义务教育课程方案和课程标准（2022 年版）》的发布，标志着课程改革开始进入“核心素养时代”。2023 年教育部印发的《基础教育课程教学改革深化行动方案》则再一次表明国家“坚决扭转片面应试教育倾向”的决心，聚焦核心素养导向的教学设计、学科实践（实验教学）、跨学科主题学习、作业设计、考试命题、综合素质评价等教学改革重点难点问题实施攻坚，彰显了基础教育课程改革指向的素质教育愿景——从“知识（学科）本位”向“素养本位”教育的转变①，进一步指明了课程改革深化行动的方向——聚焦素养，面向未来，深度学习。

面对时代变局，我国高等教育提出了推进“四新”（新工科、新医科、新农科、新文科）建设应对未来挑战的国家战略，吹响了面向新时代培养卓越拔尖人才的高质量发展的冲锋号，发起了消除“水课”打造“金课”的新的大学课堂革命。“两性一度”（高阶性、创新性、挑战度）随之成为这场课堂革命的新标语，其核心就是向课堂要深度、向教师的教要深度、向学生的学要深度。

如果我们希望学习者在动荡、瞬息万变的时代中茁壮成长，在新情境中运用自己的思维能力改变世界，我们必须重新想象学习，重新设计学校，重新定义学习模式。② 传统学校情境下教给学生的知识大多是书本上的专家结论知识。这些知识要么在日后几乎用不上，成为“遗忘知识”，要么无法迁移到现实世界的复杂情境中，成为惰性知识，难以应对未来社

① 钟启泉：《从“知识本位”转向“素养本位”——课程改革的挑战性课题》，《基础教育课程》2021 年第 11 期。

② ［加］迈克尔·富兰、［新西兰］乔安妮·奎因、［新西兰］乔安妮·J. 麦凯琴：《深度学习：参与世界，改变世界》，盛群力等译，机械工业出版社 2020 年版，第 15 页。

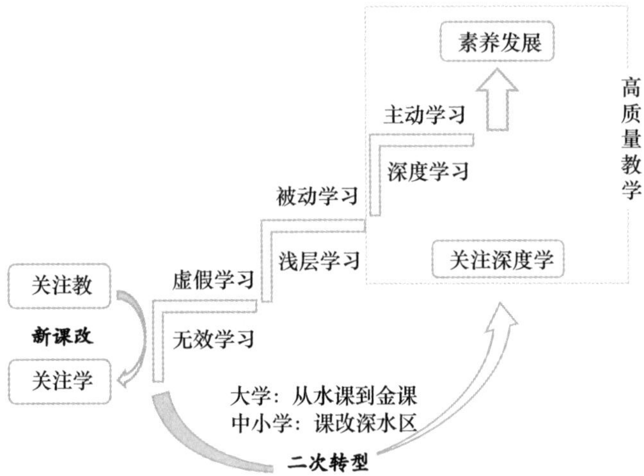

图0-3　为深度学习而教：课改二次转型

会。像ChatGPT这样的机器人都在不断地挑战深度学习，攻克一个个先前被认为很难自动化的“非常规、个性化”的工作任务，人类的课堂学习还能停留在“讲授—接受—记忆/背诵/操练—考试”这样的浅层学习吗？技术变革的洪流浩浩荡荡，世界在激荡中持续转型，深度学习引发的二次课堂转型已成为大势所趋。面向未来，创建更多真实性学习的机会，鼓励教师更多关注日常实践中的专家思维和专长（而非专家写入书本的结论知识），帮助学生学习更多可迁移的知识和有生活价值的知识，发展他们创新知识、参与世界和改变世界的能力，这应该成为课堂深度学习的新目标。“化知识为素养”的深度学习由此成为课堂变革的新标识，也是当下课堂转型发展的新方向。

第一章

深度学习与核心素养：路径与目标

第一节　认识深度学习

若在文献库或网页检索深度学习，许多人都会被数量庞大且主题繁杂的信息所困扰，难以快速准确找到自己想要搜寻的理解，这是由于深度学习并非教育领域独有的概念，它在计算机、医学、经济学、生物学、建筑工程等学科领域亦有着广泛的应用。在教育领域，深度学习有其独特的发展历程、内涵特征与发生机制。

一　深度学习的缘起与发展

深度学习，英文为“deep（er）learning”，此外还可见“deep approach（es）”“deep strategy/strategies”等翻译。教育领域深度学习的发展总体分为三个时期，即思想孕育时期、专门化时期和多样化迅发时期。

深度学习的理念源于人类对学习本质的探索，最早可追溯至孔子、苏格拉底、杜威、弗莱雷（Freire）等众多教育家的思想，如“学审思辨行结合”①“产婆术”“做中学”，且有奥苏贝尔、布鲁姆等心理学家对学习的层次做出划分，如“有意义学习”与“机械学习”。这一漫长阶段的深度学习思想主要蕴藏于教育学、哲学、心理学理论之中，可以将其看作深度学习思想的孕育期。

---

① 出自《礼记·中庸》中的“博学之，审问之，慎思之，明辨之，笃行之”。（战国）孔伋：《中庸》，二十一世纪出版社 2015 年版，第 50 页。

然而，深度学习作为专门的研究对象，特别是从人工智能机器学习领域[①]走向教育领域，发展至概念化、实证化阶段则是从近现代才开始的。随着社会经济的发展与学校教育问题的暴露（如学生学业表现欠佳、高中与大学辍学率高），人们开始反思工业经济时代提出的3Rs（阅读—计算—写作）传统素养的限度，在此背景下，深度学习逐渐成为专门的研究领域，并得到了科学实证的检验。

马顿（Marton）和塞尔乔（Saljo）是最早区分深度学习和浅层学习的研究者。两人自20世纪50年代中期开始开展了一系列学习过程的实验研究，这些实验超越了传统学习心理学对受试者答题正确数量的狭窄关注（学会了多少），而是转向挖掘学习者的学习过程与策略（学习了什么）。在实施中，他们让参与实验的学生在规定时间内阅读同一篇文章，并且事先告知学生完成阅读任务后要接受提问，如"请试着用一到两句话来总结文章""文章中'教育系统的产出'是什么意思"。结果发现，学生存在两种明显不同的学习倾向：第一类学生主要关注文本符号本身，其采用的学习策略以死记硬背、复述为特征；第二类学生则关注学习材料文本背后的意义。在系列实验的基础上，1976年，二人联名发表《学习的本质区别：结果和过程》[②]，根据学习者获取和加工信息的方式将学习者分为深度水平加工者和浅层水平加工者，首次提出并阐述了深度学习（deep-level processing）和浅层学习（surface-level processing）这两个相对的概念。

此后，拉姆斯登（Ramsden）、特里格韦尔（Trigwell）、恩特威斯尔（Entwistle）、比格斯（Biggs）等学者在此基础上又从不同角度进一步拓展了深度学习的研究。其中，比格斯分别于1978年发表的用于测量深/浅学

---

① 是一种基于样本数据通过一定的训练方法得到包含多个层级的深度网络结构的机器学习过程，即让机器模仿人的学习过程，主要用于图像、语音、文本识别等方面。尹宝才、王文通、王立春：《深度学习研究综述》，《北京工业大学学报》2015年第1期。

② Marton F., Säljö R., "On Qualitative Differences in Learning: I—Outcome and Process", *British Journal of Educational Psychology*, Vol. 46, No. 1, 1976, pp. 4 – 11.

习动机和策略的SPQ学习过程量表①，以及1982年发表的用于测量深度学习结果的SOLO评估体系②这两项重要成果，至今仍有着广泛的应用。20世纪90年代，班杜拉（Bandura）的社会认知理论、莱夫（Lave）和温格（Wenger）的情境学习理论的引入，使得深度学习研究开始关注学习的社会性与情境性，进一步丰富了深度学习的内涵。2005年，我国学者何玲和黎加厚在《促进学生深度学习》一文中首次系统论述了深度学习。

伴随着国际组织与各国未来人才素养框架的发布，知识经济、终身学习、优质教育、技术变革等对教育提出更高要求，深度学习的重要性越发凸显，深度学习研究更加系统化、项目化、多样化，由此进入迅发时期。深度学习通过有影响力的教育改革项目，如美国威廉和弗洛拉休利特基金会（The William and Flora Hewlett Foundation）发起的SDL（Study of Deeper Learning：Opportunities and Outcomes）项目、我国教育部基础教育课程教材发展中心在全国多个实验区开展的"深度学习教学改进项目"研究，影响着国内外近十年来的教育发展。在此背景下，深度学习与学科课程教学走向有机融合（如图1－1）。我国深度学习的研究早期以理论介绍为主，与技术融合紧密相关。自2019年起，基础教育教学改革中的单元教学、大概念教学、跨学科整合等深度学习研究热点逐渐凸显。

在研究内容和方法上，深度学习融汇了脑科学、心理学、教育学、人工智能、大数据等不同领域的研究，皮肤电、眼动观测、ERP脑电、思维导图、深度学习思维测评、神经网络分析、数据特征提取、田野观察法、民族志、扎根理论等③多样化的研究方法被用于深度学习的微观分析，极大促进了深度学习理论与实践的纵深发展。值得注意的是，在深度学习研究的发展中，关键著作的出版有力推动了深度学习的研究范围和问题扩展，如《人是如何学习的》（Ⅰ、Ⅱ）、《剑桥学习科学手册》等。其中，2018年出版的

① Biggs J. B.，"Individual and Group Differences in Study Processes"，*British Journal of Educational Psychology*，Vol. 48，No. 3，1978，pp. 266－279.

② Biggs J. B.，Collis K. F.，*Evaluating the Quality of Learning*：*The SOLO Taxonomy*，New York：Academic，1982，pp. 17－31.

③ 胡航、杨旸：《辨证施治：深度学习研究方法论归演》，《中国远程教育》2022年第7期。

关键词	年	强度	起始	截止	2003—2023
学习科学	2011	4.05	**2011**	2016	
浅层学习	2012	3.17	**2012**	2017	
学习方式	2012	2.46	**2012**	2018	
翻转课堂	2015	6.72	**2015**	2018	
学习分析	2015	4.27	**2015**	2018	
新兴技术	2016	2.3	**2016**	2017	
信息技术	2017	2.57	**2017**	2018	
机器学习	2017	2.35	**2017**	2019	
统编教材	2019	2.28	**2019**	2020	
单元教学	2021	3.07	**2021**	2023	
教学改革	2015	2.9	**2021**	2023	
大概念	2021	2.68	**2021**	2023	

图 1－1 我国深度学习的研究热点主题变化

《人是如何学习的Ⅱ：学习者、境脉与文化》便反映了 21 世纪以来关于认知发展的跨国家、跨社会、跨文化研究[①]，重点关注文化和境脉对学习的影响。深度学习的研究呈现出越来越多学习的情境化与文化取向的研究趋势。[②] 此外，深度学习还开始关注教育中的公平问题，帮助每个学生都有机会获得真正有意义学习的教育。[③] 人们对深度学习的认识逐渐深入“人性（humanity)”层面，将深度学习的目标定义为全球的人性目标，即“以有意义（meaningful）和充实（fulfilling）的方式生活”。[④]

经历 40 余年的探索和发展，深度学习目前正处在迅发时期，已得到政府、学校、社会机构、媒体前所未有的关注和推崇[⑤]。人们对深度学习形成了多样的理解，但这也为人们清晰地认识深度学习带来一定困难。因此，在

---

① 王美等：《重新认识学习：学习者、境脉与文化——从〈人是如何学习的Ⅱ〉看学习科学研究新进展》，《开放教育研究》2019 年第 6 期。

② 温雪：《深度学习研究述评：内涵、教学与评价》，《全球教育展望》2017 年第 11 期。

③ Pedro N., Darling-Hammond L., Friedlaender D., *Equal Opportunity for Deeper Learning. Students at the Center: Deeper Learning Research Series*, Boston, MA: Jobs for the Future, 2015, p. 67.

④ McEachen J., Kane M., *Measuring Human Return: Understand and Assess What Really Matters for Deeper Learning*, California: Corwin Press, 2018, p. 18.

⑤ 彭红超、祝智庭：《深度学习研究：发展脉络与瓶颈》，《现代远程教育研究》2020 年第 1 期。

纷繁复杂的概念中澄清深度学习的含义，并提取出其核心特征十分必要。

二　深度学习的核心特征

从源头上看，马顿和塞尔乔最初将深度学习界定为一种与浅层学习相对的学习方式或策略。他们认为，采用理解方式的学习即为深度学习，采用再现方式（reproduction）的学习即为浅层学习。在《剑桥学习科学手册》中，索耶（Sawyer）从建立新旧知识关联、构建概念系统、抽象并表达模式与原理、评价与解决问题、参与深度对话、反思六方面对两种学习方式进行了精练比较（见表1－1）。[①] 从中可以看出，深度学习要求学习者对知识进行深层次的加工和理解，建立起知识间的连接，并在反思、批判、迁移运用中真正将知识内化。相反，浅层学习者常表现出机械、碎片式的识记，被动学习，不能灵活运用等特征。

表1－1　　**深度学习与传统课堂实践中浅层学习的比较**

深度学习（认知科学的发现）	传统的课堂实践（授受主义）
深度学习要求学习者在新旧知识、概念、经验间建立联系	学习者没有在课程材料与他们的原有知识之间建立联系
深度学习要求学习者将他们的知识归纳到相关概念系统中	学习者将课程材料视为不连贯的知识碎片
深度学习要求学习者寻找模式和基本原理	学习者记忆陈述性知识和程序性知识，却不理解为什么要这么做，也不知道怎么做
深度学习要求学习者评价新的想法，并且能将这些想法与结论联系起来	学习者遇到不同于课本中所讲述的问题时，不知如何解答
深度学习要求学习者了解对话的过程，对话的过程就是知识产生的过程；还要求学习者能够批判地检查论据的逻辑性	学习者将陈述性知识和程序性知识视为静态知识，认为这些知识只来自权威著作
深度学习要求学习者对其理解及其学习的过程进行反思	学习者仅仅记忆这些知识，并没有对目的和学习策略等进行反思

① ［美］R. 基思·索耶主编：《剑桥学习科学手册》（第2版），徐晓东等译，教育科学出版社2021年版，第5页。

与此同时，不同流派的研究者对深度学习进行了多样的界定。为了更加准确地把握深度学习的内涵，笔者使用 Nvivo 对国内外 40 多篇文献中的深度学习概念界定进行了词云分析（见图 1－2），可以发现，不同学者对深度学习的理解虽呈现不同观点，但其核心特征趋于一致，可将其概括如下。

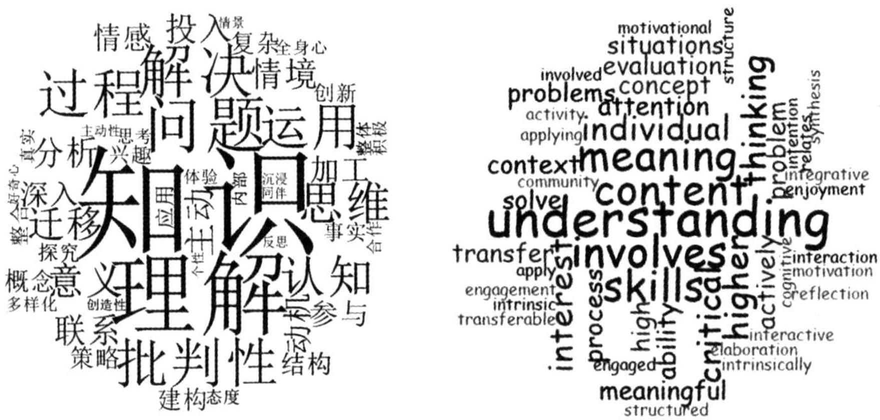

图 1－2　国内外深度学习概念界定的词云分析

（一）连接真实生活

“问题、解决、情境、真实、复杂”等关键词揭示了深度学习强调学习过程与真实的生活和世界相连接，凸显了深度学习的“真实性”。富兰[1]认为，深度学习的愿景旨在让学习者与真实生活相连，通过运用所学知识参与生活，并改变世界。这也反映了学习科学的核心观点：学生如果参与学科专家工作类似的日常活动中，他们就能学到更深层的知识。[2] 因而，深度学习和真实性学习（authentic learning）的内涵是相通的。深度学习重视真实情境创设，为学生提供拟真实践，开展连接生活的、复杂问题驱动的学习。学习者在真实问题解决中学习经历专家的思维过程，而非直接接

① 张良、杨艳辉：《核心素养的发展需要怎样的学习方式——迈克尔·富兰的深度学习理论与启示》，《比较教育研究》2019 年第 10 期。

② ［美］R. 基思·索耶主编：《剑桥学习科学手册》（第 2 版），徐晓东等译，教育科学出版社 2021 年版，第 5 页。

受专家的结论性知识。

（二）发展高阶思维

“高阶思维、理解、分析、综合、评价、建构、批判、创造”等关键词揭示了深度学习强调高阶学习策略的运用。高阶学习策略以“理解”为核心。在众多策略中，“理解”一词出现频率最多。然而，在布鲁姆的教育目标分类中，“知识、理解”均处于浅层学习水平，这就需要我们认识深度学习中“理解”的内涵。威金斯和麦克泰格提出了著名的“为理解（understanding）而教”，成为深度学习的重要理论基础。他们所说的“理解”不同于布鲁姆目标分类中处于浅层学习的理解（comprehension），而是涵盖解释、应用，同时包括概念知识、程序知识和元认知知识等高阶水平的认知，即深度理解。深度学习就是基于理解等高阶学习策略的学习。[①]

高阶学习策略形成高阶思维。相较浅层学习死记硬背形成的惰性知识，深度学习要求学习者运用多样化的学习策略来深度加工知识信息[②]，批判性地学习新知识，并能进行联系、整合和贯通（包括知识与经验间的连接、知识间的连接、知识与问题场景间的连接、跨学科知识间的连接等），构建迁移网络。这是形成深度学习能力并进行迁移的前提。

（三）促使全身心参与

“认知、情感、参与、体验、愉悦”等关键词揭示了深度学习是一种全身心参与的学习。《礼记·大学》中写道：“心不在焉，视而不见，听而不闻，食而不知其味。”深度学习需要全面调动学习者的认知、情感与行为的投入，在充满挑战的学习中获得成功、愉悦和富有意义的价值体验，乃至获得一种全神贯注、沉浸忘我的心理体验。

（四）提倡积极主动

“动机、兴趣、好奇心、主动”等关键词揭示了深度学习是一种积极主动的学习。深度学习的积极主动，一方面是指学习者为满足兴趣、探究而自

---

① ［日］松下佳代、京都大学高等教育研究开发推进中心编：《深度主动学习：基于大学课堂的教学研究与实践》，林杰等译，人民邮电出版社 2021 年版，第 14—16 页。

② 张浩、吴秀娟、王静：《深度学习的目标与评价体系构建》，《中国电化教育》2014 年第 7 期。

发主动地参与学习，而非无聊被动、机械地表面参与；另一方面是指学习者主动采取学习策略，并保持对多种策略有高度意识、控制或选择[①]，即具有高水平的元认知——学习者知道是什么、在哪里、和谁、何时和为什么学习，以及如何、何时和为什么使用哪种学习策略[②]，或进一步来说进行“自我调节的学习”，学习者在元认知、动机和行为上主动参与自己的学习过程[③]。

（五）注重社会交互

“同伴、协作、交流”等关键词揭示了深度学习需要学习者之间的社会交互。深度学习是基于个性的社会化过程[④]，强调建立关系的重要性[⑤]，即主张知识不仅存在于个体心智中，亦存在于个体间的话语、关系、人工制品等之中。深度学习既注重学习的个性化，亦注重同伴协作和共同体学习，为此，深度学习离不开学习共同体、小组协作等学习环境的营造。

（六）实现迁移运用

“迁移、运用、应用”等关键词揭示了深度学习对学习结果在迁移和应用上的重视。迁移被看作深度学习的中心[⑥]，这在深度学习定义的常规描述中可见一斑，如“深度学习通过建构个人知识体系并有效迁移应用到真实情境中来解决复杂问题”[⑦]“深度学习是基于理解、追求迁移应用的有意义学习”[⑧]等。美国国家研究理事会（National Research Council，NRC）在《为了生活和工作的教育：发展可迁移的21世纪知识和技能（2012）》

---

① Hattie J. A. C. and Donoghue G. M.，“Learning Strategies：A Synthesis and Conceptual Model”，*npj Science of Learning*，Vol. 1，No. 1，2016，pp. 1－13.

② Schraw G. and Dennison R. S.，“Assessing Metacognitive Awareness”，*Contemporary Educational Psychology*，Vol. 19，No. 4，1994，pp. 460－475.

③ 杨宁：《从元认知到自我调节：学习策略研究的新进展》，《南京师大学报》（社会科学版）2006年第4期。

④ 胡航、李雅馨：《深度学习：是什么？怎么做?》，《中国信息技术教育》2020年第1期。

⑤ ［加］迈克尔·富兰、［美］玛丽亚·兰沃希：《极富空间：新教育学如何实现深度学习》，于佳琪、黄雪锋译，西南师范大学出版社2016年版，第29—31页。

⑥ Sølvik Randi M. and Glenna Anne E. H.，“Teachers' Potential to Promote Students' Deeper Learning in Wholeclass Teaching：An Observation Study in Norwegian Classrooms”，*Journal of Educational Change*，Vol. 23，2021，pp. 1－27.

⑦ 张浩、吴秀娟、王静：《深度学习的目标与评价体系构建》，《中国电化教育》2014年第7期。

⑧ 彭红超、祝智庭：《深度学习研究：发展脉络与瓶颈》，《现代远程教育研究》2020年第1期。

报告中明确指出：深度学习旨在帮助学生发展可迁移的知识，以应用于解决新问题或有效应对新情境。[①]

进一步来说，深度学习与浅层学习的区别之一便是能否实现高通路迁移[②]和远迁移。低通路迁移和近迁移仅涉及相似的情境和任务，是从具体到具体的过程，而高通路迁移和远迁移取决于学习者在不相似任务和情境中解决问题的能力，其发生机制是从具体到抽象，再从抽象到具体，即学习者能够在“情境—去情境—再情境”的过程中提取原理，并转化应用。学生“一学就会、一用就糟”在很大程度上就是由于其无法将知识与新情境建立起关联性而导致的。

约翰·哈蒂（John Hattie）2016 年新修正的学习模型[③]更是在深度学习的基础上将迁移学习单独列出，彰显了深度学习对迁移的追求。哈蒂认为，学习过程依次包含“浅层学习、深度学习、迁移学习”三个阶段。[④]其中，浅层学习是深度学习的基础，“迁移”是学习的主要结果。并且，如果学习者能识别出两种情境的差异和相似之处，迁移会更自然地发生。

三　深度学习的认识转变

自“深度学习”一词进入教育研究领域以来，人们对深度学习的认识大致历经了“学习方式说—学习过程说—学习结果说—过程结果整合说”的发展过程[⑤]。学习方式说认为，深度学习是一种包含主动的、批判的和高水平认知加工的学习方式；学习过程说认为，深度学习是一种学生积极

---

① National Research Council, *Education for Life and Work: Developing Transferable Knowledge and Skills in the 21st Century*, National Academies Press, 2012, p. 70.

② 刘徽：《大概念教学：素养导向的单元整体设计》，教育科学出版社 2022 年版，第 18 页。

③ 哈蒂最初的学习模型建立在波普尔（Popper）的三个世界理论基础上，认为学习的过程就是从掌握表层的事实和观念（第一世界），再到关系加工和精细加工的深层理解（第二世界），最后才走向建构（第三世界）。［新西兰］约翰·哈蒂：《可见的学习：对 800 多项关于学业成就的元分析的综合报告》，彭正梅等译，教育科学出版社 2015 年版，第 32—35 页。

④ Hattie J. A. C. and Donoghue G. M., “Learning Strategies: A Synthesis and Conceptual Model”, *npj Science of Learning*, Vol. 1, No. 1, 2016, pp. 1 – 13.

⑤ 卜彩丽、冯晓晓、张宝辉：《深度学习的概念、策略、效果及其启示——美国深度学习项目（SDL）的解读与分析》，《远程教育杂志》2016 年第 5 期。

参与和高度投入的学习过程；学习结果说认为，深度学习就是培养学生适应社会发展的核心关键能力。表 1－2 展示了不同流派代表性人物的核心观点，亦展示了同一人物或组织的观点发展变化。

表 1－2　　不同流派对深度学习的观点

	代表人物与组织	代表性观点	共同核心观点
学习方式说	马顿、塞尔乔；比格斯；贝蒂、柯林斯、麦金尼斯（Beattie、Collins、Mc Innes）；何玲、黎加厚等	马顿：采用理解方式的学习即为深度学习，采用再现（reproduction）方式的学习即为浅层学习① 比格斯：深度学习包含高水平或者主动的认知加工，对应的浅层学习则采用低水平认知加工②	与浅层学习相对，是一种理解性的学习方式，呈现出高水平、高投入等典型的认知特征
学习过程说	富兰；休利特基金会（早期）；美国国家研究理事会（NRC）；佩莱格里诺、希尔顿（Pellegrino、Hilton）等	休利特基金会：深度学习是学生以复杂的、有意义的方式运用重要知识的实践过程③ 富兰：深度学习是获得品格、公民意识、协作、沟通、创造力和批判性思维这六项全球化能力的过程④	是学习者获得某些关键能力，进行知识与能力迁移，并应用于新情境的过程
学习结果说	休利特基金会（后期）；威金斯、麦克泰格；韦伯（Webb）；比格斯、科利（Collis）等	威金斯、麦克泰格：深度学习就是基于理解的学习。“理解”分为六个层级：解释说明、阐释意义、迁移应用、形成观点、有同理心、自知之明⑤ 比格斯、科利：SOLO（可观察的学习结果结构，Structure of the Observed Learning Outcome）理论将学习者的思维水平划分为前结构、单点结构、多点结构、关联结构和拓展抽象结构五个层次。其中，关联结构和拓展抽象结构属于深度学习层面⑥	是指学习者获得某些关键能力这一结果，且此类关键能力属于高阶思维水平

---

① Marton F., Säljö R., “On Qualitative Differences in Learning: I—Outcome and Process”, *British Journal of Educational Psychology*, Vol. 46, No. 1, 1976, pp. 4－11.

② John B. Biggs, “Individual and Group Differences in Study Processes”, *British Journal of Educational Psychology*, Vol. 48, No. 3, 1978, pp. 266－279.

③ William and Flora Hewlett Foundation, *Deeper Learning Defined*, *Menlo Park*, CA: William and Flora Hewlett Foundation, 2013, p. 1.

④ ［加］迈克尔·富兰、乔安妮·奎因、［新西兰］乔安妮·J. 麦凯琴：《深度学习：参与世界，改变世界》，盛群力等译，机械工业出版社 2020 年版，第 20—21 页。

⑤ ［美］格兰特·威金斯、［美］杰伊·麦克泰格：《追求理解的教学设计》（第二版），闫寒冰、宋雪莲、赖平译，华东师范大学出版社 2017 年版，第 94—95 页。

⑥ ［澳］约翰·B. 彼格斯、凯文·F. 科利斯：《学习质量评价——SOLO 分类理论可观察的学习成果结构》，高凌飚、张洪岩主译，人民教育出版社 2010 年版，第 2—25 页。

续表

	代表人物与组织	代表性观点	共同核心观点
过程结果整合说	詹姆斯·贝兰卡（James Bellanca）；郭华等	詹姆斯·贝兰卡：深度学习既是一个过程，也是一个结果① 郭华：深度学习是指在教师引领下，学生围绕具有挑战性的学习主题，全身心积极参与、体验成功、获得发展的有意义的学习过程。在这个过程中，学生掌握学科的核心知识，理解学习的过程，把握学科的本质及思想方法，形成积极的内在学习动机、高级的社会性情感、积极的态度、正确的价值观，成为既具独立性、批判性、创造性又有合作精神，基础扎实的优秀的学习者，成为未来社会历史实践的主人②	既指学习者获得关键能力这一结果，也包括学习者获得关键能力这一过程

通过对不同流派观点的梳理可见，深度学习最早作为一种学习方式被提出，即认为深度学习是相对于浅层学习的一种学习方式。但这种观点仅界定了深度学习的存在形式，并未明确深度学习从哪里来、怎么做、到哪里去。随着人们认识的深入，深度学习越来越被看作“过程”与“结果”的统一体。将其看作过程时，更加强调深度学习发生的方式方法、机制等。将其看作结果时，更加强调通过深度学习，学习者获得了什么，注重培养学生适应社会发展的关键能力。

四 深度学习的能力构成

对深度学习能力的划分观点也有很多，其中，美国国家研究委员会（NRC）提出的认知、人际、自我三大领域是目前广泛认可的观点。这三大领域恰巧与休利特基金会提出的六种深度能力维度高度契合③。笔者以三大领域为参照，总结了不同机构和学者提出的深度学习能力及相应教

① ［美］詹姆斯·A. 贝兰卡主编：《深度学习：超越21世纪技能》，赵健主译，华东师范大学出版社2020年版，第6页。

② 郭华：《深度学习及其意义》，《课程·教材·教法》2016年第11期。

③ 各项能力的深入阐释详见第二章第二节。

学策略。深度学习的这些能力领域展现了其对人的完整、全面发展的内在追求（见表1－3）。

表1－3　　**深度学习的三大领域**

领域	能力描述	教学策略①
认知领域	掌握核心学科知识、批判性思维和解决复杂问题（休利特基金会）②	通过项目式学习、与真实世界连接的教学和实践，促进知识的迁移
	批判理解、信息整合、知识建构、迁移运用、问题解决（张浩等）③	
	创造力和批判性思维（富兰）④	
人际领域	团队协作、有效沟通（休利特基金会）	合作小组工作与实践，发展交流与合作技能
	协作、沟通（富兰）	
自我领域	学会学习、善学心向（休利特基金会）	通过个性化学习发展学术习惯和学会学习的素养
	自主意识、学习能力、技术素养（祝智庭等）⑤；善于学习、心灵手巧、人格美好、务实创造（祝智庭等）⑥	
	品格、公民意识（富兰）	

① Huberman M., Bitter C., Anthony J., et al., *The Shape of Deeper Learning: Strategies, Structures, and Cultures in Deeper Learning Network High Schools*, *Findings from the Study of Deeper Learning Opportunities and Outcomes: Report 1*, *American Institutes for Research*, 1000 *Thomas Jefferson Street NW*, Washington, DC 20007.

② The William and Flora Hewlett Foundation, *Deeper Learning Strategic Plan Summary Education Program*, (Jan 4, 2018), http://www.hewlett.org/wpcontent/uploads/2016/09/Education_ Deeper_ Learning_ Strategy.pdf.

③ 张浩、吴秀娟：《深度学习的内涵及认知理论基础探析》，《中国电化教育》2012年第10期。

④ ［加］迈克尔·富兰、［新西兰］乔安妮·奎因、［新西兰］乔安妮·J. 麦凯琴：《深度学习：参与世界，改变世界》，盛群力等译，机械工业出版社2020年版，第20—21页。

⑤ 祝智庭、彭红超：《深度学习：智慧教育的核心支柱》，《中国教育学刊》2017年第5期。

⑥ 彭红超、祝智庭：《深度学习研究：发展脉络与瓶颈》，《现代远程教育研究》2020年第1期。

深度学习的三大能力领域各有侧重，在认知领域，侧重核心知识、认知策略、创造等能力群。需要注意的是，深度学习并未忽视基础知识，而是更强调知识中的核心内容，如大概念、根本原理、知识结构，主张“少即是多”的学习理念；在人际领域，侧重团队协作、沟通等能力群；在自我领域，侧重自我管理、元认知、善学心向和公民意识等能力群。

这些能力群为人的美好生活搭建了通路，正如乔安尼·麦凯琴（Joanne McEachen）等人所言：谈到深度学习，我们关注的是发展一系列对人的一生（而不仅是学校）来说真正重要的深度学习结果——自我理解、知识、素养和连接，它们支持我们以一种有意义的和充实的方式与他人生活和外部世界相关联，为之贡献，最终支持我们成功并帮助他人同样获得成功。关注这些深度学习能力结果意味着发展学习者应用所学对世界做出积极的和可持续的改变的能力，也就是个体对他人和世界做出贡献的人性回馈能力（human return）——我们当下在哪，我们想去哪，以及我们需要学些什么和做些什么才能帮助他人到达那里。①

五　深度学习的发生机制

深度学习是如何发生的，即其学习机制或机理如何？这一问题既是深度学习研究的重点，也是难点。当前研究基于不同的理论、从不同视角探讨了深度学习的发生机制，一些是零散的论述，一些则是系统的建构。总体而言，深度学习的机制包括流程类、条件类及拆分类三种。②流程类关注深度学习过程的环节，条件类关注深度学习所需的各类条件，拆分类关注深度学习的各项子机制。表1－4列举了三类机制研究的代表观点。

---

① McEachen J., Kane M., *Measuring Human Return: Understand and Assess What Really Matters for Deeper Learning*, California: Corwin Press, 2018, pp. 12－21.

② 段茂君、郑鸿颖：《复杂性理论视野下的深度学习研究综述与展望》，《教育与教学研究》2022年第12期。

表 1-4 深度学习的机制

类型	研究者与视角	核心观点
流程类	埃里克·詹森、利安·尼克森(2008)①/认知心理	觉知、分析和综合、应用、同化
	沈小碚、罗章(2021)②/认知心理	动机—解构—创生—生长
	安富海(2020)③/信息加工	1. 学习准备，激发学习动机，展示高阶思维目标； 2. 学习过程，知识储备，选择性注意，知识加工，信息的提取、反应和强化，元认知策略，学习投入； 3. 学习结果，知识结构生成，现实问题解决； 4. 学习环境
	胡航(2022)④/认知心理	深度学习的认知过程是图式构建的全过程，包含觉知、调和、归纳、迁移四阶段（S-ACIG深度学习过程模型）。与此对应，深度学习发生机制是在媒介中形成"点"，在时空中形成"联结"，在个体内形成"结构"，在问题解决中形成"变换"的过程
条件类	柴少明、赵建华(2011)⑤/学习环境	只有当学生参与到类似某一领域的专业工作者的日常活动的实践活动中，学生才能进行深度学习
	杜岩岩、黄庆双(2020)/在线学习⑥	1. 以激活与触发为前提； 2. 以探究与整合为关键； 3. 以创生与共享为表征
流程/条件类	卜彩丽(2022)⑦/线上学习	1. 横向上看，分为学习准备、学习过程和学习结果三大阶段； 2. 纵向上看，包括学习环境和教师的教学支持这两个外部条件
	李松林(2020)⑧/文献总结	1. 发生机制：情境诱发——问题驱动 2. 维持机制：切身体验——高阶思维 3. 促进机制：实践参与——问题解决 4. 支持机制：在线学习——虚拟现实

① ［美］詹森·E.、尼克尔森·L.：《深度学习的7种有力策略》，温暖译，华东师范大学出版社2010年版，第18页。

② 沈小碚、罗章：《论深度学习在综合实践活动中的发生机理》，《教育科学研究》2021年第10期。

③ 安富海：《人工智能时代的教学论研究：聚焦深度学习》，《西北师大学报》（社会科学版）2020年第5期。

④ 胡航：《深度学习：理论、实践与研究方法》，西南大学出版社2022年版，第22—31页。

⑤ 柴少明、赵建华：《面向知识经济时代学习科学的关键问题研究及对教育改革的影响》，《远程教育杂志》2011年第2期。

⑥ 杜岩岩、黄庆双：《在线深度学习的发生机理与促进策略》，《中国高教研究》2020年第6期。

⑦ 卜彩丽等：《在线深度学习发生的内在机理、模型与成效研究》，《远程教育杂志》2022年第6期。

⑧ 李松林、杨爽：《国外深度学习研究评析》，《比较教育研究》2020年第9期。

续表

类型	研究者与视角	核心观点
流程/条件类	马云飞、郑旭东等（2022）①/认知心理学、教育神经科学、具身认知	1. 信息输入阶段：深度学习情境构建和激发学习者图式 2. 深度加工阶段：深度学习发生的八阶段——动机、领会、获得、保持、回忆、概括、作业、反馈 3. 学习生成阶段：外显与内隐学习活动的综合性产出
拆分类	祝智庭（2017）② /神经生理	人类的神经网络可以人为地分为输入层、隐层和输出层。深度参与可促使更多层数的隐层参与“训练”，从而实现更高层次的抽象，挖掘出更深的意义。深度学习本质上就是要激活更多的隐层参与“训练”
	梅耶（2011）③ /知识类型	深度学习涉及5种相互关联的知识：事实性知识、概念性知识、程序性知识、策略性知识、个体学习的信念，这5种知识在工作中紧密相连，支撑着深度学习与迁移。深度学习需要协调所有五种知识类型

综上不难发现，深度学习的发生既需要个体内部进行由浅入深、由点到网络结构的精细认知加工，也需要外部学习环境（现实的、虚拟的；个性化的、社会交互化的；物质的、心理的）和教师（及其他助学者）等的支持促进，从而达到迁移应用。基于以上理念，结合埃里克·詹森（Eric Jensen）等提出的学习者深度加工过程所包含的觉知、分析和综合、应用、同化四阶段，笔者认为，深度学习发生的过程实质是学习者通过其内部认知和外部环境的相互作用，实现认知的深度加工，促进知识转化为素养并产生变革世界行动的过程（见图1-3）。

就学习者的内部认知来说，新知识作为认知的对象，是在学习者先前知识经验的基础上，历经觉知（觉察到正在发生什么，认识和产生兴趣，唤醒大脑对意识引入的知识进行加工的意愿）、分析到综合（分离或合并知识，了解整体和部分的关系并创造出一个新的整体）、迁移应用（运用所学内容解决新情境中的问题）的过程，并将其整合到自身的认知结构

① 马云飞等：《深度学习的发生机制与多模态数据测评研究》，《远程教育杂志》2022年第1期。

② 祝智庭、彭红超：《深度学习：智慧教育的核心支柱》，《中国教育学刊》2017年第5期。

③ Mayer R. E., Alexander P. A., *Handbook of Research on Learning and Instruction*, New York: Routledge, 2016, pp. 427-445.

中，实现个人方式的内化和同化。深度认知加工的结果在内部表现为可迁移的新认知图示和思维模型的建构。

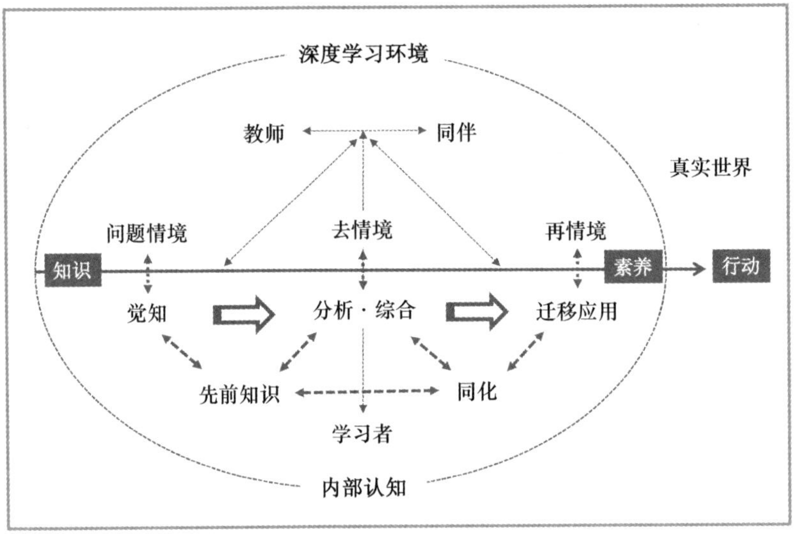

图 1－3 深度学习的发生机制

就外部学习环境来说，一方面，教师首先通过创设支持深度学习发生的物理、心理和文化环境，在教学中连接真实生活情境，将核心知识的教学“情境化（contextualization）”，激发联系与深度理解；其次通过“去情境化（decontextualization）”促进学生知识的抽象化和概念化，形成知识在思维层面的抽象表征；最后“再情境化（recontextualization）”进行相似情境的问题解决①，让学习者在学习过程中主动参与，调动高阶认知，获得可在不同情境中灵活迁移解决问题的深度学习能力。另一方面，深度学习发生于个体与个体之间的协作互动中。知识在互动中被探索和建构，学习者的社会性能力在交往实践中得以发展（关于个体人际、认知、自我三方面的发展机理，详见第二章）。

① 杨南昌、罗毛羽：《“脚手架”如何变成了“绊脚石”——小学数学中的图示障碍研究》，《电化教育研究》2021 年第 7 期。

学习者内部认知的“觉知—分析与综合—迁移应用—同化”过程与外部设计的“情境化—去情境化—再情境化”的深度学习环境相互作用，在最终的“再去情境化”中形成同化后的新知识和高阶思维技能，并在“再情境化”及之后参与的真实问题解决行动中，将同化的知识转变为变革世界的行动素养。

综上，笔者从深度学习的缘起发展、核心特征、认识转变、能力领域与发生机制五个方面勾画出了深度学习的全貌，对深度学习形成如下理解：

（1）深度学习是学习者获得“6Cs”等深度学习能力的过程，是一种需要学习者深层认知参与、深层情感投入和深层环境互动的有意义学习过程。

（2）深度学习发生于学习者内部认知与深度学习环境的交互作用中，在此过程中实现从知识到素养，再到变革世界行动的转化。

（3）深度学习的过程与结果是相辅相成的统一体，其目标指向发展学习者面向未来工作和生活所需的可迁移知识和能力，即深度学习能力。

（4）深度学习更长远的目标是发展学习者应用所学对世界做出积极、可持续的改变能力，也就是个体对他人和世界做出贡献的人性回馈能力。

概言之，深度学习不仅是一种主动的、批判性的、理解性的学习方式，也是促进高阶能力和核心素养发展的一种有效路径。

第二节　解析核心素养

2014 年 4 月，我国教育部发布的《关于全面深化课程改革 落实立德树人根本任务的意见》将核心素养置于深化课程改革、落实立德树人目标的关键性地位。核心素养作为学生适应终身成长和社会发展所需要的必备品格和关键能力，也是扎实推进课程改革的“关键”因素。认识核心素养的内涵以及国际社会经典的核心素养框架是开展深度学习的重要前提。

一　素养：一个易混淆的概念

素养（competence 或 competency）的英文释义为“能将某事有效完成或

做好的能力"①，从词源学上看，其拉丁文词根为"competere"，指与不同情境相匹配的各种能力或力量的集合。其中，"com"是指"集合、一起"，"petere"是指"寻求、力争"，综合来看，"competere"指的是"合力奋斗"。②一个有素养的人拥有某种"一致、联合或汇集性（symmetry，conjunction，or meeting together)"的力量综合，使其能够"充分地应对特定情境"③。

为更加准确地把握素养的内涵，将其相关概念，如才能（ability）、本领（capability）等置于统一概念框架中进行比较分析，如图1－4所示。

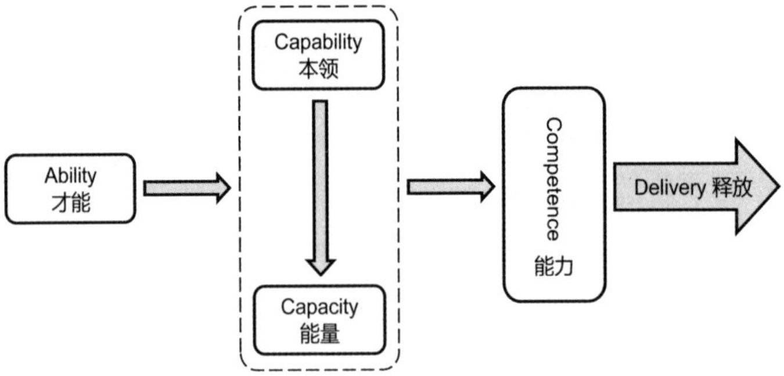

图1－4　才能、本领、能量与素养④

对于个体来说，才能（ability）是指完成一项任务（体力或脑力）的技能或能力。这种能力是基因所固有的、与生俱来的，因此可以说，才能作为个体的先天素质是素养形成的基础。一个组织不可能有这种可开发的内在才能。本领（capability）指的是存在于个体身上并可以得到发展或改进提升的特征、才能或过程，反映了一个可以调度的综合过程，

① ［英］辛克莱尔编：《柯林斯COBUILD英语词典》，上海外语教育出版社2000年版，第326页。

② 趣词：《Compete英文词源》，https://www.quword.com/w/compete，2023年7月26日。

③ Doll W. E.，Developing Competence，In Doll W. E.，*Pragmatism*，*Post-Modernism*，*and Complexity Theory*，Edited by Donna Trueit，New York：Routledge，2012，p. 67.

④ Ability，Capability，Capacity and Competence，（Apr 12，2016），https://www.businessprocess-incubator.com/content/ability-capability-capacity-and-competence-2/.

通过它可以应用和开发个体的才能（在特定情境下达到更佳水平）。例如，一位学习者可以在10分钟画完一幅简笔画，但通过训练，有潜能在5分钟内完成。能量（capacity）指的是个体在当下所拥有的才能，亦代表着对本领的实施。

而素养/能力（competence）描述了拥有足够的知识、力量或技能来做好一件事情的品质或状态。这些能力不一定是先天就有的，完全可以是后天培养的。正如梅耶（Mayer）指出，才能可以被定义为一个人学习支持认知表现的知识的潜力，素养则可以被定义为一个人已经获得的支持认知表现的专门知识，而专长（expertise）是素养的高级水平。① 可以说，素养是“可学、可教”的跨领域、多功能高级复合能力。素养最重要的特征是后天习得性②。

用一个跑步的比喻来分别描述才能、本领、能量、素养便是：

我会跑步。【才能】

我能在18秒跑100米。【能量】

我有潜能通过训练将我百米跑的时间缩短至15秒。【本领】

作为一名运动员，如果我不能在比赛中获得成功，就说明我不能胜任。【素养】③

此外，在教育学、心理学的发展中，人们在评估素养时常容易将其和表现/绩效（performance）一词相混用。相较而言，“表现/绩效”代表着已经完成的任务，而素养代表着一种存在的状态或能力。

二 核心素养的内涵

1997年12月，为应对社会快速发展所带来的一系列机遇与挑战，经

---

① Mayer R. E., What Causes Individual Differences in Cognitive Performance? In R. J. Sternberg & E. L. Grigorenko, *The Psychology of Abilities, Competencies, and Expertise*, New York: Cambridge University Press, 2003, pp. 263–274.

② Klieme E., Hartig J., Rauch D., “The Concept of Competence in Educational Contexts”, *Assessment of Competencies in Educational Contexts*, 2008, pp. 3–22.

③ Ability, Capability, Capacity and Competence, (Apr 12, 2016), https://www.businessprocessincubator.com/content/ability-capability-capacity-and-competence-2/.

济合作与发展组织（OECD）启动了“素养的界定与选择：理论与概念基础”项目（Definition and Selection of Competences：Theoretical and Conceptual Foundations，DeSeCo），旨在构建核心素养的概念参照框架。鉴于当时的社会科学研究中对“素养”一词的含义尚未形成统一的认识，为了尽可能明确、合理以及科学地描述“素养”，OECD 认为，“素养”的含义比知识和技能更广，是在特定情境下调动和利用心理社会资源（包括技能与态度）来满足解决复杂任务需求的能力。①

2002 年 3 月，欧盟发布的《知识经济时代的核心素养：选择、界定与说明》（*The Key Competencies in a Knowledge-Based Economy*：*A First Step Towards Selection*，*Definition and Description*）中首次提到了“Key Competencies”这一概念，这加速了核心素养的研究工作。2006 年 12 月，欧洲议会和欧盟理事会通过了《为了终身学习的核心素养：欧洲参考框架》（*Key Competences for Lifelong Learning*：*A European Reference Framework*），并提出，“核心素养指适合具体情境中的知识、技能和态度的集合，是个体自我实现和发展、融入社会生活以及胜任工作所必备的能力”。②

随着我国课程改革的不断深化，国内学者也从不同角度对核心素养进行界定。他们认为，核心素养是学生在接受相应学段的教育过程中，逐步形成的适应个人终身发展和社会发展需要的必备品格与关键能力；③ 是人解决复杂问题和适应不可预测情境的高级能力和人性能力；④ 是为了适应 21 世纪的社会变革，人所应该具备的关键素养，⑤ 等等。到 2022 年新版《义务教育课程方案和课程标准》颁布，“聚焦中国学生发展核心素养，培养学生适应未来发展的正确价值观、必备品格和关键能力”，成为新课程

---

① Organisation for Economic Co-operation and Development，*The Definition and Selection of Key Competencies*：*Executive Summary*，Paris：OECD，2005.

② European Communities，*Key Competences for Lifelong Learning*：*European Reference Framework*，2007.

③ 林崇德：《教育的智慧：写给中小学教师》，浙江教育出版社 2019 年版，第 116 页。

④ 张华：《论核心素养的内涵》，《全球教育展望》2016 年第 4 期。

⑤ 褚宏启：《核心素养的概念与本质》，《华东师范大学学报》（教育科学版）2016 年第 1 期。

方案和标准的指导思想。

综上，对核心素养可形成如下理解：

（1）核心素养是能在不同真实任务情境中综合运用知识、技能以及态度解决问题的能力。

（2）核心素养包含正确的价值观、必备品格和关键能力，是支持实践个体行动所需知识、技能和态度的综合体，其概念的包容性随着时代发展而扩大。在落地核心素养发展的过程中，越来越重视技能本位的教育，技能学习（如思维技能、社会情感技能、实践技能）可以带动知识高效学习与价值的良好塑造。

（3）素养是可教、可学，不断发展的。从国内外的研究来看，核心素养的提出是为了帮助人们更好地应对 21 世纪社会快速发展带来的系列挑战，最终实现面向未来的个体的自主发展。

三 代表性核心素养框架内容

21 世纪以来，国际组织与各国相继发布了人才培养框架，下文将列举典型的核心素养框架，以洞悉其共同要义。

OECD 的核心素养计划起步早。OECD 在 2005 年确立了三类核心素养：（1）交互使用工具的能力，包括交互使用语言、符号和文本的能力，交互使用知识和信息的能力，交互使用技术的能力；（2）在异质群体中有效互动的能力，包括与他人建立良好关系的能力、合作能力、管理并化解冲突的能力；（3）自主行动能力，包括适应宏大情境的行动能力，形成并执行人生规划和个人项目的能力，维护权利、兴趣、范围和需要的能力。三类核心素养的内在逻辑是人与工具、人与社会、人与自我的关系。①

欧盟在 2006 年通过的核心素养框架包含八大素养：（1）母语交际；

① Organisation for Economic Co-operation and Development, *The Definition and Selection of Key Competencies: Executive Summary*, Paris: OECD, 2005.

(2) 外语交际；(3) 数学素养和基础科技素养；(4) 数字素养；(5) 学会学习；(6) 社会与公民素养；(7) 首创精神和创业意识；(8) 文化意识和表达。①

美国21世纪学习联盟（the Partnership for 21st Century Learning, P21）提出的“21世纪学习框架”（Framework for 21st Century Learning）包括四大领域：(1) 学习与创新技能；(2) 信息、媒介和技术技能；(3) 生活与生涯技能；(4) 核心学科与21世纪主题。② 其中，最广为传播和耳熟能详的是学习与创新技能/素养的“4Cs”模型，即批判性思维（Critical Thinking）、创新（Creativity）、沟通（Communication）、合作（Collaboration）。“4Cs”模型在国际社会产生了较大影响力，为后续研究提供了基础框架。在“4Cs”素养模型的基础上，2020年，北京师范大学中国教育创新研究院与21世纪学习联盟开展合作，增加了一个新“C”素养——“文化理解与传承素养”（Cultural Understanding and Inheritance Competence, Cultural Competence），形成了21世纪核心素养“5C”模型。迈克尔·富兰则面向未来，在“4Cs”基础上新增了品格教育（Character Education）和公民意识（Citizenship），强调发展学生在复杂世界中蓬勃发展所需的全球化“6Cs”能力：品格教育、公民意识、沟通、批判性思维和问题解决、协作、创造力和想象力。③

我国2016年发布的中国学生发展核心素养以培养“全面发展的人”为核心，分为文化基础、自主发展、社会参与三个方面，综合表现为人文底蕴、科学精神、学会学习、健康生活、责任担当、实践创新六大素养，具体细化为国家认同等18个基本要点④。如图1－5所示。

---

① Gordon J., Halasz G., Krawczyk M., “Key Competences in Europe: Opening Doors For Lifelong Learners Across the School Curriculum and Teacher Education”, *Case Network Reports*, No. 87, 2009.

② “The Intellectual and Policy Foundations of the 21st Century Skills Framework”, Partnership for 21st Century Skills, (2007), http://www.youngspirit.org/docs/21stcentury.pdf. p21.

③ Fullan M. and Langworthy M., *Towards A New End: New Pedagogies for Deep Learning*, Washington: Collaborative Impact, 2013, p. 3.

④ 核心素养研究课题组：《中国学生发展核心素养》，《中国教育学刊》2016年第10期。

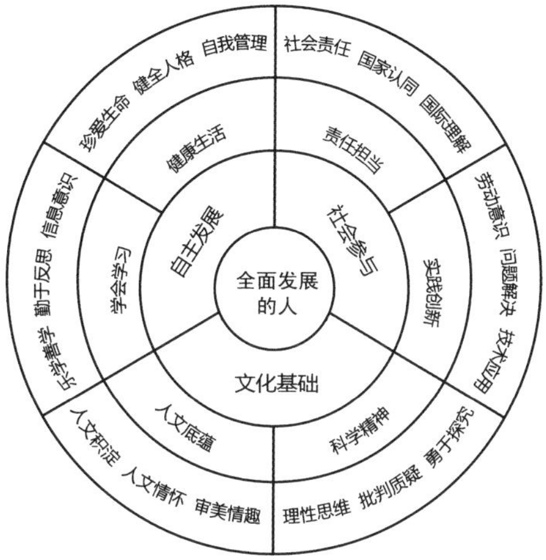

图1－5　中国学生发展核心素养

此外，联合国教科文组织（UNESCO）和美国布鲁金斯学会联合发布的“全球学习领域框架”（2013）、加拿大多伦多教育局（The Toronto District School Board，TDSB）的“TDSB学习愿景”（A Vision for Learning in the TDSB，2018）（见图1－6）、欧盟“Life Comp框架”（2020）亦展现了国际社会的核心素养发展。Life Comp框架的重要目的是希望在欧盟各国建立有关终身学习的共识，使每个人都具备个人发展、社会包容、积极的公民意识和就业所需的一系列关键能力。该框架由三个相互交织的能力领域组成：个人（personal）、社会（social）和学会学习（learning to learn）。每个领域包括三种能力：自律、灵活、幸福（个人领域）；共情、合作、交流（社会领域）；成长型心态、批判性思维和管理学习（学会学习领域）。①

各核心素养框架的表述千差万别，曾有研究者基于29个素养框架的要素分析发现，主要有领域素养和通用素养两大类，其中，领域素养包括语言素养、财商素养等，通用素养包括批判性思维、自我认知与调控、领导

① Arianna Sala，Yves Punie，Vladimir Garkov，Marcelino Cabrera，*The European Framework for Personal，Social and Learning to Learn Key Competence*，Luxembourg：Publications Office of the European Union，2020，p. 20.

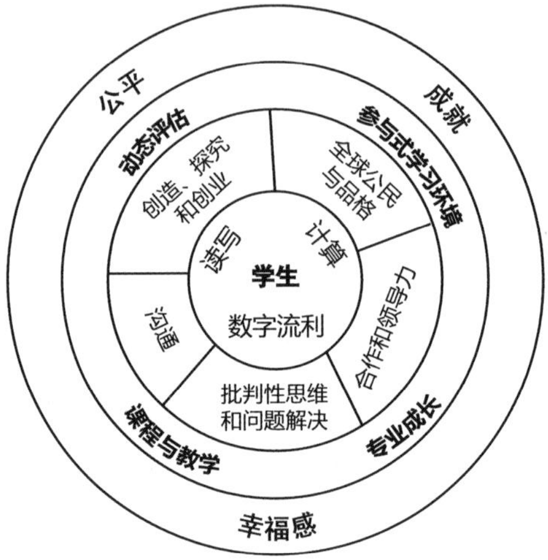

图 1-6 “TDSB 学习愿景”①

力等②。此处，笔者对前文呈现的 8 个通用性核心素养框架的内容进行要素提取，以直观展现其共同取向（见表 1-5）。

表 1-5 **代表性核心素养框架要素对照**

代表性框架及维度	人际	自我	认知		技术
	社会性发展（人文社会与艺术）	个人学习与成长	学科与思维	创新实践	工具与数字技术
OECD（2005）	在异质群体中有效互动能力	自主行动能力			交互使用工具的能力
欧盟核心素养（2006）	社会与公民素养、文化意识和表达、母语交际、外语交际	学会学习	数学素养和基础科技素养	首创精神和创业意识	数字素养

① Sinay E., Graikinis D., *Global Competencies in Deeper Learning Environments Enabled by Pervasive Digital Technologies: Evolving Framework for Theoretical Foundation and Developmental Evaluation*, (Research Report No. 17/18-22), Toronto, Ontario, Canada: Toronto District School Board, 2018.

② 师曼等：《21 世纪核心素养的框架及要素研究》，《华东师范大学学报》（教育科学版）2016 年第 3 期。

续表

代表性框架及维度	人际	自我	认知		技术
	社会性发展（人文社会与艺术）	个人学习与成长	学科与思维	创新实践	工具与数字技术
P21“21 世纪学习框架”（2007）	沟通合作、灵活性与适应性、社会与跨文化素养、效率与责任、领导与负责	主动性与自我导向	批判性思维、核心科目与 21 世纪主题	创新	信息素养、媒体素养、ICT 素养
迈克尔·富兰“6Cs”（2013）	沟通、协作	品格养成、公民意识	批判性思维和问题解决	创造力和想象力	
UNESCO 全球学习领域框架（2013）	社会情感、文化艺术、文字沟通	身体健康、学习方法与认知	数字与数学		科学与技术
中国学生发展核心素养（2016）	人文底蕴、责任担当	学会学习、健康生活	科学精神	实践创新	
欧盟“LifeComp 框架”（2020）	共情、沟通、合作	管理学习、自律、灵活、幸福、成长型心态	批判性思维		
加拿大“TDSB 学习愿景”（2018）	全球公民与品格、沟通、合作与领导力		批判性思维和问题解决	创造、探究和创业	数字流利

以上代表性的核心素养框架反映了世界各地对人在未来社会中所应具备关键能力的整体情况。从中可以看出，不同国家或组织提出的核心素养虽呈现多元性，但总体仍遵循了深度学习能力构成的主要领域：人际、自我和认知，并彰显了对技术的重视，这亦表明各界围绕核心素养达成了一定程度的共识——旨在培养数字时代自主而全面发展的人。其中，人际领域包含人文、社会、艺术等社会性发展素养，如人文底蕴；自我领域包含个人学习与成长方面的素养，如学会学习、自律、健康；认知领域包含学科与思维、创新实践方面的素养，如数字与数学、科学精神、批判性思维、创造力和想象力；技术领域包括工具与数字技术方面的素养，如媒体素养、数字流利。需要注意的是，不同维度的素养划分并不是完全互斥的，如“科学与技术”体现了认知与技术的结合，“交互使用工具的能力”体现了人际与技术的结合。

纵览各类素养框架还可发现，随着时代发展，素养的内涵得到丰富，且越发强调非学术的、非认知的能力，以及对健康幸福的自我实现能力。在过去，批判性思维、分析和解决问题等认知素养被视为成功的关键指标。然而，在21世纪不断变化的经济、技术和社会环境中，非认知类的“软技能”（如品格）的重要性逐渐被认识。例如，2015年，波士顿课程再设计中心（the Boston-based Center for Curriculum Redesign，CCR）发布了21世纪品格质量框架（Character Qualities Framework），该框架确定了六种重要品格：正念、好奇心、勇气、韧性、德行和领导力①。

第三节 深度学习：核心素养发展的路径与目标

基于前文得出的“深度学习既是过程也是结果”这一认识，可将深度学习与核心素养的关系分为两个维度：作为过程，深度学习是核心素养生成的必要路径；作为结果，深度学习与核心素养的能力兼容，领域互通。

一 过程：深度学习是核心素养生成的必要路径

深度学习是形成核心素养的路径，核心素养是深度学习的结果，这一观点得到了国内外研究者和教育实践的认同。我们可将深度学习与核心素养的这一关系描述为“路径—结果”的关系。正如迈克尔·富兰所述：“深度学习的使命在于促进核心素养的发展……深度学习是基本前提，核心素养是这一学习过程中预期的学习结果。”② 他进一步明确表述，“深度学习就是获得六项核心素养（6Cs）的学习过程”。③ 同样，詹姆斯·A. 贝

---

① Bialik M., Bogan M., Fadel C., et al., *Character Education for the 21st Century: What Should Students Learn*, Center for Curriculum Redesign, 2015, pp. 1-35.

② 张良、杨艳辉：《核心素养的发展需要怎样的学习方式——迈克尔·富兰的深度学习理论与启示》，《比较教育研究》2019年第10期。

③ Michael Fullan, Joanne Quinn, Joanne McEachen, *Deep Learning: Engage the World Change the World Engage the World Change the World*, Corwin Press, 2017.

兰卡也指出，“21 世纪技能（核心素养）是，也只能是‘深度学习’所产生的学习结果”①。但深度学习与核心素养“路径—结果”的关系不是单向的，而是循环作用的关系。一方面，深度学习的过程对发展 21 世纪可迁移素养至关重要；另一方面，21 世纪素养的应用又支持了深度学习，二者处于一个递归的、相互加强的循环中。②

正如赫伯特·斯宾塞（Herbert Spencer）所言：“教育的最大目的并非增加知识，而是增进行动。”③ 深度学习的核心目标是发展可迁移知识和能力，并最终促进学习者参与改变世界的行动中。对于教育实践者来说，重要的是如何设计深度学习环境，通过沉浸式地参与其中，学生学会在新情境中知道何时、为何和如何应用内容知识回答问题和解决问题。在这一过程中，知识、技能、良好行为和态度发生改变，并紧密交织在一起混合而成可迁移知识（全球素养）以支持学习者的行动（见图 1－7）。④

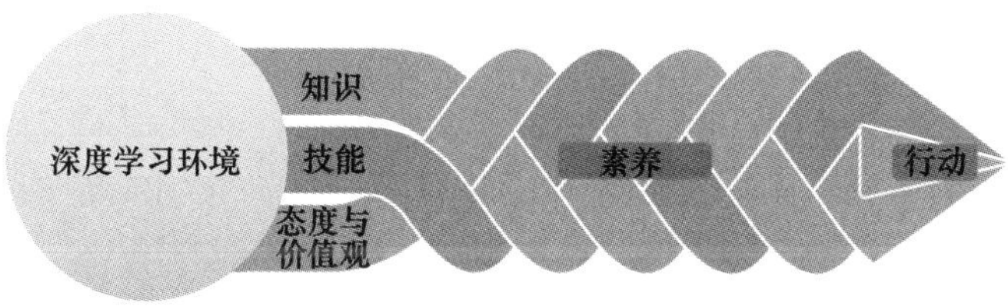

图 1－7　深度学习环境与素养、行动间的关系

知识和技能是可以教授的，而素养则需要学习者在知识、技能、态度与价值观的交织发展中形成。当前的教育需要将技能置于素养发展的核

---

① ［美］詹姆斯·A. 贝兰卡主编：《深度学习：超越 21 世纪技能》，赵健主译，华东师范大学出版社 2020 年版，译者前言 1。

② Pellegrino J. W. , Hilton M. L. , *Education for Life and Work*: *Developing Transferable Knowledge and Skills in the 21st Century*, National Academies Press, 2013, p. 6.

③ ［美］戴尔·卡耐基：《人性的弱点》，陶曚译，天津人民出版社 2014 年版，第 18 页。

④ Sinay E. & Graikinis D. , *Global Competencies in Deeper Learning Environments Enabled by Pervasive Digital Technologies*: *Evolving Framework for Theoretical Foundation and Developmental Evaluation*, Toronto, Ontario, Canada: Toronto District School Board , 2018.

心，以技能学习为主线来带动知识学习和价值塑造，这将引发新的教育理念创新和认识论革命。其原因在于：（1）在实际工作中，技能和态度价值观对一个人的成功贡献远高于知识；（2）相较知识的公有性、海量性、易遗忘、易获取、缺口随时按需补充等特点，技能往往是私有的、有限的，且形成比较困难、需要较多情境化练习、一旦形成可以长期存在、缺口难以短时弥补等。①

我们应该意识到，以人工智能为核心的技术正在不断替代人类的技能，创造新的工作方式。创造性、交互性和复杂性越小，越是非个人化的常规技能和工作越容易被 AI 替代；反之，创造性、交互性和复杂性越大，越是个人化的非常规技能和工作越不容易被 AI 替代（见图1－8）。因此，面向未来的教育需要重新定位，需要更加重视对擅长创造性和交互工作的人才培养，从关注传统常规性的、非个人化的工作技能培养向更复杂、更具创造性、

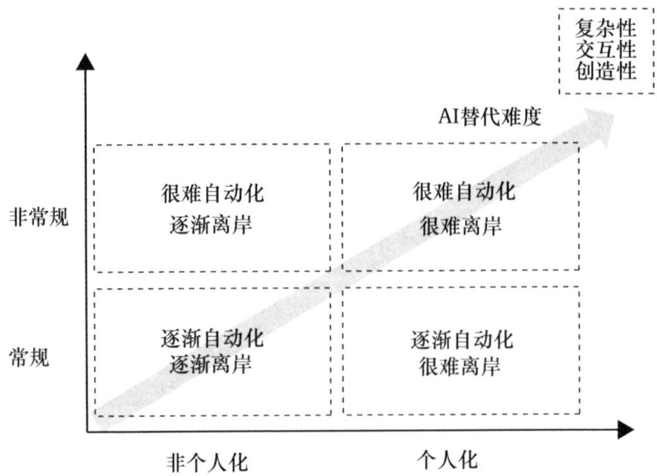

图1－8　人类工作技能与 AI 替代难度②

① 祝智庭、赵晓伟、沈书生：《技能本位的学习范式：教育数字化转型的认识论新见解》，《电化教育研究》2023 年第 2 期。

② ［美］查尔斯·菲德尔、玛雅·比亚利克、伯尼·特里林：《四个维度的教育：学习者迈向成功的必备素养》，罗德红译，华东师范大学出版社 2017 年版，第 19 页。

更个人化的工作技能培养转变。这意味着，学习者需要优先关注未来发展所需的“6Cs”核心能力以及人机协同、社会情感等技能，持续保持学习的主动性和创造力。这些革命性的教育转变，更加凸显了深度学习的时代意义。

二　结果：深度学习与核心素养能力兼容互补

深度学习与核心素养在能力领域层面本质上是相通的。美国国家研究委员会（NRC）正是为探讨深度学习与21世纪核心素养的融合，将21世纪能力重新梳理归纳为认知、自我、人际三大领域，并将这三大领域作为深度学习能力的三个维度。[①] 如表1－6所示，美国休利特基金会提出的6种深度学习能力（掌握核心学科知识、批判性思维和解决复杂问题、团队协作、有效沟通、学会学习、善学心向）与前文总结的代表性核心素养框架共同要素（公民素养/社会文化、协作交往、自主学习发展、工具技术与数字、学科与思维、创新实践），在三大领域都是相通的。深度学习能力本身就体现了学生的核心素养，深度学习与核心素养最终的追求都是发展学习者的高阶思维，增强适应21世纪社会发展和真实生活的认知与非认知能力。两者在学习目标的要素上存在交集，存在着多种共同要素。比如，认知层面——高阶知能的迁移、批判思维、创新能力；人际层面——协作交流；自我层面——元认知、自我协调的学习等。

表1－6　　**深度学习与核心素养的一致性**

能力领域	深度学习能力	核心素养共同要素
认知领域	掌握核心学术内容	学科与思维
	批判性思维与复杂问题解决	工具与数字技术
		创新实践

① National Research Council, *Education for Life and Work: Developing Transferable Knowledge and Skills in the 21st Century*, Washington, DC: National Academies Press, 2012, p. 3.

续表

能力领域	深度学习能力	核心素养共同要素
人际领域	协同工作	社会性发展
	有效沟通	
自我领域	学会学习	个人学习与成长
	发展善学心向	

当然，核心素养与深度学习之间并不能等同。首先，核心素养与深度学习的能力表述与侧重是存在差异的。例如，国际上的核心素养框架都强调个人的信息技术能力，深度学习虽然重视技术，但是更加强调技术与学习的融合，运用技术赋能学习过程。其次，核心素养与深度学习本身性质不能等同。核心素养框架仅提供了21世纪人才培养的指南针，其自身并无相呼应的一套培养路径，而深度学习作为“路径—结果”统一体，为核心素养的实现提供了可行的通路。

三　实践：面向核心素养发展的课堂深度学习

综上所述，深度学习与核心素养之间关系紧密，在当前课程与教学的改革创新实践中，深度学习不仅是发展核心素养的必由之路，其自身和核心素养一样同时也是当下课程与教学改革的目标方向，两者相辅相成，共同构成了面向核心素养发展的课堂深度学习“目标—路径”实践模式。

在目标结果层面，深度学习能力作为学习结果与核心素养框架可以整合为更具统一性、包容性的核心素养目标。这意味着，核心素养与深度学习能力目标一方面引领着课堂变革和人才培养的方向，另一方面亦作为评价标准，检验着课堂深度学习效果的实现。因此，深度学习的结果就是核心素养的追求。

在路径层面，深度学习作为方式和过程在课堂与核心素养培育之间架构起桥梁，教师通过深度学习设计的方式将核心素养的理念融入课堂教学的方方面面，如学习目标、学习内容、学习形式、学习环境、学习评价等，推动“学为中心”的课堂教学范式形成，最终使学习者在深度学习过程中达成核心素养，推进课堂真正实现从“教”到“学”，再到“深度学”的二次转型。

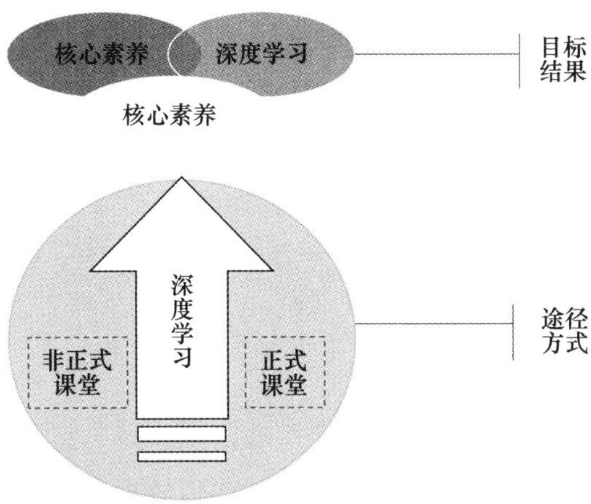

图1-9　面向核心素养发展的课堂深度学习概念

值得注意的是，在深度学习理念下，此处所指代的“课堂”范围也被扩展，既包括传统学校课堂，也包括非正式的课堂，如博物馆、科技馆、学习中心，以及各种自然情境中的学习等。同时，笔者还特别提出，深度学习课堂是“大学—中小学”联动革新的课堂。无论是培养未来公民的中小学课堂，还是培养未来教师的大学课堂，均处于课堂深度学习变革的统一体中。职前教师教育需连接真实的一线课堂情境和真实的课堂教学问题，进行深度学习。只有在大学的深度学习课堂中让师范生体验自己“如何深度学习”以及“如何为深度学习而教”，方能培养出像专家教师一样思考的准教师，他们在未来的工作岗位中才能更好地开展深度教学，促进核心素养在人才培养中从理想走进现实。

第二章

课堂深度学习：学习科学视角的多维理解

只有理解课堂是什么，才能真正在课堂中促进深度学习的发生。过去，人们常常将课堂狭义理解为教室中的教学，忽视了人的学习复杂性对课堂带来的多元理解。

人的学习极其复杂，特别是真实情境下的学习，只有整合多学科的视野才能对其形成一个全面、完整的理解和认识。当人们越来越清楚地认识到，情境剥离的实验室研究成果难以解释和指导真实场景中的学习，一场学习研究的变革在所难免。20 世纪 80 年代，包括阿兰·柯林斯（Allen Collins）、珍妮特·科洛德纳（Janet Kolodner）在内的一批认知科学家从传统的认知科学队伍中走了出来，开始关注真实世界中的认知和学习，逐渐形成了以基于设计的研究（design-based research）为特征、跨学科研究教与学的新兴领域——学习科学（learning sciences）。

简单地说，学习科学就是研究“人是如何学习”的一门科学。它研究各种情境中的真实学习——不仅包括学校课堂情境中的正式学习，也包括家庭内、工作中以及同伴间所发生的非正式学习。学习科学有两大目的，一是理解学习的本质及其发生过程，即理解哪些认知和社会过程可以产生最有效的学习；二是运用这些知识来重新设计课堂和其他学习环境，以促进人们更深入、更有效地学习①。

① ［美］R. 基思·索耶主编：《剑桥学习科学手册》（第 2 版），徐晓东等译，教育科学出版社 2021 年版，第 1 页。

学习科学经30余年的发展，不断整合来自内隐学习[①]与脑、正式学习和非正式学习三大主线的研究成果，为教育创新提供了坚实的科学基础，也为我们提供了一个理解学习的多维视角和广阔的立体图景。

第一节　广博学习视野中的课堂学习

跳出课堂狭窄视野，从人的生命之长度、宽度到生命之厚度和高度（智度），从课堂、学校的正式学习环境到家庭、博物馆等非正式学习环境，从个体神经细胞的微观层面到社会文化的宏观层面，对课堂学习的理解应置于更广阔的人类学习视域中。

一　四生学习：将课堂学习置于更广博的概念中

作为教学的主阵地，课堂是学生最主要的正式学习环境。它是一个复杂的开放系统，发生在其中的学习不仅受课堂中教师、学生和教室环境的影响，也与教室之外学生所处的家庭、社会等文化境脉密切相关。虽然正式的基础教育（K－12 教育）阶段中的教学是相对受限的，但在正式的学校教育之外，学习什么和学多少越来越取决于个人的选择和条件。事实上，个体的大多数学习发生在校外的非正式学习场景中，并纵贯一生。[②]

美国非正式与正式环境学习中心（The Learning in Informal and Formal Environments Center，LIFE）和多元文化教育中心的詹姆斯·A. 班克思等人（James A. Banks，et al.）用一张图展示了人从幼年到老年的整个人生中，花费在正式和非正式学习环境中的大概时间比例（见图2－1）。显而易见，除去8个小时的睡眠，在我们每天醒着的16个小时中，每个人生阶

① 内隐学习是指那种轻易地获取复杂信息的学习（无须有意识地付出努力），并且获得的知识很难用语言表达出来。［美］R. 基思·索耶主编：《剑桥学习科学手册》，徐晓东等译，教育科学出版社2010年版，第24页。

② ［美］科拉·巴格利·马雷特等编：《人是如何学习的II：学习者、境脉与文化》，裴新宁等主译，华东师范大学出版社2021年版，第203页。

段的非正式学习都占据了大多数时间。对于学校的教育者来说，需要以一种新的方式，来重新思考和看待贯穿一生的学习。他们提出了一个简称为“三生”（终生、宽生和深生）的更加广博的学习概念，从纵向的时间长度、横向的空间（场景）宽度和理解的信念（文化）深度三维观念上，把学习概念与人的学习如何历经一生（终生）、跨越各种社会场境（宽生），并与主流文化影响发生关联（深生）紧密结合起来，拓展了我们对学习的理解。在此基础上，新加坡的研究者又增加了学习的“智生”概念，扩展了“三生学习”理念，形成了新的“四生学习”框架。

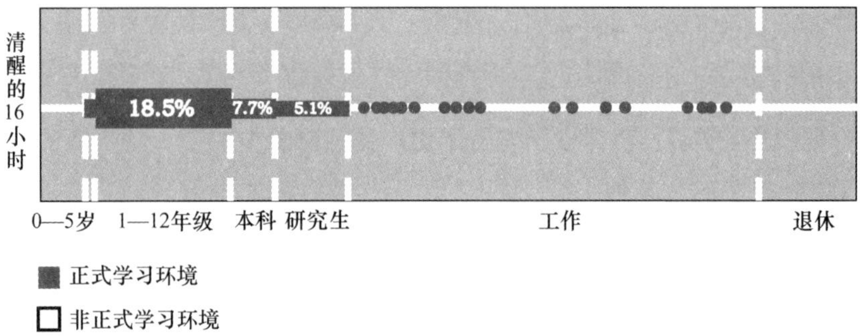

图 2 - 1　人一生中在正式和非正式学习环境中的大概时间比例 ①

（一）终生学习（Life-long Learning）

同样是英文“life-long learning”，以往人们常用“终身学习”这个词来对应它，更多的是作为进入学习型社会的一种理念来谈论。所谓“活到老学到老”，每一个人都必须终身持续不断地学习，联合国教科文组织早在 1972 年的《学会生存——教育世界的今天和明天》报告中就将终身学习看作“学习化社会的基石”②。而在这里，我们用“终生学习”这个词，

① Banks J., Au K., Ball A. F., Bell P., Gordon E., Gutierrez K., et al., *Learning in and Out of School in Diverse Environments: Life-Long, Life-Wide, Life-Deep*, The LIFE Center (University of Washington, Stanford University and SRI) & the Center for Multicultural Education, University of Washington, 2007.

② 联合国教科文组织国际教育发展委员会编：《学会生存——教育世界的今天和明天》，华东师范大学比较教育研究所译，教育科学出版社 1996 年版，第 223 页。

主要从学习科学的正式与非正式学习角度，倾向于将之作为纵向的“贯穿一生的学习”样态和方式来加以讨论。

终生学习指获得基本行为方式（如，行走和人脸识别）和获得对真实世界信息的认知方式（如，抛出的物体会落下、爬陡坡比缓坡更费力等）的学习。它从幼年延伸到老年，贯穿人的一生，包括我们处理人际交往、反省我们的信念、适应新体验的所有方式以及维持它们的元认知过程。这种学习大多数都是直觉、无意识“习得”（pick up）的。

教师应该看到，每个孩子在课堂之外的日常生活中的这种学习，将作为他们课堂学习的持久的原动力和一份有利的“教育资产（asset）和资源”。因为，学习者有可能会魔法般地调动与职业选择和日常生活实践需要密切相关的各种具体信息。他们在获得这些信息的同时，发展了有效完成工作的技能。而习得这些做事的方式，通常由他们的兴趣、好奇心、愉悦感、有能力完成任务和挑战的信心所组成的动机驱使，通过观察、尝试、测试、找到满意结果，这种努力从幼年开始一直持续导向老年。

语言和互动性策略决定了一个人身心参与学习的方向。这类学习开始于我们早期玩的经验、身体活动、独自或与他人计划和实施工作项目的机会中。它形塑着我们面向好奇心、渴望、交流和坚持的基础，促使我们继续学习。

（二）宽生学习（Life-wide Learning）

宽生学习是指与真实世界相关联的跨越多种场景的学习，涉及经验的宽度、指导（guides）和地域的广度，涵盖诸如逆境、顺境和支持等生活中的各种核心议题。这类学习吸收生活中每件事情，通过人的适应性将个体置于各种新情境中，范围涵盖从纳税申请表格中的生僻术语，到从一栋公寓大楼搬至另一栋公寓大楼重新安置，等等。人际关系的调和、保健、家庭预算、就业变化，这一切都在提醒学习者，掌握的技能越宽，日子就过得越好。人们在日常生活中会碰到很多需要知道如何解决的问题，即便自己不能处理这些问题，至少也应该想到如何找到能帮助自己解决问题的人。

史密斯（Smith）等认为，宽生学习是个体获得有价值的技能、知识和态度的过程，这些技能、知识和态度是解决不同场合情境需要的有效工具。宽生学习发生在个体生活中的多种情境，包含正式和非正式教育的学习场景，如俱乐部、图书馆、博物馆、运动场、家庭、购物市场、夏令营、艺术画廊等。[①] 还有研究者将宽生学习的场景分为政府、海外、自然环境、宗教机构、网络、工业与商业机构、家庭、社会服务组织与制服团体、同伴、大众媒体等。[②]

为此，学校教育应该提供各种学习机会，发展学生管理自我和他人、时间和空间，处理意外情形、危机事件的能力。这种学习将促使学生形成适应性的技能和态度框架，帮助学生学会如何适应性地将一个情境所学迁移到另一个新情境中，并将所获直接经验转化为面向未来使用的策略和方法。因此，设计跨学科的深度学习项目，整合各种情境中的学习经验，发展综合的问题解决能力和适应性专长至关重要。

（三）深生学习（Life-deep Learning）

深生学习通常关注对学习内容的深度理解，并由此发展学习者的适应性专长。不过，在 LIFE 中心的“三生学习”理念中，深生学习更强调引导人们信仰、行动以及对自我和他人判断的道德、伦理和社会价值。这种学习的根本是语言。符号制定（symbol-making）和处理能力是人类最非凡的特质之一，隐含其中的是人们的思想内容和他们的学习方式。在各种角色场合——孩童、父母、导师、租户、邻居、雇员和公民中，人们必须学习如何使用语言赋予我们的一切，因为每一种角色都需要多种交谈方式和展示媒介。道德、伦理和社会性学习所带来的深生学习，指引着我们的行动，影响着对自我和他人的判断和表达，支撑我们用所有自己的方式来应

---

① Asor L., Erim C., *Life-Wide Learning: A Potent Strategy for Expanding Non-Formal Learning Opportunities for Youths and Adults in Nigeria*, Education for Careers in the 21st Century, 2017, pp. 437–450.

② Basic Education Curriculum Guide-To Sustain, “Deepen and Focus on Learning to Learn”, (2023), https://cd.edb.gov.hk/becg/english/chapter6.html.

对挑战和变化。[①]

（四）智生学习（Life-wise Learning）

值得关注的是，近年来，在“三生学习”的基础上，有研究者从人的生命的高度和智度上，增加提出“智生学习”的概念，由“三生”拓展为“四生”，如新加坡国立教育学院（Nation Institution in Education，NIE）从教师培养工作的视域出发，确立了终生、宽生、深生和智生的“四生学习”（four-life learning）理念。与“三生学习”不同的是，新加坡 NIE 将“深生学习”仅仅看作对学科内容的深度理解和对适应性专长的发展，同时获得完成任务所需的效率和创造性之间平衡的能力，而将先前“深生学习”所包含的价值信念维度作为相对独特的“智生学习”领域专门提出。智生学习关注超越自我的学习和价值、道德、品格、共情、实践智慧的发展。它超越了对事实和真理的认识，体现的是一种对道德价值的信念追求，一种对可以拥有更好生活或理想未来的感知，一种超越个体学习的生命高度。正如孔子所言，“好学近乎知”。

（五）“四生学习”框架

“四生学习”中的四种学习形式并不是孤立的，而是相互关联、相互促进的。学习的旨趣就在于发展终生学习的意向、深生学习的专长、宽生学习的兴趣和智生学习的美德。学习的目的不应局限于对知识的深刻掌握（深生学习），还应着眼于培养学生在未来处理迁移性任务的元认知能力（终生学习），这些任务可能是在正式或非正式的环境中进行的（宽生学习），也可能涉及宏观思想、价值观和原则的发展和迁移（智生学习）。因此，“四生学习”各自既是促进彼此的手段与基石，同时也是彼此的目的[②]，共同宗旨是促进学习者的社会情感调节能力（so-

---

① Banks J.，Au K.，Ball A. F.，Bell P.，Gordon E.，Gutierrez K.，et al.，*Learning in and Out of School in Diverse Environments*：*Life-Long*，*Life-Wide*，*Life-Deep*，The LIFE Center（University of Washington，Stanford University and SRI）& the Center for Multicultural Education，University of Washington，2007，pp. 12 – 13.

② David Huang，“A Life-Long Process of Purposeful Learning”，（May 25，2022），https://singteach. nie. edu. sg/2022/04/19/a-life-long-process-of-purposeful-learning/.

cial emotional regulation）和幸福感（well-being）的发展，以更好地适应未来的社会与生活。

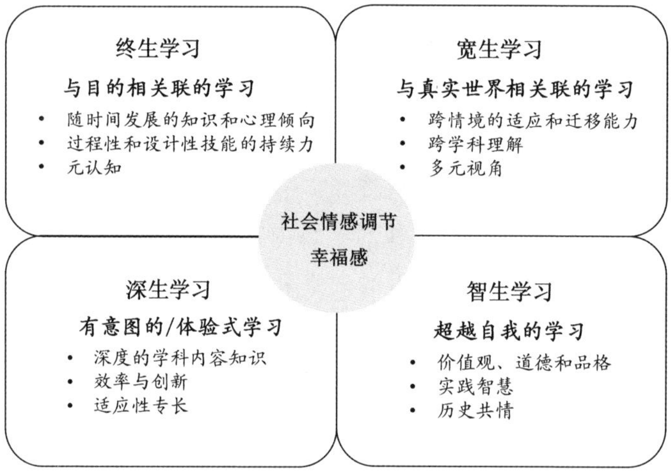

图 2-2 “四生学习”框架①

支撑面向未来的“四生学习”背后的理念是“目的学习”（purposeful learning）。② 目的学习帮助教育者和学习者聚焦学习目标后面的原因，确保学生理解发生在课堂和学习中的与学习目标相关的活动、经验和任务，且越来越能意识到目标驱动的人生在面对未来不确定性时的重要性。将学习与目的关联，学习者逐渐地将学习的重点从“为考试做准备”向“为钟爱和兴趣而学”转变。

二 从微观到宏观：将课堂学习置于更广博的图景中

（一）勾画理解课堂学习的广博图景

关注个体因素（如发育阶段，身体、情感和心理健康，兴趣与动机

① Kwek D., Hung D., Koh T. S., Tan J., *OER-CRPP Innovations for Pedagogical Change: 5 Lessons*, Singapore: National Institute of Education, 2017.

② Kwek D., Hung D., Koh T. S., Tan J., *OER-CRPP Innovations for Pedagogical Change: 5 Lessons*, Singapore: National Institute of Education, 2017.

等）以及个体之外的因素（如学习者所处的环境、社会和文化境脉以及学习者所能获得的机会），是全面认识学习本质所必需的。① 为了帮助教师更好地理解课堂学习，笔者整合内隐学习与脑、正式学习和非正式学习三大主线，聚焦学习的个体认知和社会互动两大过程，融合终生、宽生、深生和智生的学习观点，以课堂学习为中心，勾画了一幅从微观（神经细胞）到宏观（社会文化）、从传统个人认知（脑/身体 + 认知）到“个体/群体 + 情境 + 文化”的理解学习的广博图景（见图 2 – 3）。

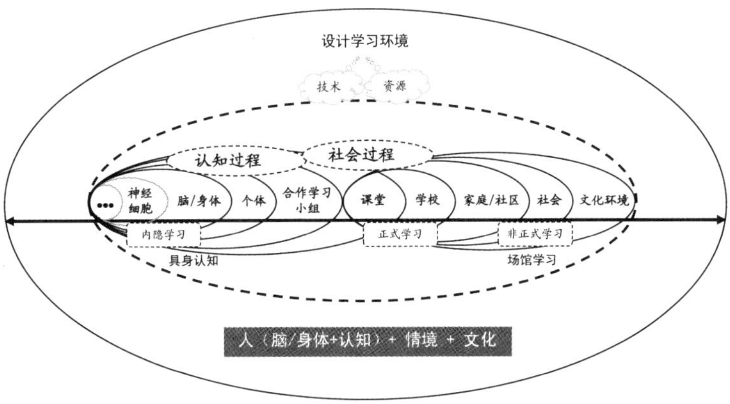

图 2 – 3　理解课堂学习的广博图景

图 2 – 3 侧重表明的是学习的生物过程和文化过程。以课堂学习为中心基点，左侧指向微观的生物层面的学习，右侧指向宏观的文化层面的学习。如果按照坐标线往两边延伸，就产生了不同的理论视角和层次的学习分析单元。

就左侧而言，在班级和小组层面，学习分析关注的焦点除个体学习之外，主要是共同体和小组合作学习，这里集中体现了学习的社会维度（相关内容将在后面章节重点描述）。在个体层面，其关注的是个体认知、意

① ［美］科拉·巴格利·马雷特等编：《人是如何学习的 II：学习者、境脉与文化》，裴新宁等主译，华东师范大学出版社 2021 年版，第 8 页。

义建构的过程和个体行为表现，这是传统认知科学的主要议题。对此，我们还需要关注脑的生物基础与身体层面的学习研究。当前的脑科学和具身认知揭示了身体参与个体学习的机理，目前最小层面的分析单元是神经细胞，由此，我们可以从当前最新的脑科学、认知神经科学、教育神经科学的研究中获得理解学习的新观点。

国际上新的学习科学研究项目跨越了学科边界，从细胞机制的生物科学和脑科学的角度切入，对人类、其他动物或机器学习进行大范围和复杂的研究，关注重点放在了学习迁移、强健学习、学习环境以及生物科学与脑科学对学习的影响。跨学科整合的研究视角已经扩展到神经工程（neuromorphic engineering）、材料科学和纳米技术等所有能展现学习的生物、非生物和社会的系统当中。[①]更微小的学习分析层面，如分子或 DNA，有待未来探索。

回到课堂学习这个基点，往右沿着坐标线从小到大，是以场景为划分层次的非正式学习主体的学习领域。学生的课堂学习与学校、家庭、社区和社会的文化密不可分，这一领域涉及家校合作、场馆学习、社会资源的学习应用等，是学习的环境和文化研究维度的集中体现。而作为支持条件的资源和技术，渗透在学习的不同层面，引发学习方式的不断变革，常常与学习环境的设计活动紧密相连。

显然，要想成为一名出色的教师，不能只局限于教室场景来看学生的学习，而应置于学校、家庭、社区乃至社会的广泛场景中，同时关注个体认知、个体与群体和环境的社会互动过程。在课堂深度学习设计中，传统心理学视角提供的有关学习的知识远远不够，还需要广泛涉猎学习科学、脑科学以及认知神经科学中不断涌现的有关学习研究的新观点，像具身认知、情境学习、建构性学习、社会性学习、认知学徒制、博物馆学习、共同体学习等理论和观点，正在对当前的课程与教学产生革新性的影响。

---

① NSF, "Science of Learning" (Jan 8, 2018), https://www.nsf.gov/funding/pgm_summ.jsp?pims_id=5567.

（二）关注课堂个体的身体与文化环境的形塑关系

虽然脑、身体和环境、文化置于广博学习图景的两端，但它们相互形塑，彼此影响。因此，在学习的生物和文化过程上，理解课堂学习应在以下两方面引以关注。

1. 理解脑的学习工作机制

脑是人类学习的神秘装置，认知神经科学家正在借助脑功能扫描等现代测量技术，不断揭开脑活动“黑箱”的神秘面纱。近年来，将脑、认知科学和教育结合起来形成的教育神经科学，正在不断创建新的知识，为教育理论、教育政策与教育实践奠定科学基础，从而改变教育缺乏科学证据的状况。①

我们每时每刻都在学习，即使在没有意识到的情况下，脑的学习活动就自然发生了。这种自然的学习就是学习科学所指的内隐学习。我们只有了解我们的脑如何构建心智世界，才能将之与正式的教授式学习区别开来，并更好地创建最佳的教育实践。②

我们只有了解脑关于记忆、存储、提取、阅读、计算等方面的工作机制，才能灵活设计学习活动。

我们只有懂得脑的生物学机理（比如，神经元终生都在生长，占我们身体2%比重的脑却要消耗身体20%的能量，睡眠是帮助大脑完成澄清记忆、深化记忆必不可少的步骤③，运动改变大脑④等），才能建立儿童可塑性的发展观点、践行“吃好早餐、睡好觉和运动好就是学习”的观点，才能破除“左脑—右脑”思维等此类流行的“神经神话”。

与此同时，我们也要看到，脑的发展与学习之间存在的互惠关系。脑

---

① ［澳］约翰·G. 吉克：《教育神经科学在课堂》，周加仙主译，上海教育出版社2020年版，第4页。

② ［英］弗里斯：《心智的构建 脑如何创造我们的精神世界》，杨南昌等译，华东师范大学出版社2012年版，第7页。

③ ［美］本尼迪克特·凯里：《如何学习》，玉冰译，浙江人民出版社2017年版，第251页。

④ ［美］约翰·瑞迪、埃里克·哈格曼：《运动改造大脑》，浦溶译，浙江人民出版社2013年版，第11页。

的发展影响个人的行为和学习，反过来，学习也形塑着脑的结构，影响着脑的发展与健康。[①] 比如，德国脑科学家曼弗雷德·施皮茨尔（Manfred Spitzer）就对“数字时代儿童不当使用数码产品造成大脑发育障碍”这一现象提出“数字痴呆化”警醒，大脑发育受到有益和有害因素的影响[②]：如果一个人早年多进行双语、体验式学习、体育、音乐等活动，智力发展就像发炮弹一样，发射越高，人生轨迹越长，越有可能获得有意义的工作、拥有幸福的家庭和丰富的晚年；反之，如果过早过度接触对智力发展没有帮助的行为，如电视、电玩、网游等，将导致各种学习障碍、失业、生病、破产、孤独、抑郁甚至早死。

因此，正如1983年莱斯利·哈特（Leslie Hart）在其著作《人脑与人类学习》（*Human Brain and Human Learning*）一书所指，没有意识到脑如何学习的教学，就像不知手是什么样子而编织手套。[③] 教师越是深入了解人类大脑如何学习，就越能设计好的教学来促进学习者大脑的发展。

2. 回归对身体参与学习的关注

（1）传统课堂中的离身文化

长期以来，在学校教育中占主导地位的是一种拒绝身体参与的学习文化。特别是在小学低年级课堂中，学生常被要求“手放平、坐端正、竖起耳朵乖乖听”，身体动作被严格的纪律限制。因为在老师们看来，课堂中身体动作容易造成学生学习的分心，学习需要静心思考，并通过记忆背诵存储知识，这些都是依赖大脑的认知活动完成的，与学生的身体动作无关。

这种观点深受早期第一代认知科学中离身认知（disembodied cognition）的影响。离身认知是一种身心二元论，认为身体与心灵是分开的，心智可

① ［美］科拉·巴格利·马雷特等编：《人是如何学习的 II：学习者、境脉与文化》，裴新宁等主译，华东师范大学出版社2021年版，第69页。

② ［德］曼弗雷德·施皮茨尔：《数字痴呆化：数字化的社会如何扼杀现代人的脑力》，王羽桐译，北京时代华文书局2014年版，第210页。

③ 周加仙：《“基于脑的教育”理论述评》，《外国教育研究》2007年第2期。

以脱离身体而独立存在；认识是作为独立的实体与外在世界的身体或经验不发生相互作用。因此，离身式的教学本质上是一种排斥身体参与的纯粹观念或知识传递的活动。身体与情境经验的缺位，消弭了学生参与学习的热情，使他们不可避免陷入枯燥的、观念传授式的学习困境之中。学习也就成了与他们现实经验毫无关联的抽象知识的记忆，以至于无法迁移到他们的日常生活或新情境中。①

（2）从离身到具身：回归身体参与的学习

第二代认知科学的兴起要将在那场与行为主义的认知革命中同“洗澡水”（刺激—反应模式黑箱）一起泼掉的“婴儿”（具身行动和行为）带回来，重新将“身体”置于认知实践的中心地位。② 但是，具身认知不是行为主义的复归，它仍然是认知主张，是一种强调身体（具身的）过程和心智过程同一存在并密切关联的认知。其核心要义包括：认知过程的进行方式和步骤实际上是被身体的物理属性所决定的；认知的内容是身体提供的；认知、身体、环境是一体的，认知存在于大脑，大脑存在于身体，身体存在于环境。③ 也就是说，认知过程深深地根植于身体与它周边物理环境的交互中。在某种程度上，我们所有的经验几乎都来自我们的身体，甚至最抽象的、涉及学习（诸如概念发展和理解）的认知过程也是建立在物理的具身基础之上的。

具身认知与学习为我们打开了理解学习的一扇新窗口，它对“身体参与认知”的强调，要求我们将传统课堂忽视的“具身要素”（身体动作与经验）纳入教学设计框架内予以重视。这种课堂学习一定是休（身体）验的、动觉的（涉及身体运动的）、多模态的、情境性和生成性的（enactive）。设计者常将学习者所要学习的知识“嵌入”真实的或实践的情境当中，鼓励学习者通过看、听和身体动作等多通道感知经验，在身体与情境

① Black J. B., “An Embodied/Grounded Cognition Perspective on Educational Technology”, *New Science of Learning: Cognition, Computers and Collaboration in Education*, 2010, pp. 45 - 52.

② Holton D. L., “Constructivism + Embodied Cognition = Enactivism: Theoretical and Practical Implications for Conceptual Change”, Aera 2010 conference, 2010.

③ 叶浩生：《具身认知：认知心理学的新取向》，《心理科学进展》2010 年第 5 期。

和环境的交互中体验和感知知识，获得深度的概念理解。[①]

总之，关注身体参与的学习（具身学习），不仅要关注学生脖子以上的身体（脑），也要注意“解放”学生脖子以下的身体。鼓励学生学会用身体让自己感觉更好（如微笑），用身体培养头脑，用身体理解他人感受，用身体帮助自己学习和思考。[②] 来自当前学习科学领域的多个研究亦表明，回归身体参与的学习将在博物馆和社区中心的非正式学习以及学校 K－12 的课程学习中发挥重要的作用。

三　家校社协同：将学习者文化境脉的多样性转换为教育资产

近 20 年来，学习科学研究呈现了一个重要趋势——关注文化境脉对学习的重要影响。因为，所有的学习者都是在文化定义的境脉中，以文化所定义的方式成长和学习的。学习者、境脉和文化交织在一起。这里指广义上的文化意义，是人类群体的习得性行为，它通常反映了这个群体的传统并通过社会学习而代代相传。[③]

（一）将学习者文化和境脉的多样性看作一种“教育资产”

如前所述，虽然在正式的学校环境中，学习者习得了重要的基础知识和技能，但是这只占据了他们“贯穿一生学习”的一小部分，那些在课堂之外生命中的各种场境所发生的深度主动的学习同样重要。研究发现，在非正式学习环境中，有些学生完成某项复杂任务的能力非常出色，但是，在学校同类型的任务中却无法展示这种能力。这表明理解校外环境学习的本质以及基于这一本质支持学校学习的重要性。[④] 研究也表明，包括学校、家庭在内的所有学习场境，都是由文化形塑且在社会性境脉中建构的。在

---

① 刘晓艳、杨南昌：《具身学习：理解和设计学习的新视角》，《上海教育》2015 年第 36 期。

② ［美］西恩·贝洛克：《具身认知：身体如何影响思维和行为》，李盼译，机械工业出版社 2016 年版，第 6 页。

③ ［美］科拉·巴格利·马雷特等编：《人是如何学习的 II：学习者、境脉与文化》，裴新宁等主译，华东师范大学出版社 2021 年版，第 22 页。

④ ［美］R. 基思·索耶主编：《剑桥学习科学手册》（第 2 版），徐晓东等译，教育科学出版社 2021 年版，第 713 页。

课堂内，学习者会通过多种方式体现和表述自身家庭和群体的文化。这意味着，如果不关注文化影响，就无法充分理解每一间教室里发生的学习。

正因如此，越来越多的研究者支持采取一种教育“资产模型”（asset model）或“文化资本”（cultural capital），将学习者校外文化和境脉经验的多样性转化为资产。在这个资产模型中，教师设计课程和教学技术支持所有学习者，充分利用各种场境中的学习经验和机会，将他们的学术目标与校外学习连接起来，帮助自身发展。①

例如，福拉沙德·所罗门（Folashadé Solomon）等人的研究表明，传统物理课堂通常是离身的、忽视身体作为意义建构的资源，因而限制了很多学习者包括黑人女孩对物理的学习。为促进黑人女孩更好地学习物理，研究者将她们所擅长的舞蹈作为文化资本引入物理教学过程。例如，在探索平衡和反作用力的物理学习中，黑人女孩化身成舞者，面朝外相互挽手直角弯腰屈膝前倾，用身体围成一个圆环。另外两位舞者躺在人形圆环的后背上，两人相向协调好重量、力度和平衡，然后用脚支起一个三角形。为支撑上面两位中心位置的舞者，下面的女孩们作为一个整体必须不停地调整位置，均衡分布重力，并提供足够的向上推力避免人形倒塌②。该案例将学习者的舞蹈创作技能和科学知识技能充分整合，以她们擅长的富有表现力的舞蹈作为关键的知识资本（funds of knowledge）激发学习参与，使得学习者有机会用自己的个人意义和文化实践来探索和表达物理理解，为物理教学提供一个新视角。

知识资产基于这样一个前提：学习是以组成我们经验的社会关系、实践和人工制品为中介的。它和其他社会文化观点一样，强调个体的相互依赖和知识共建的社会过程。

---

① ［美］科拉·巴格利·马雷特等编：《人是如何学习的 II：学习者、境脉与文化》，裴新宁等主译，华东师范大学出版社 2021 年版，第 6—7 页。

② Folashadé Solomon, Dionne Champion, Mariah Steele & Tracey Wright, “Embodied Physics: Utilizing Dance Resources for Learning and Engagement In Stem”, *Journal of the Learning Sciences*, Vol. 31, No. 1, December 2022, p. 76.

（二）非正式与正式学习整合的四条原则

学习科学关于正式与非正式学习、学习者与文化境脉的关系主张，为教师“从家校社协同育人视角提升课堂学习质量”提供了新的思考路径。下面四条设计原则有助于教师开展这方面的课堂实践探索。①

原则1：学习置身于广泛的社会经济和历史境脉中，并通过当地的文化实践和观点中介。我们将学生发生在家庭、社区和学校的学习看成紧密相连和交互的。在所有的学习环境中，当学生日常生活和重要实践被用于教学，学习就能得到提升。当学习者的文化、社会经济和历史境脉被认可、尊重和响应，学习就能得到促进。

原则2：学习不仅发生在学校，也发生在贯穿一生的多种境脉和有价值的日常实践中。教育者需要意识到，青少年是一群有自己观点和经验来为正式教育构建合理知识基础和资源的学习者。教师应该理解和注意学习者参与的大量文本媒体，需要采用多元化方法来整合新媒体、技术和学生的经验与知识，以丰富学生的学习。

原则3：所有学习者需要来自系列体系中的多种支持资源，以促进他们的个性和智力发展。教育者需要意识到，全面的青年幸福、发展和学习是在社区内并借由它实现的。社区和学校内及其之间的项目、资源和奖励分配对于消除各种教育相关的不公平至关重要。学习者及他们的家庭、教育实践者、政策制定者和教育研究者之间的有力合作将明显增强所有利益相关者的认识和知识基础。

原则4：当学习者被鼓励使用他们家乡和社区的语言资源作为扩展语言能力的基础时，学习将得到促进。政策制定者、父母和其他的利益相关者应该将说另一种语言（或家乡话）看成一种资产，而不是负债（liability）。学习者应该被鼓励在不同场景中灵活使用他们的语言资源，应向所

① Banks J., Au K., Ball A. F., Bell P., Gordon E., Gutierrez K., et al., *Learning in and Out of School in Diverse Environments: Life-Long, Life-Wide, Life-Deep*, The LIFE Center (University of Washington, Stanford University and SRI) & the Center for Multicultural Education, University of Washington, 2007, p. 15.

有学生提供成为谙熟双语的机会、指导和资源。

基于以上观点对课堂学习设计的重要启示，学习科学家呼吁，要对学校学习方式的组织进行根本性的重构，包括对学生的日常语言和文化实践与学校学科教学之间联系的理解。公平不只是向所有学生提供相同的资源，只有当我们通过这种重构并创造了一种能够更深层地与所有学生的经验建立连接的学习环境时，真正的公平才有可能实现。①

总的来说，课堂是一个开放的学习环境系统，也是一个活动系统。它由一个个教学事件或者一个个教学活动组成，连接着校内和校外其他场境中的学习。因而，需要将课堂学习的革新设计置于整个学习环境系统中来加以考虑。

第二节　三维框架视角中的课堂深度学习

一　理解学习的三维框架

当今的学习科学研究高度共享着这样一个观点：学习总是嵌入在一个社会性的情境之中，而非仅仅发生在个体身上，体现出个体和社会的双重属性。从这一观点出发，所有的学习无非包含两个非常不同的、活跃的过程：一个是个体与其所处环境的互动过程，另一个是个体内部心智获得与加工的过程。

个体的心理活动过程总是包含着内容与动机要素。内容要素是关于我们所学的东西，性质上可以是知识、技能、理解、观点、意义等主要元素；动机要素则涵盖动力、情绪和意志等。两者处于学习获得过程的两端，如果没有所学之物，学习就失去意义；如果没有源自个体互动所蕴含的冲动，学习活动便无法激活和保持下去。②

---

① ［美］R. 基思·索耶主编：《剑桥学习科学手册》（第 2 版），徐晓东等译，教育科学出版社 2021 年版，第 723 页。

② ［丹］克努兹·伊列雷斯：《我们如何学习：全视角学习理论》，孙玫璐译，教育科学出版社 2014 年版，第 23—30 页。

学习的互动过程依赖于环境的社会和物理特征，而且依赖于时间和空间。因而，可以将之扩展为包括个体与群体的社会交互，也包括个体对学习发生所处情境之中的其他学习资源和物品的感知与交互，一同置于整个“学习环境”范畴内加以考虑，形成“个体—群体—学习环境”的三维交互关系，并且总是在各自的形成过程中以一种“整合”的方式进行着互动。在这个维度上的重要因素是活动、对话和合作。

根据以上理解，将两组学习过程（获得过程和互动过程）和两组三维交互关系（“内容—动机—互动”和“个体—群体—环境”）进行组合，构成了一个理解人类学习的整体框架（见图2－4）。①

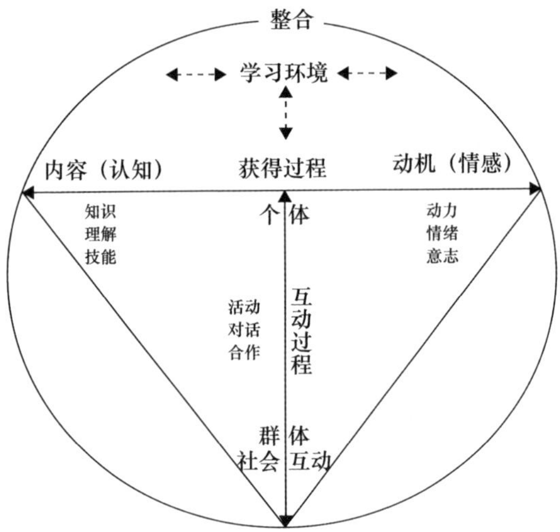

图2－4　理解学习过程的三维框架

说明：根据克努兹·伊列雷斯（2010）改编。

二　三维框架视角中的课堂深度学习

克努兹·伊列雷斯（Knud Illeris）认为，所有学习都包含上述所指的内

① 焦建利、贾义敏：《学习科学研究领域及其新进展——“学习科学新进展”系列论文引论》，《开放教育研究》2011年第1期。

容、动机和互动三个维度，它们是充分理解和分析一个学习情境所必需的。

内容维度是传统学习研究中的关注重点，学习者通过内容维度，获得知识和意义的一致理解，发展能力，以提升应对现实挑战的整体机能性。内容与动机维度通常是同时的，且通过源自个体与环境之间互动过程的冲动，以一种整合的方式被激活。动机维度涉及学习所需的心智能量的运用，以持续维持我们心智与身体的平衡，发展自己关于自身和环境的敏感性。而学习的互动维度，关系的是个体与其所处社会性及物质性环境之间的互动，它们提升了个体在相应社会情境与共同体中的整合，并发展学习者的社会性。①

分析发现，克努兹·伊列雷斯提出的以上内容、动机和互动的学习三维度，与美国国家研究委员会（NRC）和休利特基金会提出的深度学习能力整合框架涉及的认知、自我和人际三大领域，存在一致的对应关系。

（一）整合 NRC 和休利特基金会的深度学习能力三维框架

美国威廉和弗洛拉·休利特基金会2010年发起了一个深度学习研究项目（Study of Deeper Learning: Opportunities and Outcomes，SDL），将深度学习界定为：学生胜任21世纪工作和公民生活必须具备的能力总称，包括核心学科知识、批判性思维和复杂问题解决、协同工作、有效沟通、学会学习、善学心向（academic mindsets，也有人译作“学术心态”或“学习毅力”）六个维度。掌握这些能力可以让学生深入理解学科知识并应用这些知识去解决课堂和未来工作中遇到的问题。②

NRC 则将深度学习看成“个体能够将一个情境中的所学应用到新情境中去的过程（迁移）”，将这一过程与其所产生的“21 世纪能力”（结果）区分开来，并把这些能力分归为认知、自我和人际三大领域。③ 这三个领

---

① ［丹］克努兹·伊列雷斯：《我们如何学习：全视角学习理论》，孙玫璐译，教育科学出版社2014年版，第23—30页。

② William and Flora Hewlett Foundation，“Deeper Learning Competencies”，(Apr 2013)，https://hewlett.org/wp-content/uploads/2016/08/Deeper_ Learning_ Defined_ _ April_ 2013.pdf.

③ National Research Council，*Education for Life and Work: Developing Transferable Knowledge and Skills in the 21st Century*，Washington，DC: National Academies Press，2012，p. 3.

域正好可以完全包含休利特基金会定义的深度学习的六维能力，形成新的整合性的深度学习能力框架，并与克努兹·伊列雷斯提出的内容、动机和互动的学习三维度对应起来。

表 2-1　整合 NRC、休利特基金会和伊列雷斯观点的深度学习能力框架

NRC 深度学习三领域	休利特基金会 深度学习六维能力	伊列雷斯学习三维度
认知	掌握核心学科知识	内容
	批判性思维和复杂问题解决	
人际	协同工作	互动
	有效沟通	
自我	学会学习	动机
	善学心向	

整合的框架表明，课堂深度学习的关键在于，教师如何帮助学习者将学科核心知识、批判性思维能力、自我和人际能力整合起来，并持续扩展、增强、推动学习向前，以使得他们在激变的复杂世界中获得适应性发展和茁壮成长（见图 2-5）。①

由此看来，课堂深度学习，既要在学生个体的认知获得过程中，通过激发深度的情感投入，获得深度的内容理解，发展批评性思维和问题解决能力，同时也要通过小组协作的深度任务，为学生创造深度交互的机会，发展他们的人际交流与团队协作能力。个人的认知获得总是在社会性的交互中实现，个人的认知能力、自我能力和人际能力也不是独立发展的，它们总是交织在一起，在真实情境的、挑战性的、协作性的任务和活动中共同发展，并互相促进（见图 2-6）。

① Great Lakes and Midwest Regional, "Deeper Learning Initiative, Why do Students Need Deeper Learning?" (Feb 12, 2019), http://www.deeperlearning-cc.org/.

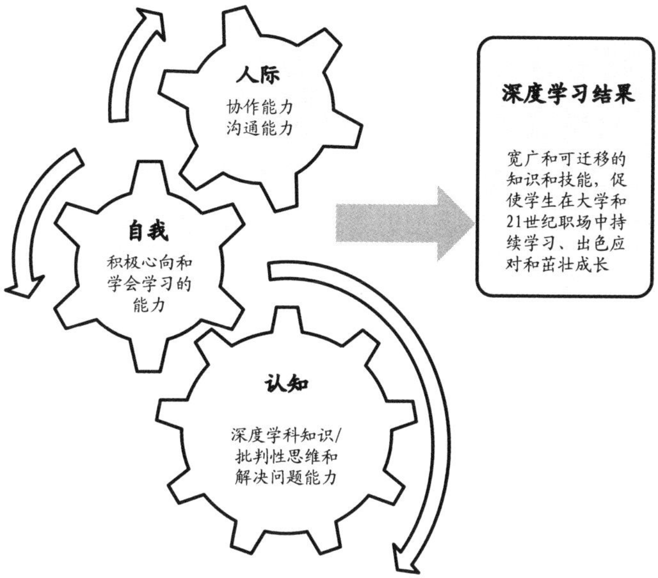

图2-5　整合的深度学习能力与个体发展

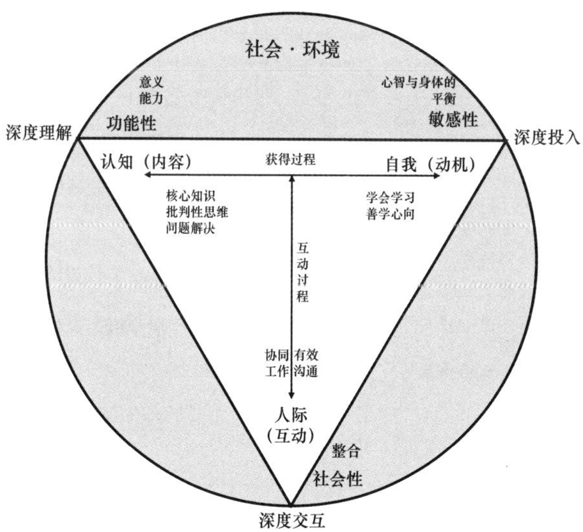

图2-6　三维框架视角中的课堂深度学习

（二）三维框架中的深度学习“深在何处”

1. 认知维度：促进深度理解

不管是在数学这样的传统学科，还是整合多学科关键研究领域的跨学科学习中，掌握核心的学科知识都是深度学习的基础。少即是多，在课堂有限的时间中，通过重组课程内容，让学生沉浸在有挑战性的单元学习中，集中精力深度理解学科中的核心概念或大概念，以习得能将课程所学迁移应用到新情境中解决实际问题和创造新知的能力。

表2－2　**认知领域中的核心能力与界定**①

核心能力	内涵概述	具体表征
掌握核心的学科知识	学生获得核心学科知识的深入理解，并能将其迁移到其他情境	1. 理解一个内容领域的关键原则和关系，能在一个概念框架中组织信息； 2. 学习、记忆和回想某一内容领域的相关重要事实； 3. 具备一个内容领域的程序性知识，知道内容知识如何产生以及专家如何解决问题； 4. 知道并能使用某一内容领域的特有语言； 5. 能将各学科核心知识扩展应用到新的任务和情境当中； 6. 学会并能应用某一内容领域的相关理论； 7. 喜欢并能应对需要非常规方式应用知识的挑战性任务； 8. 能将事实、过程和理论应用到真实世界的各种情境中
批判性思维和解决复杂问题	学生应用从核心学科中收集的工具和技术，界定和解决问题。这些工具包括数据分析、统计推理、科学探究，以及创造力、非线性思维和毅力	1. 熟知并能有效地使用某一内容领域的特定工具和技术； 2. 能界定问题并形成假设； 3. 能确定解决某一问题所需的数据和信息； 4. 能应用某一内容领域的特定工具和技术来收集必要的信息和数据； 5. 能评价、整合、批判性地分析多源信息； 6. 能基于获得的数据，根据需要来监控和完善问题解决过程； 7. 通过推理和建立无可非议的论据支持假设； 8. 坚持解决复杂问题

① William and Flora Hewlett Foundation, "Deeper Learning Competencies", (Apr 2013), https://hewlett.org/wp-content/uploads/2016/08/Deeper_Learning_Defined__April_2013.pdf.

2. 人际维度：促进深度互动

人际层面的交流、对话、研讨、协作等深度互动，对于学生个体深度获得某一学科核心知识至关重要。而在以核心知识为目标导向的协作任务完成过程中，学习者之间形成了意义的一致性理解，并发展了重要的表达、沟通与协同工作的核心素养。

表2－3　　人际领域中的核心能力与界定①

核心能力	内涵概述	具体表征
团队协作	学生能协作发现和创造性解决来自学习、社会、职业和个人等方面的挑战	1. 与他人合作，成功完成任务和解决问题； 2. 作为团队一分子而工作，认同团队目标； 3. 与团队共同计划问题解决方案和完成团队目标所需资源； 4. 能有效沟通和整合多种观点来实现团队目标
有效沟通	学生能够清晰地组织他们的数据、发现和想法	1. 能通过书面和口头形式向他人传播复杂概念； 2. 能将信息和数据以有意义、有用的方式组织起来； 3. 能听取和接受来自他人的反馈和想法； 4. 能向同伴提供建设性和合理的反馈； 5. 能理解创建一个高质量的沟通需要对多个文稿进行检查和修改； 6. 能根据不同的目标对象调整自己的信息

3. 自我维度：激发深度投入

深度学习比传统学校作业更需要学生投入广泛的有意识学习行为。他们需要为自己的学习负责：选择合适的学习策略，监控策略是否运行良好，研判碰到的难题并学会解决，与同伴同向同行，通过自我反思保持共同努力的目标方向。因此，激发学习者深度投入学习的动机、情感、意志等善学的心理倾向、积极的学习态度与学习品质，是实现和维持认知和人际维度深度学习的内在动力。

① William and Flora Hewlett Foundation, "Deeper Learning Competencies", (Apr 2013), https://hewlett.org/wp-content/uploads/2016/08/Deeper_Learning_Defined__April_2013.pdf.

表2－4　　自我领域中的核心能力与界定①

<table>
<tr><th>核心能力</th><th>内涵概述</th><th>具体表征</th></tr>
<tr><td>学会学习</td><td>学生能监控和管理自己的学习</td><td>1. 能为每个学习任务设定目标，监控目标实现过程，根据需要调适策略以成功完成任务和解决问题；
2. 知晓和使用各种学习技巧和策略来满足某一任务要求；
3. 能监控学习时自己的理解，能意识到自己感到的困惑或遭受的困境，诊断成功路上的障碍，选择合适策略解决它们；
4. 能独立学习，但是在必要的时候会寻求帮助；
5. 能习惯性地反思自己的学习，并能将洞察力应用到随后的学习情境中；
6. 了解自己的优势和不足，并期望在某些领域更努力地学习；
7. 认同终身学习并能为完成学业目标而努力；
8. 喜欢独自或与其他人一起探究学习；
9. 在各种学业、专业和社会环境中，能预见并做好应对各种变化期望的准备；
10. 能延迟满足，分心后能再专注，保持动力直至目标达成；
11. 将失败和挫折当作反馈的机会，用经验教训来提升未来的成就；
12. 关心自己的学习质量，投入更多的精力认真做事，并且做得很好；
13. 继续寻找更好的学习方式来应对具有挑战性的任务或者解决难题</td></tr>
<tr><td rowspan="8">发展善学心向</td><td rowspan="8">学生发展积极的学习态度和作为学习者的自我信念，以增强他们的学习毅力和促进他们有效学习。为了实现任务、满足学习目标和完成高质量的工作，致力于寻求克服困难的方法</td><td>我属于这个学术共同体</td></tr>
<tr><td>1. 有强烈的学习共同体的归属感以及在与他人交互中的智力价值感；
2. 能理解学习作为一个社会的过程，并能积极向他人学习，为完成学习目标而互相支持；
3. 通过与同伴的交互，能快速进行意义的建构与理解；</td></tr>
<tr><td>我能在这些方面成功</td></tr>
<tr><td>4. 相信自己的才能，在各个学业领域有强烈的效能感；
5. 将自己看作学业有成者，在学习目标的追求中期望成功；</td></tr>
<tr><td>我的能力和素养因随自己的努力而增长</td></tr>
<tr><td>6. 相信有付出就有收获，努力可以提高知识和技能；
7. 为了建立稳固知识基础和完成重要目标而主动投入时间和精力；</td></tr>
<tr><td>这项工作对我有价值</td></tr>
<tr><td>8. 能认识到学科知识与学习、发展能力之间的内在价值；
9. 能看到学校学习与他们生活、兴趣的关联；
10. 理解现在应该怎么做才能在将来对自己有所益；
11. 知道未来的学习将建立在今天自己的所知和所学之上</td></tr>
</table>

① William and Flora Hewlett Foundation, "Deeper Learning Competencies", (Apr 2013), https://hewlett.org/wp-content/uploads/2016/08/Deeper_ Learning_ Defined_ _ April_ 2013.pdf.

第三节　优质教学视角的课堂深度学习

学习科学围绕着“优质教学”形成系列重要的成果，为我们洞悉课堂深度学习带来启发。什么是优质教学（quality teaching）？最直白的理解就是好的教学，高质量的教学。这是一个与利益相关者（Stakeholder，学生、教师、家长以及评价代理等）密切关联的概念，因为不同的质量文化会带来看待教学不一样的观点：或指向结果，或关注过程，或看重教学的转化（transforming）价值。尽管界定什么是好的教学的观点繁多，但可以肯定的是，优质教学一定是以学生为中心，面向全体学生学习①，指向学生优质发展的高质量、高水平教学②。这理所当然地成为每一个教师追求的目标，也就是说，学生优质学习依赖教师的优质教学才能得以实现。从比格斯、松下佳代（Matsushita Kayo）等人的观点来看，这种优质的学习是一种高认知水平参与的学习，深度主动的学习和一流体验的学习，也就是深度学习。

一　优质教学：促进学生参与高认知水平学习活动

依据学生的学习来开展教学是“学生中心”思想的根本体现，因为重要的是学生做了什么，而不是教师做了什么。比格斯认为，优质教学就是面向高质量学习的教学（teaching for quality learning），它追求预期学习成效、教学和评价的一致性建构，也是成效为本教学（outcomes-based teaching）的核心要义③，包括三个关键要素。

第一，明确课程要求学生达到的预期学习成效，并能采用具体的行为动词（学习活动）及宾语（学习内容）来描述预期成效的水平。比如，根

---

① Henard Fabrice, and Soleine Leprince-Ringuet, “The Path to Quality Teaching in Higher Education”, (2023), París: OCDE. Recuperado de, https://www1. oecd. org/edu/imhe/44150246. pdf.

② 余文森：《优质教学的教学论解读》，《教育研究》2007 年第 4 期。

③ ［澳］约翰·比格斯、凯瑟琳·唐：《卓越的大学教学：建构教与学的一致性》（第 4 版），王颖、丁妍、高洁译，复旦大学出版社 2015 年版，第 4—77 页。

据布鲁姆的教学目标层级，高阶认知目标有创造、评价、应用、理论化、反思等，低阶目标有记忆、复述、识别、背诵等。

第二，设计与该动词相适应的教学活动来创设一个学习环境，以支持学生开展为达成预期目标所需从事的学习活动。

第三，将预期成效中的动词同样纳入评价任务中，根据预期成效来评价学生的表现。传统的教学忽视了预期目标、教学与评价的一致性，常常采用常模参照评价，依据学生与他人的对比或排名来评价，其目的在于区分，而不是考量学生的学习是否发生了变化、多大程度达成了预期学习目标。学业测评与预期学习成效一致性的评价，是标准参照评价，关注学生自身的学习发展以及学习目标的达成情况。

以成效为本的教学聚焦学习者的学习，通过一致性的行为动词，贯穿在预期成效、学习活动和评价的整体设计中，指向明确。如果学生在完成相应高阶预期学习任务的过程中，存在“偷工减料”意图，表面上看似以最小代价完成了学习任务，实则出现了“用低认知活动来完成需要高认知活动才能完成的任务”的浅层学习，这对于预期的学习成效来说是不适切的。

因此，优质教学就是能够支持学生开展适切的学习活动，引导学生深度学习，制止不适当学习活动的教学，并达到预期学习成效的活动。[①] 特别是在当今面向未来、聚焦素养的课程改革背景下，学生的预期学习成效越发明显地指向发展可迁移的深度学习能力，教师面临的挑战就是，努力去创设良好的学习环境，改变传统的灌输课堂，提供发展这些深度学习能力所缺失的高水平学习活动，促使绝大多数学生都能采取像优秀学生那样自觉使用的认知水平，以达到预期的深度学习成效。从图 2－7 可以看到，深度学习其实并不排除浅层学习中所包含的动词，因为采用深度学习的学生会结合问题解决与应用的情境（高水平活动）来进行记忆和理解，而浅

① ［澳］约翰·比格斯、凯瑟琳·唐：《卓越的大学教学：建构教与学的一致性》（第 4 版），王颖、丁妍、高洁译，复旦大学出版社 2015 年版，第 12、23 页。

层学习的学生恰恰缺失这些高阶认知驱动，其学习难免限于低阶的记忆和识记。这就是课堂深度学习变革的目标所在。

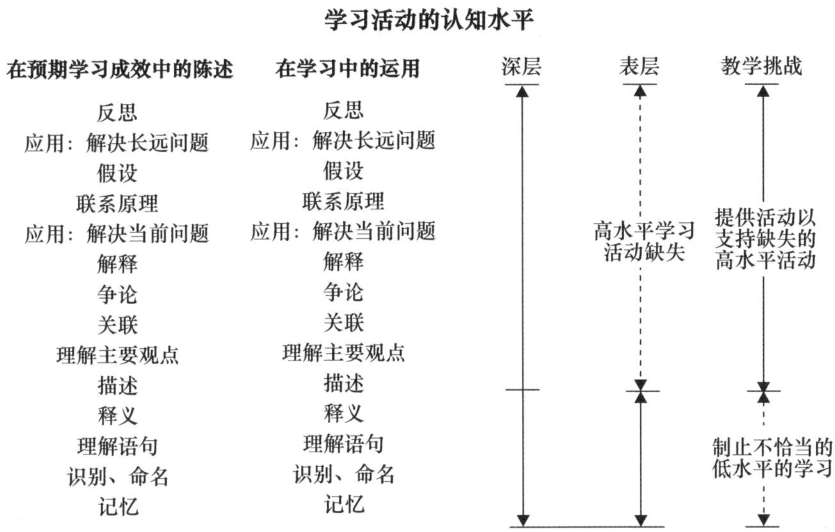

图 2-7　预期与实际的学习投入、学习方式及教学概述①

二　优质教学：从“主动学习”向“深度主动学习”转型升级

在引言中，笔者谈到新课程改革的重要任务，就是改变传统“灌输”课堂中学生“被动学习”的状况，实现学习方式向“主动学习”的转变。但是，为什么仅在形式上完成从“被动学习”向“主动学习”转变还远远不够呢？为什么学生的学习不仅要是主动的，还必须是深度的？

关于主动学习，没有一个统一的界定。美国学者邦威和埃森（Bonwell & Eison）认为，主动学习就是学生在行动和反思行动中学习，它要求学生参与学习活动（行动），思考他们进行的学习活动是否有意义（反思行动）。② 在

① ［澳］约翰·比格斯、凯瑟琳·唐：《卓越的大学教学：建构教与学的一致性》（第4版），王颖、丁妍、高洁译，复旦大学出版社2015年版，第21页。

② Bonwell C. C., Eison J. A., “Active Learning: Creating Excitement in the Classroom”, ASHE-ERIC Higher Education Report, 1991.

《深度主动学习》（*Deep Active Learning*）一书中，日本学者沟上慎一（Shinichi Mizogami）将主动学习定义为，“包含所有形式的能动性学习，它超越了‘听课’（课堂中单方向的知识传达的学习）这种所谓的‘被动学习’”。主动学习伴随书写、表述、报告等对学习活动的参与，以及由此产生的认知过程的外化。①

很明显，主动学习是作为传统授受式课堂中学生被动学习的对立面提出来的。然而，现实中有的教学，虽然看起来学生开展了主动学习，但不仅没有解决授受式课堂中存在的浅层学习这一根本问题，还产生了虚假的小组参与、讨论僵化、思考与活动分离等新的问题，甚至走向了威金斯和迈克泰格所指的“活动导向的教学设计”的误区。也就是说，学生光有表面的外显活动，作为高阶能力发展所需的内在的知识学习与思考反而被忽视，从改革“灌输式教学”的这一极端，又走向了“活动导向教学”的另一个极端。

那么，什么是一个好的主动学习活动呢？引用恩格斯托姆（Engestrom）的学习活动过程“学习环”理论来看，一个主动的学习过程应包括“学习动机—定向—内化—外化—批判—检查”六个环节，内化和外化相互结合。所以，伴随内化学习活动（比如听讲），加入外显的参与活动（如书写、表述、报告、讨论等），由此产生认知过程的外化，成为主动学习的显著特征。从课堂传授模式的被动学习向主动学习转变的过程中，由于教师教学设计重心和定位的不同，会形成不同质量水平的主动学习。为了区分主动学习的不同，沟上慎一提出用一种“动态定位概念”（dynamic concept of positioning）——从不同位置区别地看待同一件事，至少可以从两个不同定位来分析主动学习的程度（见图2-8）。②

---

① ［日］松下佳代、京都大学高等教育研究开发推进中心编：《深度主动学习：基于大学课堂的教学研究与实践》，林杰等译，人民邮电出版社2021年版，第27页。

② Matsushita K., *Deep Active Learning: Toward Greater Depth in University Education*, Springer Nature Singapore Pte Ltd, 2018, pp. 81-82.

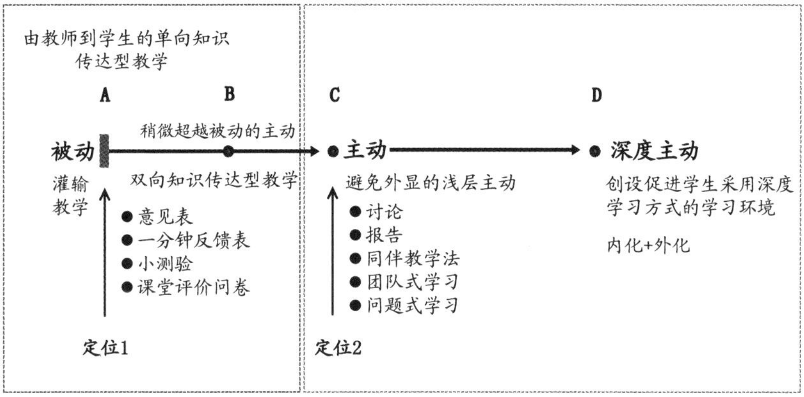

图2-8　主动学习的进阶与位点转换

在定位1的结构中，主动学习起始于教师讲授中心的被动学习（A点），学生的学习总体上还处于传统讲授范式的形态中，只不过通过加入一些小测验、课堂评价问卷、一分钟反馈表等简单的主动参与形式，改变学生单一的被动听讲行为。教学方法也只是从“教师向学生单向的知识传达”转变为“双向的讲授型教学”。这一定位视角的主动学习，只能称作“稍微超越被动学习的主动学习”（B点）。

在定位2的结构中，起点不再是以教师为中心的被动学习，而是基于更高一级的主动学习（C点）。在这一结构中，课堂教学超越被动学习不仅是理所当然，而且需要通过设计讨论、报告、同伴教学法、团队学习、问题式学习方法，进一步聚焦发展学生能力、素养、经验等“主动”的要点进行更加积极、具体化的主动学习，实现由定位1的“传统传授范式”向“学生学习和发展范式”的课堂转变。在这一转变过程中，教师要警惕对外显主动活动的过度追求，避免陷入上述“活动导向的教学”误区，导致产生知识与活动分离的“浅层主动学习”。

因此，基于C点的主动学习，还需要进一步发展，在导入主动学习外显活动的同时，注重以学习内容的深度理解为目的，创建促进学生采用深度学习方式的学习环境，实现深度的主动学习（D点）。也就是说，学习不仅要是主动的，还应该是深度的（以深度理解为目的），只有外显活动和内在活动的主动性并重的学习才是一个高质量的主动学习①，或者说优质学习。

基于以上理解，虽然沟上慎一并没有标注更高等级的深度主动学习定位，但如果将 A 点定位为被动学习的起点位置，根据“被动—主动”的位点变化，就可以勾画一个描述不同等级主动学习的“四位点”进阶图（见图 2－9）。它可以作为一个工具，帮助教师在教学设计时，关注主动学习的进阶和位点转换：教师要敢于打破定位 1 结构的“传统教授范式”，向定位 2 结构的“学生学习和发展范式”转变。不仅要从作为起点的传统单向灌输教学范式的 A 点（被动学习），向双向知识传达型教学的 B 点（稍微超越被动学习的主动学习）进阶，更重要的是，要站在支持学生学习和发展范式的新起点 C（主动学习）上创变课堂，向以整合深度内容理解并最终“化知识为素养以及行动能力”为目的的 D 点（深层主动学习）进阶转换和转型升级。这就是优质教学的目标所在。

如果用“内在活动的主动性”（内在思维的主动参与）和“外显活动的主动性”（外在身体活动的主动参与）两维度对以上概念进行区分，同样可以很好地描述它们之间的位移进阶与转换关系。

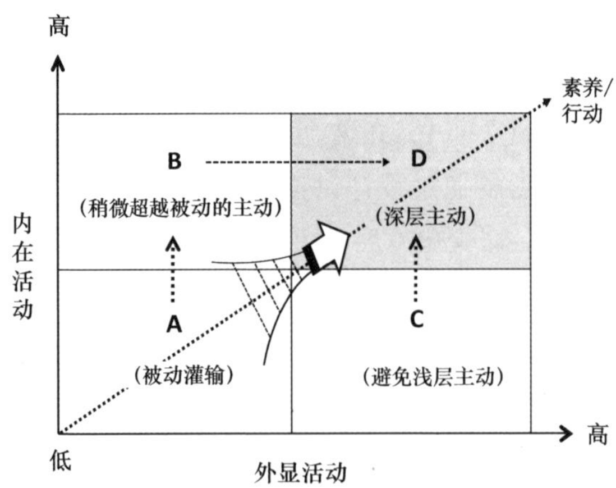

图 2－9　内外主动性两维空间中的主动学习进阶与转换

① ［日］松下佳代、京都大学高等教育研究开发推进中心编：《深度主动学习：基于大学课堂的教学研究与实践》，林杰等译，人民邮电出版社 2021 年版，第 7 页。

三　优质教学：让学生获得一流的学习体验

当前，无论是优质教学的相关研究，还是一流课程建设标准，越来越强调从“学习体验视角”衡量课程教学质量①。然而，教育实践中对于“一堂好课”的评价仍更多放在教师和教学内容身上，如关注教师的课程胜任力，具体包括教师的道德情操、专业水平、教学能力、教学创新和教学素养②，以及评价其是否为学习者提供了足够丰富实用的内容。

课程内容无疑是重要的，但是，将内容转化为有意义的、愉悦的学习体验的方法是将课程内容嵌入正确的情境，并通过适当的教学设计与活动来促进学习和应用。学生作为独立的个体，拥有不同的背景与个性，因此，高品质的课程不只需要考虑课程的内容质量，更要了解教学活动是否为学生提供了有意义的深度学习的路径，是否将学生的特定经验与教学内容组织起来，提供良好的学习体验。例如，澳大利亚学习研究专家基思·特里格韦尔（Keith Trigwell）和罗伯特·艾丽丝（Robert Ellis）等对学生在课堂上的情绪感知、学习方式和学习结果进行了研究。他们将学生对于课堂的情绪感知分成了积极的情绪感知和消极的情绪感知。研究发现，体验到更多积极情绪的学生（如希望、骄傲、自豪、自信），相比体验到消极情绪（如愤怒、无聊、焦虑和羞耻）的学生，更倾向于采用深度学习方法，并能取得更高的分数③。

由此我们不难看出，在教学的实施过程中，学生的情绪体验对学生选择的学习方式、内外动机和学习结果有着间接的影响。当然，一流的学习体验不仅包括情绪，面向学习体验的教学设计（learning experience design）是创造学习体验的过程，它以人为中心，以目标为导向，是教学设计、教学法、神经科学、社会科学、设计思维和用户体验设计的综合。

---

① 吕林海：《“深度学习”视域下的大学“金课”——历史逻辑、考量标准与实现路径之审思》，《高校教育管理》2020 年第 1 期。

② 谢幼如等：《融合创新，有效提升“金课”建设质量》，《中国电化教育》2019 年第 11 期。

③ Trigwell K. , Ellis Robert, Han Fei, “Relations Between Students' Approaches to Learning, Experienced Emotions and Outcomes of Learning”, *Studies in Higher Education*, Vol. 37, No. 7, 2012, pp. 811 –824.

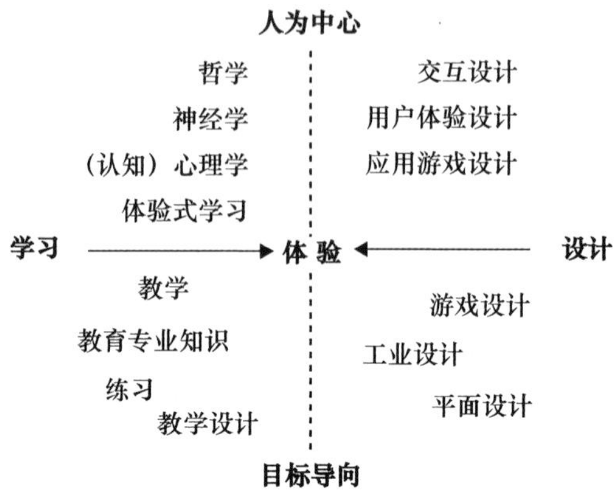

图 2-10　整合多学科的学习体验设计①

学习体验设计与数据驱动的学习分析常常相关联。在当前教育数字化转型大背景下，为获得基于学习过程数据的敏捷反馈，以实现教学革新的精准决策，数据驱动的学习分析被重视。教师不仅要关注传统强调的学生学习行为和学习结果分析，同时也要关注先前所忽视的教师体验和学习者体验分析。② 这些体验数据可通过反思、笔记、对话、访谈、观察和调查获得。

① LXD. org. , Fundamentals of Learning Experience Design, (Sep. 1, 2023), https://lxd. org/fundamentals-of-learning-experience-design/.

② Kilgore W. , Weaver D. , *Connecting the Dots: Improving Student Outcomes and Experiences with Exceptional Instructional Design*, (2020), https://opentextbooks. uregina. ca/instructionaldesign2 improvelearning/chapter/chapter-2-fundamentals-of-exceptional-instructional-design-essentials-of-mindset-and-approach/.

第三章

课堂深度学习设计：一个整合的行动框架

如果你有一个好主意，你还需要一种变革理论，如果你有一个复杂的想法，那你更需要一个行动理论。

——迈克尔·富兰（Michael Fullan）

促进核心素养发展是国际深度学习运动的目标指向，核心是通过转变知识授受为本的浅层学习课堂，实现“化知识为素养”。这也是推进深度学习实践的难题所在。正因为此，深度学习在美国受到广泛支持的同时，也遭到一些批评。一些批评者将深度学习与“项目式学习、探究和发现式学习、高阶思维、批判性思维、产出导向的教育（OBE）和21世纪技能”运动归为一类，称为最新的“反知识”时尚，因为它们“用一种舒适、感性的伦理代替经过充分检验的学业内容、考试和严谨”。[①]实际上，这是对深度学习的严重误解。以NRC和休利特基金会的深度学习能力框架为例，三大领域六大能力目标中，第一条就是强调“对核心学科内容知识的掌握”。因此，深度学习课堂不是知识学习与能力发展的“非此即彼”，而是强调“核心内容知识”和“未来可迁移能力”两者的发展融合，研究者分歧的焦点其实在于“如何将知识转化为素养”。

本章围绕如何通过深度学习来“化知识为素养”的这个焦点问题，建

① Monica R. , Martinez, Dennis McGrath, *Deeper Learning: How Eight Innovative Public Schools are Transforming Education in the 21st Century*, The New Press, 2014, p. 16.

构一个引导课堂深度学习设计行动的整合框架。知识与素养转化的基础和前提本质上是知识与学习者学习关系的转变。① 从深度学习发生机制和素养生成的视野来理解两者的关系，知识转为素养和学习者的变革行动，需要经历内容觉知、分析综合、情境迁移应用、反思同化和行动的内在认知与外在环境相互作用的复杂过程。因而，要实现深度学习的素养发展目标，根本在于变革学习过程中知识与人的关系，从知识学习的被动接受关系转变为以真实情境、大概念思维、问题/任务驱动、有意义学习、迁移应用为核心的主动学习关系。

正如富兰赋予深度学习“参与世界，改变世界”的价值定位，我们不仅要看到深度学习促进学习者发展的理论意义，还应去思考一个更加现实的问题：如何在课堂迈出深度学习变革的行动步伐？以下将在课堂深度学习设计的整合框架下，围绕“化知识为素养”的深度学习机理，探讨促进深度学习课堂转型的设计思维、设计原则、模式方法和支持性的深度学习文化与技术赋能等设计问题。

第一节 课堂深度学习行动的出发点

如前所述，我们的世界正在发生翻天覆地的变化，而且变化速度之快超乎人们想象。如果我们希望学生在未来复杂多变的社会中得到适应性发展，我们必须重构学校的学习文化，创变课堂的学习方式，通过创造促进每个孩子积极参与学习的机会，获得平等、卓越的发展，并进而获得幸福。这应作为教育的新目的。② 而深度学习的一个基本命题就是“参与世界，改变世界”，因为“一切有效的学习都旨在改变学生认识世界的方式

---

① 张良、王克志：《美国深度学习研究的共识、分歧及待解决的问题——基于美国深度学习报告的比较研究》，《外国教育研究》2021 年第 4 期。

② ［加］迈克尔·富兰、乔安妮·奎因、［新西兰］乔安妮·J. 麦凯琴：《深度学习：参与世界，改变世界》，盛群力等译，机械工业出版社 2020 年版，第 11—15 页。

并由此改变自己处世的行为方式，并赋予学生改变世界的力量"①，这意味着教师应主动实施课堂创变行动，为此，笔者提出从教学思维转变、双主体双课堂联动、认知天花板突破三方面作为课堂深度学习革新行动的出发点。

一 转变从教学思维开始：从"自上而下"到"自下而上"

很长一段时间，对于学校和课堂这一人类社会最为重要的学习场所，我们缺乏一种关注"学生如何学"的学生中心文化，偏重的是关注"教师如何教"的教师中心文化。课堂教学要变，关键在于教师的教学思维和观念的转变。教学思维变了，整个学校文化才会转变。以课堂教学中的教师、课程、学生和教学方法（包括评价）四大基本要素来审视，在以"教"为中心的课堂中，教师习惯于将从学习、培训、书本、网络资料等渠道获得的相关教与学的新知识看成"至上理论"，自觉或不自觉地体现出一种"自上而下"的教学思维，即习惯于从自身的教出发，思考要做什么，用什么材料，如何能直接尽快地利用"至上理论"创变自己的教学内容、教学方法、技术资源和环境等，让自己教得舒服，而不是从学生的学习结果出发思考和评价自己的教学。

显而易见的是，教师在课堂中所进行的一切教学活动，终极的作用对象是学生，最终目标是学生的知识、能力、思维、品格与价值等各项预期学习结果（输出端）的变化和提升。这本质上可归为一个问题：学生的学习是否真正发生？而在"自上而下"的教学思维模式中，教师习惯从输入端——用固定的教材、擅长的教法以及常见的活动思考教学②，更多关注的是自身在课堂教学过程中的更好"表现"（甚至表演），学生的学习被隐于"教学表现"下的次要附属地位，有悖于学校教育和课堂教学的实质。

① ［澳］约翰·比格斯、凯瑟琳·唐：《卓越的大学教学：建构教与学的一致性》（第4版），王颖、丁妍、高洁译，复旦大学出版社2015年版，第69页。

② ［美］格兰特·威金斯、［美］杰伊·麦克泰格：《追求理解的教学设计》（第二版），闫寒冰、宋雪莲、赖平译，华东师范大学出版社2017年版，第15页。

因此，回归教学的实质必须将“学生学习”回归到教师教学的中心，从教学一开始就将“学生学习”作为教学设计的出发点，从输出端——学生的预期学习结果开始思考教学，“自下而上”反推教师的教学行径与课堂创变，在以“学生学习”为焦点的教学反思中，形成良性的教学创新循环。

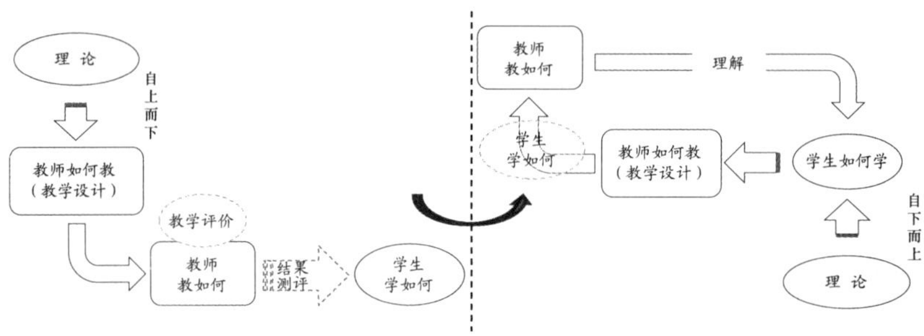

图 3－1 教学思维的转变

从这个意义上说，教学创新应该建立在“学习创新”的基点之上。学生怎么学，教师就怎么教。正如桑新民所言，“学习是教育的基础，学习范畴是教育学理论体系的逻辑起点，而且应该是贯穿于教育学整个理论体系中的一条主线”。[①] 深度学习作为课堂二次转型的新标识，也是撬动课堂创新的新基点。这种撬动课堂的改变，不仅是程序上的更改，更代表着文化的变革。[②]

二 改变从课堂开始：“大—中小学”双主体双课堂的联动革新

面向未来而教，深度学习变革的主阵地在课堂。传统上，大学教师研究中小学课堂教学改革的多，对自身的大学课堂变革关注与研究少，

① 桑新民：《学习究竟是什么？——多学科视野中的学习研究论纲》，《开放教育研究》2005 年第 1 期。

② ［加］迈克尔·富兰、乔安妮·奎因、［新西兰］乔安妮·J. 麦凯琴：《深度学习：参与世界，改变世界》，盛群力等译，机械工业出版社 2020 年版，第 14 页。

国家推动的课程改革与课堂革命往往更多指向的是中小学。正如古德莱得（Goodlad）所言，在历年的教育改革运动中，学校改革和教师教育改革很少挂钩。然而，中小学校的高质量教育依赖于一大批受过良好教育和培训的教师和管理人员。[①] 作为中小学教师培养工作母机的师范院校，其自身教师的课堂教学和革新观念直接且深远地影响着未来中小学教师的课堂革新。

因此，只有将大学与中小学的“双主体”（大学教师和未来中小学教师）与“双课堂”（大学与中小学课堂）置于联动革新的嵌套系统中，才有可能实质性地、持续地实现面向未来的深度学习教育革新。换句话说，教师是“面向未来而教”革新实践最主要的推动者，只有通过大学教师的观念革新，创建更加优质的大学深度学习课堂，帮助师范生不仅要自己学会“如何深度学习”，更要学会在未来的教师工作中“如何为深度学习而教”，这样才有可能培育出更多具有革新观念的未来卓越的中小学教师，在未来教学中打造更多优质的中小学深度学习课堂，进而培养更多具有深度学习能力与21世纪素养的未来人才，并将其输送到大学。这是一种“大学—中小学”双主体双课堂卓越人才培养良性循环的长效革新机制。其中，学习科学是深度学习课堂的创新基础，教学设计是实施路径，技术赋能是支持条件，深度学习是目标，教师则是课堂创新和目标实现的直接推进者。

基于此，本书构建的课堂深度学习设计框架与相关的模式策略，既有面向所有学校课堂的通用深度学习设计，也有主要针对中小学的深度学习设计，如大单元、大情境教学。同时，也相应提供了大学和中小学两个层次的课堂深度学习设计案例。来自深度学习的课堂实践表明，不管是大学课堂，还是中小学课堂，深度学习设计的内在理解都是一致的。

① ［美］约翰·I. 古德莱得：《为称作学校的地方培养教师》，苏智欣译，华东师范大学出版社2023年版，第5页。

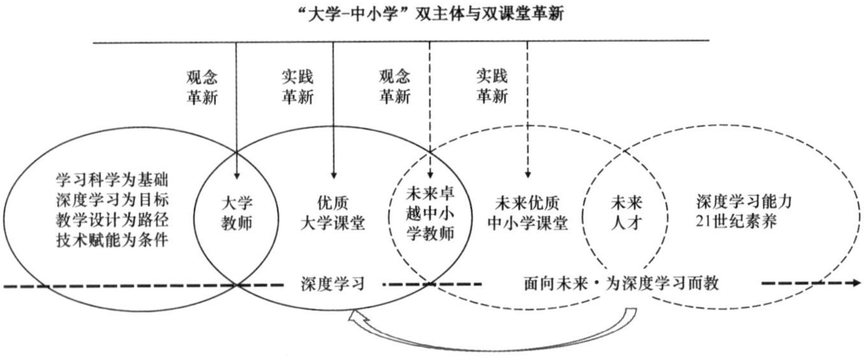

图3－2　面向未来的"大—中小学双主体双课堂"的深度学习联动革新

三　改变从认知提质开始：突破认知天花板

如前所述，整合 NRC 和休利特基金会的深度学习能力框架，包括认知、自我、人际三大领域。在这一框架基础上，我国学者祝智庭等人构建了一个"深度学习能力冰山模型"①。在传统课堂中，教师的教学主要聚焦认知领域，冰山下面的自我和人际领域的能力很少嵌入知识的学习中。一方面，受应试评价导向，传统课堂教学活动过度集中于常规的记忆、复述、作业练习及习题式的问题解决，形成初级层次的认知天花板现象。② 另一方面，受小升初、中考、高考指挥棒以及数字技术加速作用的叠加影响，在不同学校的小学高年级、初中和高中出现不同程度的课堂教学进程的加速。当课堂教学出现非正常加速，而人的认知速度存在极限，必然导致一部分学生不充分地学习，由此催生课外培训的需求，并造成课堂学习假象，进一步加速课堂上教师的超前教学。在这种情形下，教学的知识总量（课程教学任务）在规定的时间内提前完成，剩下一段复习时间在枯燥的题海战术中与遗忘斗争，形成了学生的认知天花板。

① 祝智庭、彭红超：《深度学习：智慧教育的核心支柱》，《中国教育学刊》2017 年第 5 期。

② 祝智庭、雷云鹤：《翻转课堂 2.0：走向创造驱动的智慧学习》，《电化教育研究》2016 年第 3 期。

这种超前加速学习，看似提升了课堂认知领域的教学效果，实则以牺牲自我和人际领域的能力发展为代价，反而易使学生出现逆反学习心理，导致学习者在认知、人际、自我三领域学习的退返，不仅知识学习没有增量，甚至产生认知总量减退的现象。

深度学习有助于改变这一状况。其一，在布鲁姆的认知目标分类中，深度学习聚焦高阶思维目标，通过设计挑战性的深度学习任务，或采用"创造驱动的靶向学习模型"，以最高层次的"创造"目标为靶向，自上而下，调动"创造"任务所学的评价、分析、应用、理解和识记等层次思维参与学习。将"自上而下"与"自下而上"的目标路径结合起来，是突破初级认知天花板的一条有效路径。①②

其二，课堂教学不是靠加速提效，而是需要系统优化和创新来提质增效。深度学习抓住关键知识点，少即是多，面向未来而教，通过大主题、大单元、大情境、大作业等创新方式，融合认知、自我和人际三领域学习，实现内容重组，产生新的知识增长，促进可持续发展的能力培养，这是突破传统课堂认知总量天花板的另一条路径。

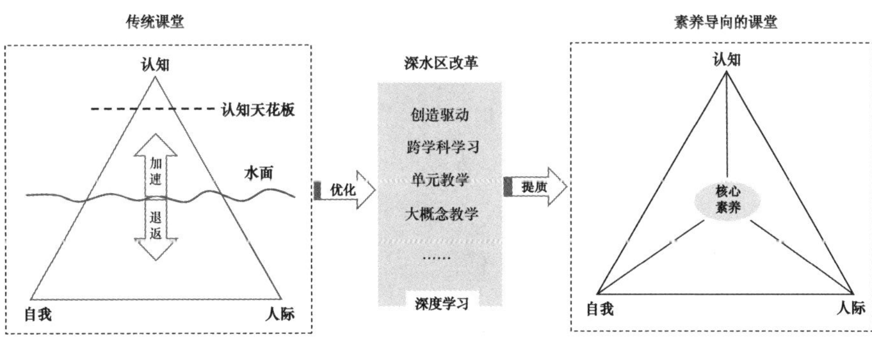

图 3-3　深度学习：突破课堂认知天花板

① 祝智庭：《智慧教育新发展：从翻转课堂到智慧课堂及智慧学习空间》，《开放教育研究》2016 年第 1 期。

② 祝智庭、雷云鹤：《翻转课堂 2.0：走向创造驱动的智慧学习》，《电化教育研究》2016 年第 3 期。

第二节　课堂深度学习设计的整合行动框架

课堂深度学习是一种变革的行动，将以一种与以往不一样的创新学习样态出现。在著名认知心理学家西蒙（Herbert A. Simon）看来，这种新的学习样态或学习环境属于“人为事物”，而非“自然世界”范畴。人为世界是设计的世界，需要设计来创造，因为设计是探究人为世界的重要方式。[①] 因此，对于教师来说，迈出深度学习变革的第一步，需要借助设计的行动框架来实现。

学习科学秉持实用主义探究路线，认为理论的效用需在实践境脉中体现，人们需要根据所处境脉对理论进行重新的境脉化。这与查尔斯·M. 赖格卢斯（Charles M. Reigeluth）对教学设计的解释不谋而合。查尔斯指出，教学设计至少需要两种成分：教学方法，以及何时使用或何时不使用这些方法的说明（情境）。教学设计理论所提供的方法是情境性的，而不是普适性的。[②] 为此，课堂深度学习设计需要的是一种解释性（explanatory）框架来引导实践。解释性框架虽不能提供精准预测结果，但能指引创新决策，规避创新风险。在此行动框架下，教师们可以在自身境脉中将其实例化，形成情境实施的人工制品。

基于此，笔者构建了一个课堂深度学习设计的整合行动框架，作为教师开展课堂深度学习变革的行动指南。以下将描述该框架从最初的“学习科学与教学设计理论整合”（框架的核心——教师课堂层面），到借鉴国外学者的“四层次深度学习框架”（系统层面）与“深度学习四构件行动框架”（学校层面），最终形成一个整合的设计行动框架的过程。

一　学习科学与教学设计的融合设计行动框架

在传统的以教为中心的教学设计中，主要围绕教师、学生、内容和媒

---

① ［美］赫伯特·A. 西蒙：《关于人为事物的科学》，杨砾译，解放军出版社1985年版，第6—11、157页。

② ［美］查尔斯·M. 赖格卢斯：《教学设计的理论与模型：教学理论的新范式》，裴新宁等主译，教育科学出版社2011年版，第11页。

体四大元素，按照传统学习理论来设计教学活动。不断涌现的学习科学新观点、新技术和新方法正在努力改变这一模式，也为面向核心素养的教学设计理论创新提供了丰富的设计给养。比如，情境认知、知识建构、协商、社会交互、可视化表征、学习中介、具身认知/学习、活动理论中的文化工具和规范设计、支架、共同体、协作话语、辩论、意义建构、概念转变、参与结构，以及学习环境设计中的情境、问题、项目、给养设计等。一种学习新观点给养一种新型教学，将学习科学研究不断涌现的设计新元素整合到传统以四要素为主的教学设计理论框架中，存在创建和发展面向深度学习的新型教学设计的多种可能。[①]

基于前三章关于课堂深度学习的理解，从学习科学与教学设计的理论融合视角，笔者先构建了一个聚焦课堂层面的深度学习设计行动框架。框架由理念、路径/模式/方法、预期结果和评价四部分构成（如图3－4），直接指向教师的课堂教学设计转型。

第一，理念：总体基于学习科学视角有关深度学习的设计理念，融合情境学习、具身认知、认知学徒制、教育神经科学、社会文化等相关理论。

第二，路径/模式/方法：在个人认知、群体互动和学习环境整合三条设计路径上（路径），通过协作的真实任务实践、项目式学习、问题式学习、设计式学习、跨学科整合等模式（模式），实现从“知识传授设计”的传统课堂向“学习环境设计”的深度学习课堂转变，从低阶知识的“授受主义”向设计情境、主题、任务、项目、活动、案例等的高阶“情境学习”转变（方法）。

课堂深度学习设计对学习环境的强调，主要基于当前国际学习科学关于人的学习的建构本质、社会协商本质和参与本质的共享观点之上。[②] 这些新的学习隐喻使得人们对以知识传输为主的传统课堂的质疑越发强烈，同时对“蕴含丰富学习资源、促进群体协作、意义的社会协商和鼓励学习者通过与环境的互动建构知识的课堂学习新方式”的探索诉求也日益强

---

① 杨南昌、刘晓艳：《学习科学融合视域下教学设计理论创新的路径与方法》，《电化教育研究》2016年第11期。

② 高文等编：《学习科学的关键词》，华东师范大学出版社2009年版，第12页。

烈。学习环境设计作为教学新隐喻应运而生。

第三，预期结果：最终发展学生的深度学习能力与核心素养（见第二章相关论述）。

第四，逆向评价：为确保深度学习课堂在高阶能力与素养发展目标上的实现，教师在进行教学设计时，需要采用逆向设计思维（详见本章第三节），即将预期的目标结果作为设计的出发点，确定合适的评估证据和方法，再设计相应的学习体验和活动，最终建构起深度学习结果导向（out-come-base）的“教—学—评”的一致性。

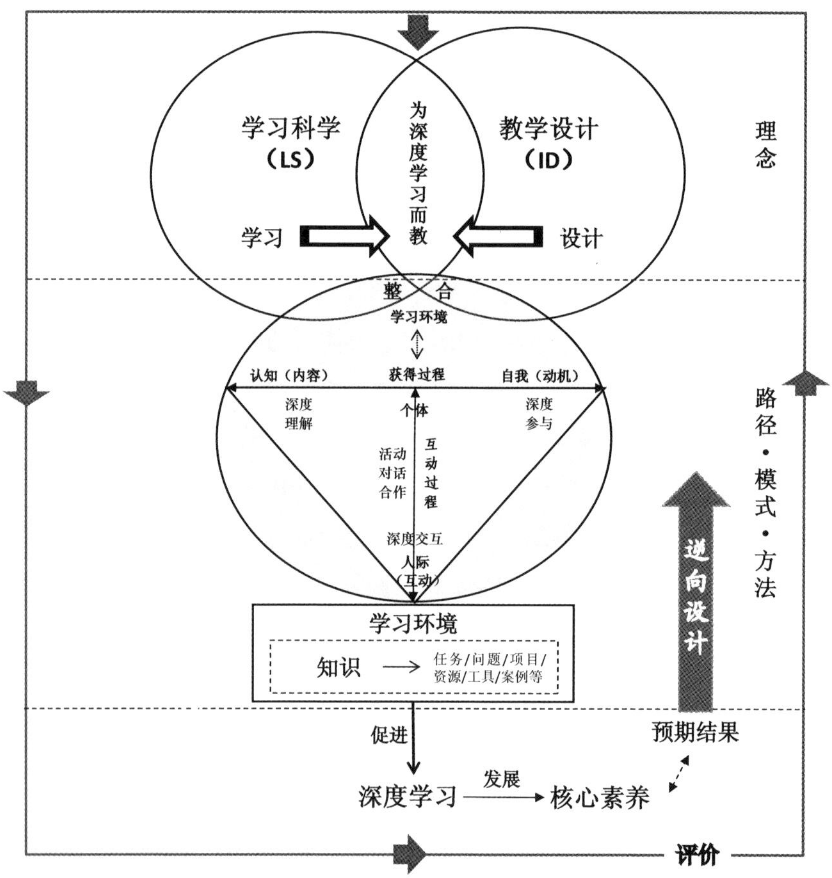

图3-4　学习科学与教学设计融合的课堂深度学习设计行动框架

二　富兰等的四层次深度学习框架

以上框架注重的是深度学习的课堂设计层面，如果要在课堂实践中有效推进深度学习，则还需要在学校、学区等系统层面进行设计。富兰等提供了一个包括课堂新教学法、学习环境、数字化工具、伙伴关系和学校、学区、系统条件等在内的更大范围的系统设计框架（如图3－5）。该框架指向深度学习的系统支持，由四个层次组成，围绕预期的深度学习结果，描述了深度学习系统各个层面发生变革的结构与过程。①

第一层次位于深度学习框架中心的支持圈，体现为预期的深度学习结果，即六大全球化能力（6Cs：品格养成、公民意识、交流、批判性思维和问题解决、协作、创造力和想象力）。深度学习就是获得“6Cs”能力的过程，所以要明确定义这些预期目标。

第二层次是支持深度学习的设计过程，包含四要素，即在深度设计过程中，通过精准引入教学法实践、伙伴关系、学习环境和数字工具，以确保学习经验的复杂性和深度。

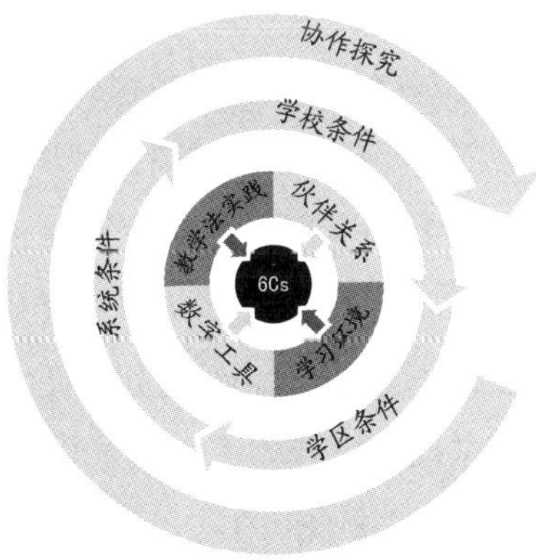

图3－5　四层次深度学习框架

① ［加］迈克尔·富兰、乔安妮·奎因、［新西兰］乔安妮·J. 麦凯琴：《深度学习：参与世界，改变世界》，盛群力等译，机械工业出版社2020年版，第42—45页。

第三层次是推动深度学习所需的学校、学区和系统的条件，以促进创新和学习文化的发展。

第四层次是环绕每一层的协作探究过程，通过每个阶段创建的强大团队协作和对话来推动每个支持圈的工作进展，为整个深度学习工作奠定基础，也是深度学习各层面不断改进的过程。

三　深度学习四构件行动框架

莫妮卡・R. 马丁内斯（Monica R. Martinez）和丹尼斯・麦格拉思（Dennis McGrath）基于《深度学习：八所革新性的公立学校是如何改变21世纪教育的》一书，编写了配套的《深度学习规划指南》（*Deeper Learning：the Planning Guide*）。该指南指向学校层面的深度学习，以为相关学校的教师开展深度学习提供行动指导和训练。在该规划指南中，他们总结了这八所学校成功开展深度学习所需的条件，并将这些条件归类为四个核心组成，在此基础上构建了一个四构件的深度学习行动框架（如图 3－6）。[①] 为实现深度学习的学校转型，这四个构件是必需的，且必须依次建立，因为它们彼此互相依赖。

构件一：建立一种强有力的学校文化。在这种文化中，教育者和学生相互信任和尊重，并作为学习者对彼此的成功负责。学校文化以深度学习的价值观为基础，包括对核心内容的掌握、批判性思维和问题解决、合作与沟通、自我指导和善学心向等品格与能力的探求。在学校全面建立这种鲜明的信任和尊重文化，为深度学习行动理论后续三构件的发展打下基础。

构件二：教师在协作共同体中作为专业人才发挥作用。在一种信任和尊重的学校文化中（构件 1），教师作为具有高度自主权的专业人才发挥自己的才干，共同参与学校的领导，指导和设计自己的专业发展（构件 2），为实施深度学习行动理论的后续两个条件打下基础。

---

① Monica R. Martinez，Dennis McGrath，“Deeper Learning：The Planning Guide”，（Dec. 22，2022），http://www.monicarmartinez.com/dl-planning-guide/.

构件三：教师为学生设计有意义的学习经验。如果建立了教育者和学生彼此信任和尊重的文化以及作为学习者对彼此成功负责的文化（构件1），教师在协作共同体中能作为专业人才发挥作用（构件2），那么他们就能为学生设计或适应性调用（adapt）有意义的学习经验。教师设计或使用的有意义学习经验，要确保它们围绕中心概念（大概念）、连贯一致、对应标准和深度学习结果、联系“真实生活”，并包含展示学生对知识和技能掌握的机会。

构件四：面向深度学习结果的有意实践（deliberate practice）。根据行动理论，当教师设计或适应性采用有意义的学习经验时（构件3），学生就能定期参与到面向深度学习结果的有意实践中获取知识和应用技能（构件4）。

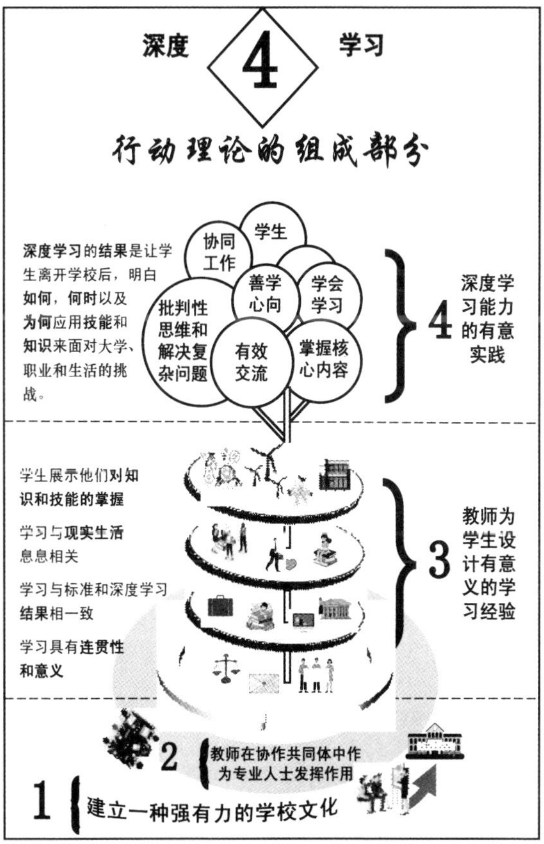

图3-6　深度学习四构件行动理论框架

深度学习结果即包括掌握核心内容、批判性思维和问题解决、协作、沟通以及自我指导（学会学习）和善学心向在内的六维能力。

四 综合构建：一个课堂深度学习设计的整合行动框架

实现深度学习的课堂转型，虽然看起来是教师在自己课堂上的设计变革行动，但是，如果班级的其他教师带给学生的仍然是传统的授受主义课堂文化，学校领导者所导向的评价等系统条件不予支持，那么一个教师的深度学习课堂变革很难得到可持续的健康发展。因此，笔者在学习科学与教学设计融合视角的课堂深度学习设计框架基础上，吸收如上两个框架在“系统层面”和“学校层面”设计上的相关要素，增加了学校愿景、系统条件、教师协同和学习文化等系统层面的设计思考，重新形成了一个“课堂深度学习设计的整合行动框架”（如图3－7）。

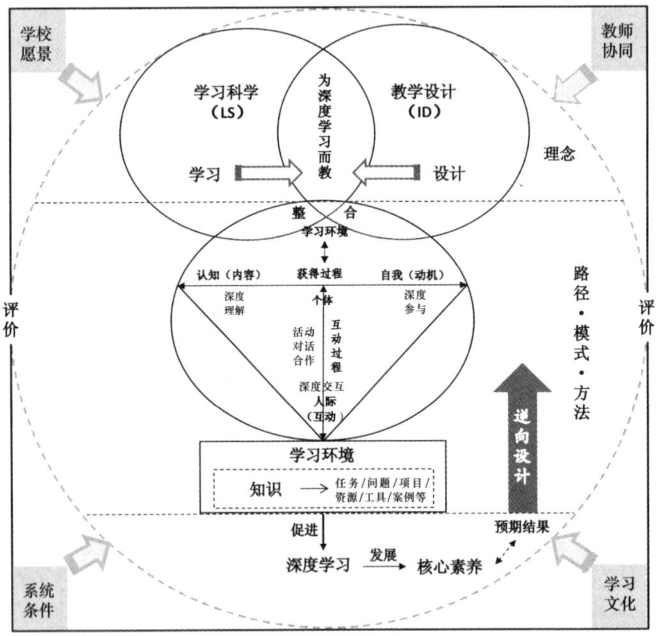

图3－7 一个课堂深度学习设计的整合行动框架

整合框架包括四个部分：

第一部分：课堂深度学习设计的目标层。目标层位于框架的最底层，既是深度学习最后要达成的预期结果，也是深度学习逆向设计的目标导向；既是一般的深度学习能力目标与通用层面核心素养的综合，也是学科领域核心素养的具体结合。为确保目标达成，通过逆向设计中的评价导向设计将预期目标可见和可测，并贯穿于整个深度学习过程中。

第二部分：课堂深度学习设计的理念层。课堂深度学习设计本质是一个以学为基点的系统变革。从预期结果出发，按照逆向设计思路，从学习科学有关学习的新理念出发，为深度学习课堂构建新的教学设计模型。

第三部分：课堂深度学习设计的策略层。策略层包括课堂深度学习设计的路径、模式和方法，是课堂深度学习设计的核心部分。它围绕两组学习过程（获得过程和互动过程）、深度学习三领域（认知、自我和人际）和学习的三维交互关系（个体—群体—环境）进行设计组合，促进“传统脱离真实情境的、单纯以知识授受为主的教学”向“学习环境给养下的有意义学习”转变，从知识消费到知识生成和产品创造的课堂模式转变，解决“化知识为素养”的关键问题。

第四部分：课堂深度学习设计的外部支持层。外部支持层是课堂学习涉及的更大范围的支持系统，包括学校愿景、系统条件、学习文化和教师协同四个主要方面。学校只有建立起一个共享的有关深度学习的价值，形成一个面向未来而教、发展学生核心素养的共同愿景；只有建立起尊重、信任、协同的强有力的学校文化，重新定义面向未来教育的学习模式和学习过程，教师、领导者、学生和家长才能改变关于学习的观念和实践，培育激发活力、好奇心、想象力、创新精神和参与挑战的学习文化。只有在创造了一种革新、成长和全民学习的条件下，教师、领导、家长、学生和其他利益相关者才能共同参与，深度学习才有可能在课堂、学校和整个教育系统中发生。①

① ［加］乔安妮·奎因等：《深度学习2：重新定义未来教育的学习模式》，盛群力等译，机械工业出版社2021年版，第22页。

第三节　促进深度学习课堂转型的设计思维

西蒙认为，我们生活的“人为世界”本质上是“设计的”世界。人类通过自然的设计能力，创造了这个世界和未来。作为有目的的创造性活动，设计也因此成为人类的首要探究传统。但当人们遭遇复杂的问题情境时，则需要调用方法论层面的设计思维，即能够综合运用自己的已有知能，通过设计与思维双螺旋结构的相互依赖与促进，不断生成新的问题解决策略，进而创造性地形成解决问题的思路与方案。① 面向深度学习的课堂转型就是一种复杂的系统问题，需要教师拥有“像设计师一样思考”的复杂能力和思维方法，进行创造性的问题解决。因此，设计思维是教师探索课堂深度学习新样态，实现“化知识为素养”，推进课堂深度学习设计框架落地实践的关键能力。

一　设计思维：促进深度学习课堂转型成功

（一）课堂深度学习设计的适应性创新

课堂深度学习是基于学习科学与教学设计融合理念下的一种教学革新。这种课堂教学创新，不是华而不实形式上为创新而创新的“花创”，也不是固守传统授受式课堂的常规老路（无创），对教学目标、内容、模式、评价、学习环境等五方面进行单一维度的或某一课程零敲碎打的“微创”。学习科学有关适应性专长的研究表明②，教师需要在上述深度学习设计整合框架的导向下，面向未来学生所需的核心素养，在“常规的效率”和“冒险的创新”组成的连续统中，走革新与效率之间的平衡路线。也就是说，在面对教学新情境时，要超越自己的常规教学思维，走优化的适应性通道，开展系统的、循证的适应性设计革新，甚至是“颠覆性创新”。

① 林琳、沈书生：《设计思维的概念内涵与培养策略》，《现代远程教育研究》2016 年第 6 期。

② ［美］R. 基思·索耶主编：《剑桥学习科学手册》，徐晓东等译，教育科学出版社 2010 年版，第 31 页。

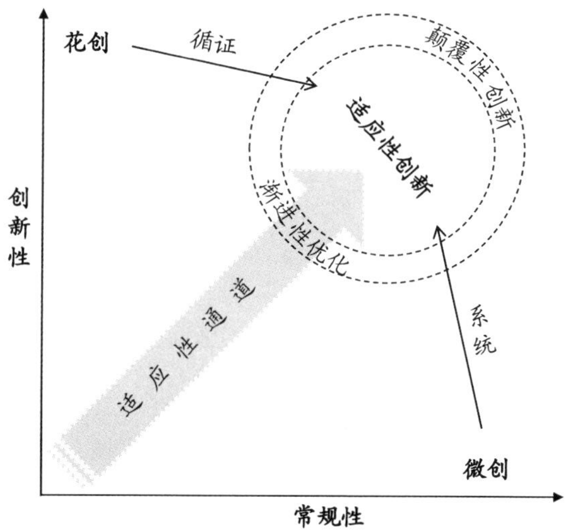

图 3－8 课堂深度学习设计的适应性创新

根据颠覆性创新理论提出者克莱顿·克里斯坦森（Clayton Christensen）的观点，“颠覆”是一种强大的正能量。颠覆式创新的过程，是通过改造复杂、昂贵的旧产品、旧服务、旧市场，开拓更简单、更便利、更物美价廉的新产业的过程。① 深度学习课堂（素养导向的以学为中心）与传统授受式课堂（应试导向的以教为中心）因在目标指向和教学范式上的截然不同，即在绩效衡量标准上的改变，颠覆性创变不可避免。虽然教师在刚开始采用深度学习创新设计时，效果暂时可能不明显，但随着创新的渐进优化，教师迟早将超越并颠覆传统授受为主的课堂教学，实现从“教”到“学”再到“深度学”的二次转型。

（二）设计思维：降低设计创新风险，助推课堂成功转型

1. 行业领域的设计思维模型

深度学习设计需要创造性的问题解决，创新就有风险，特别是颠覆性的课堂创新。设计思维是一个系统解决复杂问题的非线性迭代、以人为中

① ［美］克莱顿·M. 克里斯坦森、迈克尔·B. 霍恩、柯蒂斯·W. 约翰逊：《创新者的课堂：颠覆式创新如何改变教育》，机械工业出版社 2020 年版，第 31 页。

心的设计过程，包含触发创意的发散方法和需求解决的聚合方法以及积极改变世界的思维方式。典型的设计思维包括如下五个阶段。①

- 第一阶段：共情（empathise）——研究用户的需要；
- 第二阶段：界定（define）——陈述用户的需要和问题；
- 第三阶段：构思（ideate）——推敲假设，创意观点；
- 第四阶段：原型（prototype）——开始创建解决方案；
- 第五阶段：测试（test）——尝试实施解决方案。

虽然测试是最后一个阶段，但是，设计团队通常会用测试结果重新界定一个或更多的深层问题，并且会对前面几个阶段的工作重新修正。所以，设计思维的五阶段不总是序列的，通常以迭代的方式，在这几个阶段中平行、变换次序或重复地运行。它帮助组织确定最佳的客户体验，通过“共情—定义—构思—原型—测试”灵活迭代设计过程的证据即时识别和纠正问题。特别是原型和测试是通过一种精益创新方法完成的，随着确定性的逐步增加和选项保真度的提高，极大地减少创新风险，降低设计成本。②

设计思维被广泛用于行业领域的创造性问题解决过程中。但是，有研究表明，现存的很多设计思维模型没有很好地整合创造性问题解决的完整过程——问题发现、问题解决制定和解决方案实施，且大部分设计过程模式只在前两个阶段做得好，方案的实施通常被大多数设计思维模式所忽视。在商业和组织领域，衡量一个好的革新设计方案涉及合意性（desirability）、可行性（feasibility）和持续活性（viability）三个评判要素，正好与上述问题解决三阶段存在一致性的对应关系。用这三大要素来评判，显然，在解决方案的持续活性方面，也就是方案能否持续地实施下去，并没有成为大多数设计思维模型考虑的重点。

---

① Interaction Design Foundation, “Design Thinking”, (Feb 22, 2017), https://www.interaction-design.org/literature/topics/design-thinking.

② Satish Kumar Boguda, Arsid Shailaja, “Maximizing Digital Transformation Innovation-Design Thinking”, *International Journal of Engineering Research & Technology*, Vol. 08, No. 08, August 2019, p. 89.

基于此，克里斯蒂安·沃尔什（Christian Walsh）构建了一个更完整的DUCTRI（鸭树）设计思维模型，整合考虑了对于革新来说关键的资源供给与方案实施阶段，以及设计者需要对应培育的好奇心（curiosity）、创造力（creativity）和清晰性（clarity）三大思维秉性，并提出人为中心、多样化合作、乐观的成长心态和循证的经验行动四大基础性的设计思维原则。

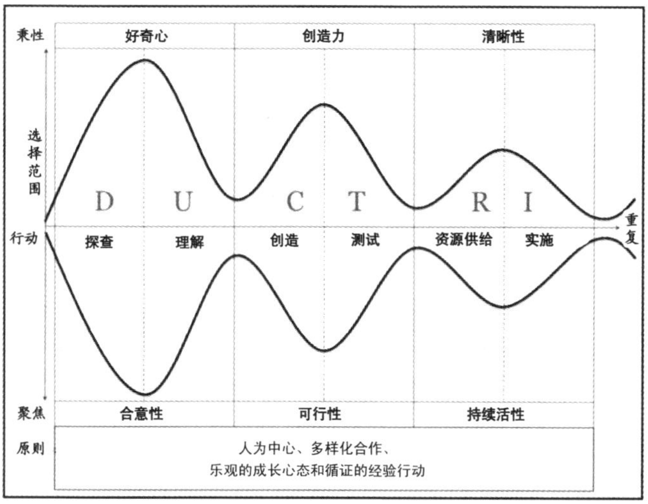

图3-9　设计思维的DUCTRI模型①

考虑到基于设计的创新问题解决方法所应有的行动偏向，DUCTRI模型由经典设计思维模型的五阶段变成六阶段，并采用动名词的形式来强调每一个阶段所要采取的行动。该模型的六个主要阶段如下。②

- 探查（discovering）：大多数利用质性研究方法（如访谈或观察）获得对一个用户世界的共情与了解。
- 理解（understanding）：解读第一阶段收集的数据的意义，借用各种

① Walsh C.，"Promoting Curiosity，Creativity and Clarity in Management Education"，In Brito SMDR（Ed.），Creativity，（Sep 15，2022），http://dx.doi.org/10.5772/intechopen.102068.

② Vaughan Broderick，"Design Thinking for Innovation"，（Sep. 23，2021），https://vaughanbroderick.com/design-thinking-process/.

工具（如共情地图）来洞察其中观点和用户的核心需求，并界定核心问题。

- 创造（creating）：尽力释放创造性去构想尽可能多的问题解决方案的选择。一旦定下构想，即可建立原型。原型应简单明了，足以让用户去体验和理解。

- 测试（testing）：积极去检测系列潜在的解决方案，产生更进一步的观点，并聚合到最可行的方案上，所谓实验创造行动。

- 资源供给（resourcing）：一旦原型看起来可行，接下来就要提升方案的清晰性，界定清楚方案所需的资源，包括经济、社会、文化或符号资本。

- 实施（implementing）：要考虑的成功实施所需要的各种环境和人为变化因素很多，所以实施阶段有可能是最困难的。

最后，由于设计思维是非线性的、迭代的，在实际的实施过程中，有些环节不可避免需要重复。

2. 教育领域的设计思维要素

对于教育领域的学习创新来说，以上的设计思维模型同样发挥着重要作用。教师在基于深度学习理念创新性地解决课堂教学问题时，同样可以借助设计思维工具，像真正的教学设计师一样进行思考。克里斯塔·盖琳（Krista Galyen）等人将上述行业领域促进创新转型的设计思维策略三要素框架中的“用户合意性”替换成“学习者中心”，形成“学习创新设计决策三棱镜模型”，为促进深度学习课堂转型所涉及的学习设计思考和决策提供了指导。①

- 学习者中心：设计聚焦人是如何学习的，面向学习者有效的、愉悦的和有意义的学习体验。

- 可行性（feasible）：在当前技术、人力和资源的情况下，创新设计能够实现；假如构想的创新设计能够实现，就可以通过设计思维过程进行

---

① Galyen K. , et al. , “Fundamentals of Exceptional Instructional Design: Essentials of Mindset and Approach”, In Whitney Kilgore and Diane Weaver（Ed.）,（2020）, Connecting the Dots: Improving Student Outcomes and Experiences with Exceptional Instructional Design, https://opentextbooks.uregina.ca/instructionaldesign2improvelearning/chapter/chapter-2-fundamentals-of-exceptional-instructional-design-essentials-of-mindset-and-approach/.

测试和实施。

● 可持续性（sustainable）：设计容易维持，得到支持，并能随着时间的推移而发展成熟。

一个学习创新设计可能围绕学习者中心进行，同时也是可行的，但如果只能暂时性实施，所在学校情境不足以支持它长远的持续应用，则这个创新设计对于学习者和有志于推行它的实践者而言不是一个最好的选择。

根据如上创新设计决策判断要素，为更好实现课堂深度学习，笔者进一步提炼形成课堂转型的“教师设计思维三面向模型”，即面向学习者中心的体验设计、面向可行的系统革新设计和面向可持续的循证设计，强调突显学习基点、系统思考和循证主张的学习设计特性（后文将具体描述）。图3－10展示了行业革新、学习创新和课堂转型三方面设计思维框架及其对应的核心要素。

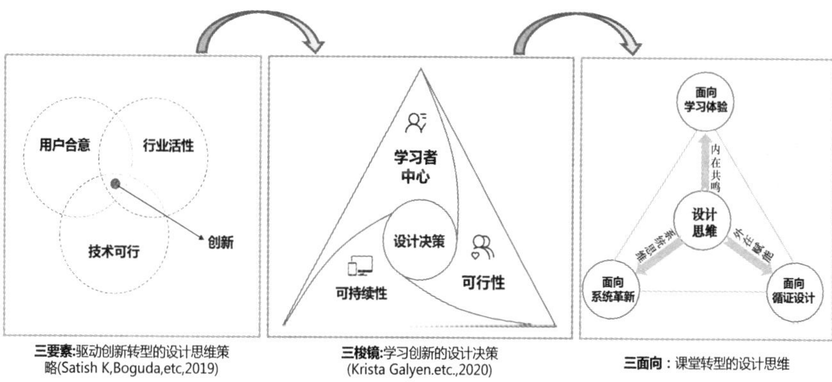

图3－10　行业革新、学习创新和课堂转型三层面的设计思维核心要素

二　运用设计思维创新教学的三面向原则

聚焦深度学习课堂，以上述行业革新、学习创新和课堂转型三层面的设计思维核心要素为基准，教师可以运用如下设计原则来创新实践。

（一）面向学习者中心的体验设计

学习者中心的创新设计首先是根植于学习科学“以学为基点”的设

计，其次是围绕学习者的学习需要或者学习结果进行的设计。先前的学习者中心设计，更多聚焦技术产品开发或学习环境设计，通过支架支持学习者跨越“专长知识的鸿沟”，努力进入和学会某个给定领域。[①] 在斯蒂文·安德森（Stephen Anderson）的学习者需要层级中（如图 3 – 11），以往的设计更多表现为对处于金字塔较低层的任务层面的关注，即考虑一个设计是否实用（functional）、耐用（reliable）、适用（usable），最终实现总体的好用（convenient）。比如，学生能轻松地利用多种设备随时随地学习课程。但是，一个好的教学革新设计从不止步于“好用”，它应该不断努力向金字塔顶层发展，帮助学习者实现快乐、有意义的学习，即获得愉悦感和意义感的美好学习体验（好感），这才是学生身份和学习结果发生真正转变的地方。[②]

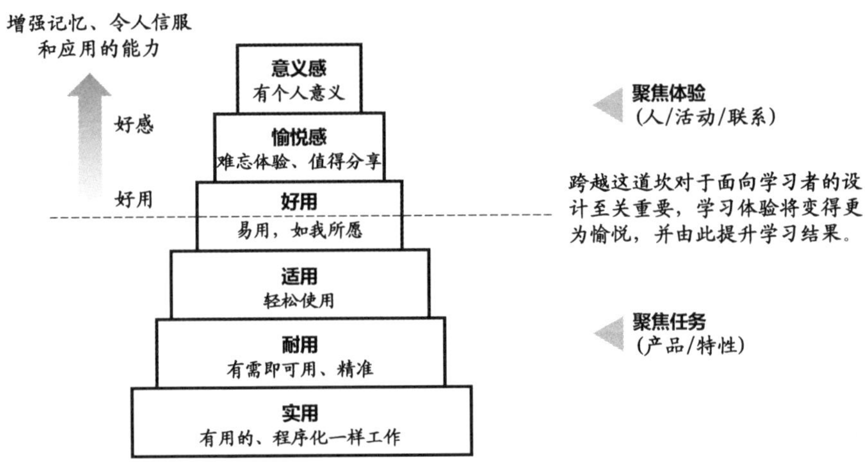

图 3 – 11　学习者需要层级金字塔

① 杨南昌、刘晓艳：《学习者中心的技术设计：理念、方法与案例》，《远程教育杂志》2008 年第 6 期。

② Ronald S. Carriveau, *Connecting the Dots: Improving Student Outcomes and Experiences with Exceptional Instructional Design*, Stylus Publishing, 2016, p. 21.

要跨越从满足任务层面的“好用”到实现学习体验的“好感”这道坎，对于面向学习者的设计来说至关重要。一是教师需要更加注重进行意义相关的、任务逼真的、与学习者生活相联系的学习设计；二是注重引导学习者进入自豪、快乐或连接（connectedness）的体验时刻。这都建立在设计者对学习者共情了解的基础上。

（二）面向可行的系统革新设计：五维一体

面向系统革新的设计体现了教育数字化转型中系统创变的思想。优秀的设计者应懂得把握全局，理解局部与全局之间的内在关系，体现为设计思维和系统思维的整合。①

传统上，教师的课堂革新常常依赖于一种新技术或新方法。诚然，技术和方法可能是革新最为直接的作用因素，但是，单一技术维度或模式方法层面的教学革新，往往难以持续奏效。一个成功的深度学习课堂教学创变，需要在学习目标、学习内容、学习方式、学习评价和学习环境上进行“五维一体”的整体联动，以深度学习目标为导向、评价为保障、情境任务为载体、情境学习为路径、具身环境为支撑，实现课堂教学的系统革新（如图 3－12）。

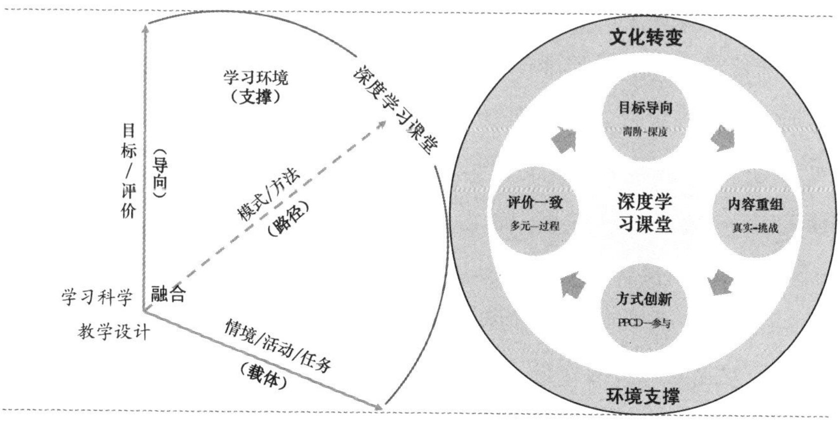

图 3－12 “目标—内容—方式—评价—环境”五维一体的系统革新

① 祝智庭：《智慧教育引领教育数字化转型》，《上海教育》2022 年第 36 期。

1. 目标导向与评价设计的一致性

教师在设计一个深度学习活动时，首先要关注教学目标的设定，明确预期的学习结果。也就是说，在核心知识学习、关键能力发展和必备品格塑造的目标描述中，要有明显的深度学习能力目标维度，体现高阶思维能力发展。在设计这些深度学习目标的同时，需要考虑与目标达成相一致的评价方法（逆向设计，参见本节第三部分），以确保目标对整个深度学习活动的导向作用。因课堂深度学习注重学生在“6Cs”深度学习能力达成上的过程性和表现性的评价，评价方法注定是多元性的（详见第五章）。

2. 深度学习的载体设计

正如佩珀特（Papert）在第二版《剑桥学习科学手册》中提醒道，在继“人是如何学习”之后，学习科学的研究焦点将拓展到“人学习什么”，这可能成为学习科学领域的标志性著作《剑桥学习科学手册》第三版的主题。① 传统上，教师依据课本教材的内容，一课一课依次组织教学。课堂深度学习的内容设计需要从学习科学关于“知识的本质”的研究中得到反映，比如需要思考：知识的不同形态是什么？知识在什么时候、为什么难以获得？什么是深度理解？哪些知识内容能促进学习者的深度学习而非浅层学习？如何提高内容的挑战度促进深度理解？等等。大多数情况下，深度学习教师需要围绕教材的“大概念”，以知识整合的观点重组内容（比如大单元），并以联系真实生活的大情境、项目或任务为载体形式来创建新的内容结构。

3. 深度学习模式设计

学习模式是教师变革课堂最直接的路径。学习科学研究表明，当学生在基于真实情境的、协作的、参与的、探究的、基于项目/问题的、设计的、认知工具支持的、共同体实践的活动中开展学习，他们就更容易获得

---

① ［美］R. 基思·索耶主编：《剑桥学习科学手册》（第2版），徐晓东等译，教育科学出版社2021年版，第582页。

深度的有意义的学习效果。最常见的深度学习模式（PPCD）包括项目式学习（PBL）、问题式学习（PBL）、协作学习（CL）、设计式学习（DBL）等，而且通常根据学习需要，实现模式的组合应用。例如，基于项目的协作学习、问题—项目循环学习模式、基于真实情境的问题解决等（详见第四章第二节）。

4. 学习环境与文化

一种新型学习方式的转变，需要新型学习环境的支持。例如，基于小组的协作学习在传统的秧田式教室空间中就难以顺利开展。学习环境有两个基本的、相互关联的方面：一是有形的物理环境，包括学习者可能要利用的资源、空间和技术工具等；二是无形的社会心理环境，即一个情境中的学习者的交往关系形成的组合与结构①。深度学习课堂构建需要特别关注学习的社会维度，即协作学习中的参与结构设计，也需要关注数字化转型时期技术赋能的深度学习环境设计以及学校整个学习文化的转变。

（三）面向可持续的循证设计：设计研究

1. 整合“设计”与“研究”

要想让一个课堂深度学习的革新设计能得到持续发展，或被更多的教师认可并得到维持应用，那么这个设计首先要根植于很好的理论基础，其次在应用中有很好的效果，再就是能提供很好的证据表明设计实施的效果。要做到这一点，教师不仅要会如何融合学习科学观点，通过设计来创新课堂，还要学会如何应用设计思维的迭代过程，学会将“设计与研究”整合，确保设计的有效性。这也是教师推动设计创新持续发展，追求原创教学主张生成的一条新路径——基于设计的研究（Design-based Research，DBR）。

基于设计的研究，也称作设计研究或教育设计研究，是一种弹性系统

---

① 陈琦、张建伟：《信息时代的整合性学习模型——信息技术整合于教学的生态观诠释》，《北京大学教育评论》2003 年第 3 期。

的方法论，旨在通过设计工具、课程以及由此组成的学习环境作为教学的一种革新干预应用于实践。通过设计、实施、评价、再设计的迭代过程产生基于证据的设计理论，并以此促进持续的教育革新。[①] 如果教师通过设计改变课堂，那他也许只做了教学设计的工作；如果一个研究者进课堂观察，他也许只做了研究工作。课堂深度学习的设计研究整合了传统行动研究的迭代问题解决过程，并将创新的教学设计（应用）和基于课堂的分析研究（理论形成）整合起来。

在基于设计的研究实践中，教师与研究者、同事、其他促进者（如管理者、数据分析师）等的伙伴关系日益普遍，逐渐发展出了一种教师和研究者在整个“设计—反思—再设计”循环过程紧密协作的“联合设计”（co-design）。为了将这一小规模的合作跨越更大的边界，克服 DBR 存在的“教研合作关系难以稳固维持、依旧无法实现教育政策变革等诸多问题”[②]，学习科学研究者形成了一种“研究—实践伙伴关系（Research-Practice Partnerships，RPPs）”的新模式[③]，即研究者与实践者们打破学科、组织机构的边界，围绕实践中面临的关键困境和挑战开展长期的合作。需要注意的是，“研究—实践伙伴关系”是系列联合设计模式的总称，其中最为有名的具体模式是威廉·R. 佩纽尔（William R. Penuel）等提出的“基于设计的实施研究（DBIR）”，相比 DBR 更关注设计本身，更加注意设计与实施的并重，以及干预在更大范围、更长时间得到推广。RPPs 的发展，为深度学习在更大系统内的实践落地提供了变革行动方案。当然，这些模式的内核仍是基于设计的研究，肩负着基础理论创新和教育实践改进的双重重任。

2. 课堂设计研究的过程模式

综合其他设计研究模式的共同过程特性，笔者构建了一个“课堂设计

---

① 杨南昌等：《学习科学的方法论革新与研究方法综述》，《开放教育研究》2011 年第 6 期。

② 郭文欣、吴忭：《人工智能视域下基于设计的实施研究方法：框架及案例分析》，《中国教育信息化》2022 年第 6 期。

③ Alison Castro Superfine, *Teacher Learning in Changing Contexts: Perspective from The Learning Sciences*, London: Routledge, 2022, p. 2.

研究过程模式”，其操作过程主要包括境脉考察与原型制定、干预系统设计、迭代精制与评价、持续革新四个阶段，其中涉及需求分析和问题确定、理论建模或原型描述、迭代设计与实施、形成性评价和结果评价、新境脉的持续革新等重要环节（见图 3－13）。

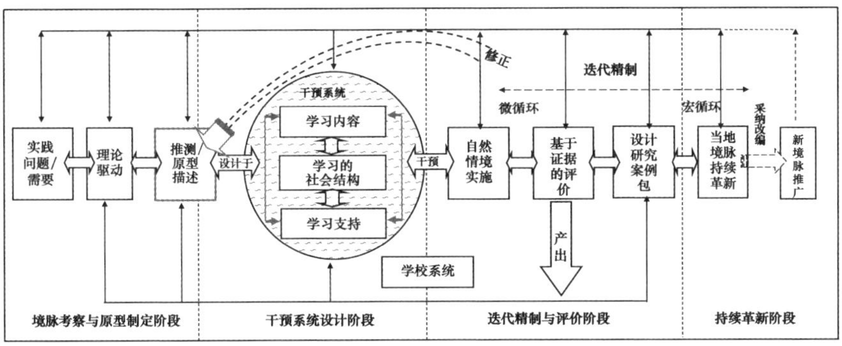

图 3－13　课堂设计研究的过程模式①

而设计思维过程正好能嵌入设计研究过程中，② 与设计研究配合，理论驱动设计、研究与实践，产生基于证据的原创教学理论（见表 3－1）。

表 3－1　　整合设计研究与设计思维③

方法	4 个阶段			
教育设计研究	阶段 1 广博考察	阶段 2 生成	阶段 3 境脉影响评价	阶段 4 扩展影响评价
设计思维	观察与界定	构思与原型	迭代测试与改进	广博测试

① 杨南昌：《学习科学视域中的设计研究》，教育科学技术出版社 2010 年版，第 180 页。

② Cochrane T., Munn J., “Integrating Educational Design Research and Design Thinking to Enable Creative Pedagogies”, *Pacific Journal of Technology Enhanced Learning*, Vol. 2, No. 2, 2020, pp. 1－14.

③ Cochrane T., Munn J., “Integrating Educational Design Research and Design Thinking to Enable Creative Pedagogies”, *Pacific Journal of Technology Enhanced Learning*, Vol. 2, No. 2, 2020, pp. 1－14.

3. 课堂深度学习设计研究的四条路线

根据对原有理论革新的程度，可分为两种课堂深度学习设计路径。一种是创建路径，即在全面考察现有研究的基础上，完全建构一种新的教学设计理论或模型；另一种是改进路径，是对现有理论或模型进行改良。两者在干预系统设计、迭代精制与评价和持续革新三阶段上运作基本一致，但在研究开始的境脉考察与原型制定阶段因表现出重要的不同而又形成两条不同的研究路线："前设性（pre-design）的理论创建与改进"和"涌现性（emerging）的理论创建与改进"（见表 3 – 2 ）。①

表 3 – 2　**课堂深度学习设计研究的四条路线**

<table>
<tr><th rowspan="2">类别
步骤</th><th colspan="2">前设性的理论创建与改进研究路线</th><th colspan="2">涌现性的理论创建与改进研究路线</th></tr>
<tr><th>路线一（创建）</th><th>路线二（改进）</th><th>路线三（创建）</th><th>路线四（改进）</th></tr>
<tr><td>1</td><td colspan="4">考察教学实践境脉，确定研究问题</td></tr>
<tr><td>2</td><td>在广博文献和实践境脉考察的基础上，建立新的设计理论推测与设计原型</td><td>在广博文献和实践境脉考察的基础上，对选择的现有设计理论提出改进的推测</td><td colspan="2">在广博文献和实践境脉考察的基础上，选择最适合实践境脉的现有设计理论</td></tr>
<tr><td>3</td><td>将建立的新设计原型或理论推测具身于学习干预系统中</td><td>将改进的设计理论推测具身于学习干预系统中</td><td colspan="2">将选择好的现有设计理论思想具身于学习干预系统中</td></tr>
<tr><td>4</td><td colspan="4">在自然情境中实施设计的干预</td></tr>
<tr><td>5</td><td colspan="4">对干预效果进行基于证据的评价</td></tr>
<tr><td>6</td><td colspan="2">迭代修正设计原型，形成初步的设计原则</td><td>创建新的设计理论推测与设计原型</td><td>提出对所选用的现有设计理论的改进推测</td></tr>
<tr><td>7</td><td colspan="2">原境脉或新境脉的持续革新</td><td rowspan="2">转向前设性研究，重复前设性研究路线一的步骤 3—8</td><td rowspan="2">转向前设性研究，重复前设性路线二的步骤 3—8</td></tr>
<tr><td>8</td><td>最终形成新的设计理论或模型</td><td>最终形成改进的设计理论或模型</td></tr>
</table>

① 刘晓艳、杨南昌、陈祖云：《走出教学设计研究的现实困境：创建可用的教学设计理论》，《现代远程教育研究》2012 年第 3 期。

（1）“前设性的理论创建与改进”研究路线

有些深度学习研究团队，前期的问题界定与理论研究做得很好，在原型制定阶段就预先建立了新的设计理论推测与设计原型，或者提出了对现有某种设计理论与模型的改进假设，然后再进行迭代的设计、实施、评价与修正。

（2）“涌现性的理论创建与改进”研究路线

指在应用现有理论之后的创新路线，设计研究者并没有预先建构新的或改进的设计理论推测与设计原型，而是在应用现有设计理论的形成性研究（迭代的设计、实施、评价与修正）过程中涌现出关于某个理论与研究的新观点，由此颠覆原有设计理论观点建立新的理论推测，或提出对原有设计理论改进推测的研究路线。

4. 专家与实践教师的合作设计

一个好的原创设计理论的产生，通常需要多领域专长的合作，经历起步、发展、形成、创造和成熟的过程，因为它解决的是一个人为世界的系统革新难题，教师个人往往很难独立进行设计。因而，学校在开展深度学习设计研究时，一般来说，可以根据软系统方法，采用他用设计（designing for）、共与设计（designing with）、在内设计（designing within）三类设计的五个阶段逐步推进。

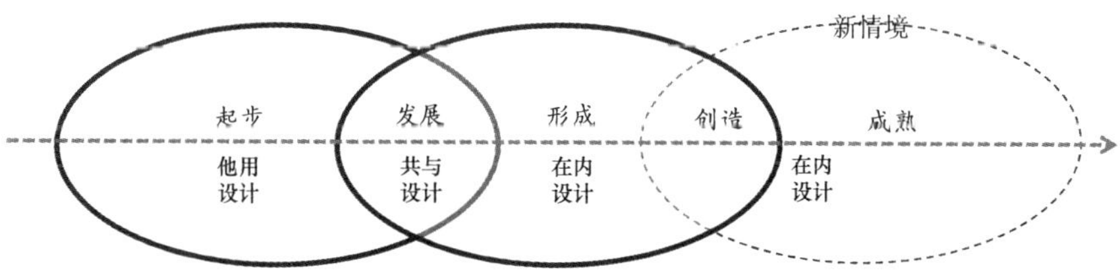

图 3－14　专家与实践教师的合作设计路径

（1）起步阶段

万事开头难，当学校教师团队自己难以迈出革新设计的第一步时，可以采用他用设计，以专家设计为主，或者借用专家的理论指导，或者参考现有设计案例。

(2) 发展阶段

随着对设计理论的逐渐熟悉，教师根据自己独特的课堂情境，开始与专家和课题团队进行协同设计，即专家与实践教师的共与设计，是设计共同体形成的初级阶段。

(3) 形成阶段

经过一段时间与专家的共与设计，教师逐渐形成自己的观点和理解。他们开始尝试专家不在场时，进行自我设计——在内设计，将合作成果转化为个性化的人工制品，以独立应对一些不断变化的课堂情境，最后从中提炼出相关设计理解，专家与教师共与设计的成果得到提升。

(4) 创造阶段

教师将前阶段形成的设计经验与理论，通过创造性的再设计，迁移到新情境中，并检验设计的效用，迭代精制，使得设计的普适性进一步提升。

(5) 成熟阶段

经过多情境的设计应用，教师在内设计形成的理论逐渐成熟。至此，新手教师在合作设计共同体中完成了身份（从新手到专家）和意义（对深度学习设计的理解）的双重建构，也由此促进了学校“深度学习文化”的创建与形成。

三　课堂深度学习的逆向设计

深度学习的目标明确指向学生未来所需的“6Cs”高阶能力和核心素养发展，与知识本位的传统课堂截然不同。经典的ADDIE（分析、设计、开发、实施与评价）教学设计过程模式虽然在总结性评价基础上提倡在整个设计过程将形成性评价贯穿其中，但在实际的传统教学当中，目标设计是一回事，教学活动实施和评价又是另一回事。教师喜欢根据学生的排名（常模参照评价）来评价学生，而不是依据学生达成预期学习目标的程度（标准参照评价），因而，很难保持预期学习结果与教学活动、评价任务的一致性。

为确保深度学习目标的实现，增强目标导向作用以及预期学习效果的达成，我们需要改变传统教学设计的一些习惯做法，将先前置后的评价阶段提前，采用产出导向的教学思想，从输出端（预期结果）思考教学，进行逆向设计。

逆向设计由美国教育学者威金斯和麦克泰格在反思传统"灌输导向"和"活动导向"教学设计不足的基础上，提出了一种新的教学设计模式：从终点即想要的结果（目标或标准）开始，先确定达成预期结果的评估证据，再从证据出发组织学习和教学活动。①

逆向设计不仅代表一种思维方式，也有明确的操作路径。按照逆向设计思路，深度学习设计可分为三个阶段进行（如图 3－15 所示）②，整个设计流程都受深度学习目标驱动，目标渗透于教学方案的各个环节。在设计过程中，每个阶段都围绕一个特定问题展开：学生要实现的深度学习目标是什么？如何知道学生是否已经达到了预期的深度学习结果？哪些学习体验和教学活动能够使学生达到预期的深度学习结果？

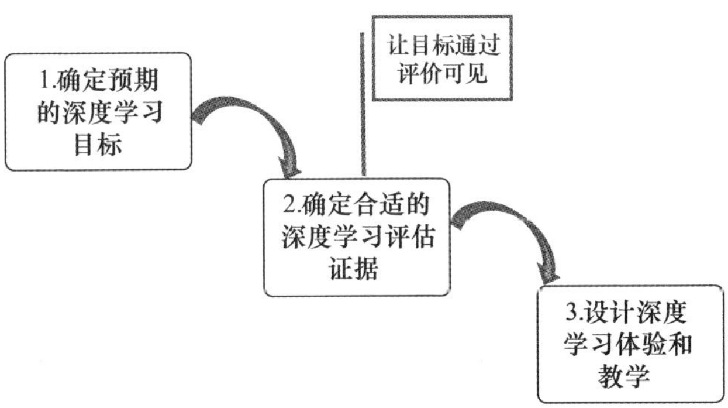

图 3－15　深度学习逆向设计的三个阶段

① Tasmanian Department of Education Principles of Backward Design，（Sep 17，2010），http://www.ltag.education.tas.gov.au/planning/models/princbackdesign.htm.

② ［美］格兰特·威金斯、［美］杰伊·麦克泰格：《追求理解的教学设计》（第二版），闫寒冰、宋雪莲、赖平译，华东师范大学出版社 2017 年版，第 19 页。

第一阶段：确定预期的深度学习目标

深度学习设计以学生的预期学习结果为出发点，首先要清晰地描述学生在课程结束时应该达到的目标，对照课程标准思考什么才是学生值得学习和理解的内容，以及需要发展的核心素养（深度学习能力）。深度学习能力通常与课程知识学习相融合，鼓励教师识别并用准确的动词描述与深度学习能力发展相对应的学习结果，[①] 并确定这些动词是学生在教学活动中必须具体实施的。描述需要高阶认知活动参与的深度学习目标的动词有反思、应用、假设、解决（复杂问题）、解释、创造、关联等，而不是传统目标中常见的背诵、记忆、了解等。

第二阶段：确定合适的深度学习评估证据

明确了学生的预期学习结果之后，接下来就要思考：如何知道学生是否已经达到了预期结果？用什么来证明学生学会了这些内容以及发展深度学习能力的程度？也就是说，需要设计相应的评价任务，收集相应的确定目标达成的证据，并以此来评判学生的学习状况和学习效果。在进行评价设计时，尽可能采用表现性或真实性的评价任务，这样的评价任务更能激起学习挑战，引发思考，促进深度学习的发生。

第三阶段：设计深度学习体验及教学活动

只有明确了课程需要学生达到的深度学习预期目标，并确定了合适的评估方法，接下来就可以精心设计最优化的深度学习活动。逆向设计强调目标、评价与活动的一致性。教师必须根据证据的需要设计学习体验和教学活动。当评价嵌入教学，教学就成为发现证据的过程，学习目标就能转化为这些证据，确保深度学习目标达成。

在课程学习的逆向设计过程中，以下自评任务清单有助于教师更好地实现目标、评价和活动的一致性建构。

---

① ［加］乔安妮·奎因等：《深度学习 2：重新定义未来教育的学习模式》，盛群力等译，机械工业出版社 2021 年版，第 133 页。

表 3－3 深度学习设计中教学评一致性的自评单①

A. 学习结束后，你期望学生能做到哪三件事？（包含高阶能力动词准确描述所需的深度学习能力目标）	B. 针对学生做的三件事，你如何评价他们的深度学习表现？	C. 你如何教会学生做到这些事情？
1. 第一件事：	1. 针对第一件事：	1. 针对第一件事：
2. 第二件事：	2. 针对第二件事：	2. 针对第二件事：
3. 第三件事：	3. 针对第三件事：	3. 针对第三件事：
自我反思：你认为以上 A、B、C 之间的一致性如何？		

逆向设计的具体操作模板详见第四章。

① 整理改编自［澳］约翰·比格斯、凯瑟琳·唐《卓越的大学教学：建构教与学的一致性》（第 4 版），王颖、丁妍、高洁译，复旦大学出版社 2015 年版，第 75 页。

第四章

课堂深度学习设计：典型模式与策略

课堂深度学习的设计框架提供了变革课堂的行动指南，但我们还需要进一步思考如何才能将框架性的设计变成教师具体的课堂教学革新行动。这就涉及教学法层面更为具体的原则、条件、方法、模式、技术支持以及文化环境的创设等。

第一节　深度学习教学法

传统课堂教学是一种知识传输导向的授受主义教学，教师需要打破"教师讲—学生听"的习惯模式，采用新型教学法（new pedagogy）才能有效推动学生的深度学习。虽然不存在促进深度学习的简单处方，目前学界也还没有形成有关深度学习教学法的统一描述，但是，现有的深度学习研究与实践表明了教学策略与面向迁移的深度学习之间的关联性，并且可以从中归结出相对一致的共享观点。

一　深度学习典型项目与案例学校的观点

（一）美国研究院教学与学习的关联观点

美国研究院（American Institutes for Research，AIR）与休利特基金会共同组织实施的深度学习研究项目（Study of Deeper Learning：Opportunities and Outcomes，SDL）对深度学习的理论与实践做出了比较大的贡献。美国研究院勾画了一个简要的深度学习行动理论，描述了教育实践者能够设计一系列教学策略来帮助学生创建发展深度学习能力的机会。

具体来说，教育实践者要采用个性化的、协作的、富有挑战的、基于探究的、激发主动性的、应用导向的、以目标为中心的、基于评估反馈信息的系列深度教学方法，为学生提供参与严谨丰富的内容学习、解决复杂问题、与同伴交流合作、与现实世界建立联系的学习经验以及获得经常性的有意义的反馈、反思的机会，并能为自己的学习负责。学生只有积极参与这些深度学习机会中，才能建构起支撑他们在未来社会中继续学习、适应性发展的广博知识和可迁移能力（如图4－1）。[①]

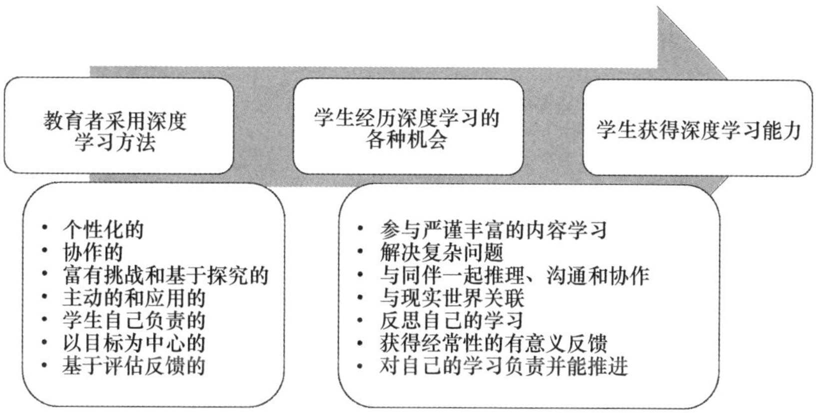

图4－1　面向行动理论结果的深度学习方法

（二）美国八所公立高中案例实践的观点

美国八所公立高中学校的深度学习案例实践也表明了他们采用的类似新教学。这些学校通过推行以下六项核心教学策略来实现深度学习目标，[②][③]

---

① Great Lakes and Midwest Regional Deeper Learning Initiative, "Why do Students Need Deeper Learning?"（2019－2－12）, http://www.deeperlearning-cc.org/.

② Martinez M. R., McGrath D. R., Foster E.（2016）, *How Deeper Learning Can Create a New Vision for Teaching*, National Commission on Teaching and America's Future（2023－1－20）.

③［美］莫妮卡·R. 马丁内斯、丹尼斯·麦格拉思：《深度学习：批判性思维与自主性探究式学习》，唐奇译，中国人民大学出版社2019年版，第4—5页。

体现了当前有关学习的重要观点。

1. 赋权：让学生成为学习的主宰

把学生培养成自主的和有责任的学习者，对学生的学习角色提出新期望，带来颠覆性新体验。体现的是“学习者中心”理念。

2. 情境化：将知识情境化，使学习经验与多学科内容联系起来

使用指导性问题、共同主题和大概念（big ideas）为每个任务、课堂活动和项目提供学习情境。教师通过跨学科协作设计整合的学习经验，将他们先前分离的特定学科内容连接起来，使其与每个科目的内容标准与关键深度学习目标保持一致。体现的是学习的“情境观”。

3. 连接：将学习与真实议题和场景联系起来，使得学生的学习更富有意义

教师要经常为学生提供体验职场条件和预期的机会，通过与相关领域专业人士和专家交互解决真实世界的挑战和问题，以一个专业工作者的角色实施项目学习，将历史事件与当代问题和学生生活相关的问题联系起来。体现的是学习的“真实性”和“有意义”观点。

4. 延伸：将学习扩展到学校之外

除了连接到真实世界，深度学习教师还会寻求不同方式将学习扩展到学校之外，并在多种场景中为学生建立起学习和支持的拓展网络，帮助学生建构强有力的学习经验。建立长期与当地商业、机构、社区团体的正式与非正式学习的协同关系，学校的围墙逐渐消失，整个社区成为学校的附属，为学生提供丰富的学习内容、校外专家、额外的学习资源，学生因此获得一个面向学习的逼真场所和情境以及基于工作的体验。体现的是“正式与非正式学习环境”的整合观点。

5. 激励：为学生定制学习经验

教师要有意图地与学生建立起稳固的关系，通过正式（成绩、观察）或非正式（闲聊、获得家长和其他老师的看法）途径，找到每个学生特长、环境与兴趣之间的平衡点，发掘激发学生自我学习兴趣的火花——科目、概念或项目，这是为学生定制学习经验的关键。体现的是动机驱动的

“个性化/定制化”学习观点。

6. 技术支持：让技术服务学习

教师有目的地整合技术来提升学习，而不是低水平的自动化学习。比如，用技术建构一个调查、探寻环境，检测各种研究，促进合作，完善展示，利用全世界专家的视频或播客支持切中议题的想法等。在所有的案例中，技术都充当深化学习的工具，技术赋能深度学习能力发展的机会是无限的。体现了当前数字时代的学习创新聚焦“技术赋能”的时代特性。

（三）富兰和兰沃希的新教育学观点

在富兰和兰沃希（Langworthy）等看来，旧的教学法指向对内容知识的掌握，深度学习新教学法需要改变这一状况，通过设计真实性、情境化和技术丰富的学习来促进学生创造和使用新知识，并帮助学生学会利用数字工具将新知识与现实世界相连。他们提出建立由三要素组成的深度学习新教学法，当这三个核心要素共同起作用时，才能够达到深度学习成效。①

第一，学生和教师之间的新型伙伴关系。包括建立关系、学生志向、反馈、如何学和同伴指导。

第二，深度学习任务，重建基于知识创新和使用的学习过程。包括：（1）运用技术重构课程内容，使其更具挑战性和参与度；（2）给予学生更多在现实世界中创造和运用新知识的实践经验；（3）发展和掌握未来关键技能。

第三，数字工具和数字资源，加速深度学习的进程。

二　基于学习科学的共同观点

基于以上分析，结合学习科学有关深度学习的研究，我们可以归结出关于深度学习教学法的共同特征（见表4－1）。

---

①［加］迈克尔·富兰、［美］玛丽亚·兰沃希：《极富空间：新教育学如何实现深度学习》，于佳琪、黄雪锋译，西南师范大学出版社2016年版，第24页。

表4－1　　深度学习教学法的共同观点

<table>
<tr><th colspan="2">美国研究院的教与学关联</th><th colspan="2" rowspan="2">美国八所公立高中案例实践六策略</th><th colspan="2" rowspan="2">富兰等的三要素</th><th colspan="2" rowspan="2">学习科学共同观点</th></tr>
<tr><th>教的方法</th><th>学的机会</th></tr>
<tr><td>个性化
学生自主</td><td>对自己的学习负责和自我促进</td><td>1 赋权
2 激励</td><td rowspan="7">6 技术支持</td><td rowspan="2">1 新型伙伴关系</td><td rowspan="7">3 数字工具与资源</td><td>学习者中心/积极建构/自我导向</td><td rowspan="7">认知工具/技术赋能</td></tr>
<tr><td>合作</td><td>与同伴推理、交流与合作</td><td rowspan="2">3 连接
4 情境化</td><td>社会交互/共同体</td></tr>
<tr><td>挑战性
基于探究</td><td>解决复杂问题</td><td rowspan="3">2 深度学习任务</td><td rowspan="3">情境学习/逼真实践
适应性专长/像专家一样思考</td></tr>
<tr><td>概念聚焦</td><td>参与丰富严密的内容学习</td><td>2 激励</td></tr>
<tr><td>主动的
应用的</td><td>与真实世界连接</td><td>3 连接
5 延伸</td></tr>
<tr><td>目标聚焦</td><td>反思自己的学习</td><td rowspan="2">1 赋权
2 激励</td><td rowspan="2">1 新型伙伴关系</td><td rowspan="2">学习者中心/积极建构/自我导向</td></tr>
<tr><td>评价导向</td><td>获得经常性的、有意义的反馈</td></tr>
</table>

具体来说，深度学习教学法通常在以下四个学习科学观点上得以强调。①

（一）积极建构：基于个体经验的深度理解

深度学习教学法应以学习者为中心，赋权学生，建立与学生的新型伙伴关系，发掘连接学习者生活经验、个人兴趣与未来能力发展的学科主题，激发他们的自我学习动机，给予他们主动学习空间，实现基于学生个体经验的积极建构、自我导向的反思性深度学习。

（二）情境学习：基于真实任务的知识创建

情境学习和逼真实践是学习科学的两个核心概念，实质是要解决传统课堂知识本位、脱离真实情境的浅层学习问题。深度学习教学就是要回归教学内容的真实性，将知识与知识生产和应用的情境实践联系起来，包括两个核心特点。

① ［美］R. 基思·索耶主编：《剑桥学习科学手册》（第2版），徐晓东等译，教育科学出版社2021年版，第287页。

1. 建立意义感

情境学习明显的好处是，学生能够方便地看到自己正在执行的任务和活动的价值和意义。[①] 通过创建与真实世界相联系的问题和任务情境，让学习富有意义，在真实性的学习中创造和使用新知识。

2. 建立关联性

包括多学科知识关联与多场景关联。通过跨学科主题，进行知识整合，获得核心知识的深度理解，建立校内与校外资源（将一切可能的校外资源转变为学校的学习附属）、正式与非正式学习（博物馆、科技馆、社区学习中心等）、知识与现实生活以及知识与知识之间的关联，实现知识应用的情境迁移，并发展未来社会所需的深度学习能力。

（三）社会交互：鼓励像专家一样思考

深度学习教学法关注学习的社会性维度，通过建立共同体，促进学生的交流、协作与表达。利用认知学徒制的设计原则，搭建脚手架，提供示范、模仿、建模、自我解释、知识外化、表达和反思的机会，发展协作与沟通能力。通过设计大概念，连接校外的专家资源，鼓励学生像专家一样思考，在多专长的学习环境中，发展专家思维，在共同体的参与学习中，体验未来真实工作所需的知识意义以及从新手到专家身份转变的过程，为未来做准备。

相较直觉思维和日常思维，专家思维是指解决非结构化、非程序性、非唯一性问题等复杂问题的能力。有人可能会质疑，让小学生像专家一样思维是否要求过高。实际上，学生在学校实验室中的学习和科学家在真正的实验中的工作，两者所需的智力活动性质是一样的，只是程度不同而已。[②] 在面向核心素养发展的深度学习课堂中，让学生像专家一样思考，是将学生看成“形成中的专家”，侧重发展学生的专家思维。这意味着课堂实践从根本上将学生作为专家来看待，更多是过程意义而非结果意义上的。[③]

---

① ［美］R. 基思·索耶主编：《剑桥学习科学手册 》（第 2 版），徐晓东等译，教育科学出版社 2021 年版，第 279—280 页。

② 刘徽：《大概念教学：素养导向的单元整体设计》，教育科学出版社 2022 年版，第 49 页。

③ 余文森、龙安邦：《实践：指向核心素养的课堂教学行动属性》，《教育研究与实验》2023 年第 2 期。

深度学习教学法鼓励学生“像专家一样思考”，主要包括两层面的意思。

1. 鼓励学生以专业人士的角色来学习

特别是对于参与逼真实践或真实情境中的复杂问题解决学习，以及专业领域（高校大学生）的学习，学生们通常以“上课—记笔记—做作业—考试”知识掌握和获取成绩的“学生思维”进行学习，容易导致惰性知识的产生，与深度学习背道而驰。若以专家拟真的角色，学生会不自觉地思考如何学会用解决专业领域问题的“专家思维”进行学习，大幅提升学习的真实性、意义感和知识整合的创新能力。比如，师范专业的教师应鼓励学生“像专家教师一样思考”（详见第七章案例）；中医内科学专业的教师应鼓励学生“像医生一样思考”：病人得了什么病？为什么会得这个病（四诊采集思维）？要排除哪些疾病（找到病因）？怎么治？疗效怎样？（处方用药思维）？有哪些变证？怎么治疗（变证治疗思维）？如何预防（疾病预防思维）？等等，而不是以学生思维（如何掌握教科书知识应对考试）来学习。[①] 学生思维学得的“书本知识”无法迁移到门诊看病，因为门诊医生的工作思维和学生应付考试的学习思维完全不同。

2. 通过设计真实性学习（authentic learning）帮助学生习得专家思维

比如，通过创设与专家一同学习的机会、设计真实的问题情境、以大概念进行单元教学等形式，引导学生“像专家一样思考”，逐渐发展面对不同情境灵活应用知识的适应性专长和迁移能力。因为专家的知识就是围绕大概念来组织的，并引导他们思考自己的领域。[②]

（四）技术赋能：支持并强化深度学习的过程与环境

在当前数字化转型的学习时代，新教学法离不开数字技术的支持。技术赋能深度学习，也不是单独发挥作用，而是与新教学法的其他核心要素有效地整合到一起发挥合力。因此，新教学法可将数字技术和资源融入深度学习

---

① 夏永良：《“中医内科学”课程教学改革与创新》，第二届全国高校教师教学创新大赛现场评审报告，2022 年 7 月。

② ［美］约翰·D. 布兰思福特等编：《人是如何学习的：大脑、心理、经验及学校》（扩展版），程可拉等译，华东师范大学出版社 2013 年版，第 33 页。

的每一个环节和过程中：从作为整个技术丰富的学习环境，到支持学习者之间的合作、建立与专家和校外资源的连接、建构真实学习情境等。最为常见的使用是将技术作为认知工具，将其整合应用到支持学习者完成深度学习所需的高阶认知活动中。在人工智能和大数据技术的支持下，教师在精准教学、智慧评价、逼真学习环境设计等方面有了更多的应用可能。

第二节　深度学习模式的选择

虽然课堂深度学习设计是一个“五维一体”系统创变，但学习模式却是教师变革课堂最直接的路径方式。深度学习模式有很多，本章先从深度学习三维框架中的个体维度（认知与情感）、社会维度（人际互动）和环境维度（整合）视角，简要列举相关的可能模式[①]，再对深度学习的几个典型模式进行重点介绍，最后从策略方面探讨深度学习的文化构建与技术赋能。

一　深度学习三维框架下的模式类型

根据学习过程的三维框架，学习包含个体认知过程、社会的互动过程以及两者于学习环境中的整合发展过程。三个维度的学习有不同的关注焦点，也有不同的可能模式选择（见表4－2）。

表4－2　三维度学习过程中的模式选择

三维度	关注焦点	可能的模式类型与设计
个体认知	传统认知概念	基于类比的学习、基于案例推理的经验学习、基于概念转变的学习、基于多元智能的学习、基于大概念的教学等
	情感化学习	将情感作为学习直接推动力的模式，如情境教学（李吉林）；适应性视角模式，如网络英语教学的情感化设计模式；交互视角模式，如微课的情感化设计模式等

① 杨南昌、刘晓艳：《学习科学融合视域下教学设计理论创新的路径与方法》，《电化教育研究》2016年第11期。

续表

三维度	关注焦点	可能的模式类型与设计
社会互动	对话协商	辩论式学习等
	情境学习	问题式学习（抛锚式教学）、项目式学习和设计式学习等
	合作参与	协作学习、基于认知学徒的学习、基于知识建构的学习、CSCL等；支架设计、共同体探究规范设计、知识可视化设计、中介表征设计等
学习环境	具身认知	基于具身认知的学习设计，如物理具身学习设计和想象具身学习设计、虚拟与现实环境融合具身设计等
	学习给养	基于给养的交互环境设计，基于给养的数字化学习设计等

（一）个体认知维度的可能模式

个体认知维度的模式主要关注建立在个体心理获得过程机制基础之上的创新，可形成两类学习模式——基于传统认知概念的学习模式和情感化学习模式。

1. 基于传统认知概念的学习模式

众所周知，学习科学脱胎于认知科学，后者中的很多重要概念，比如，元认知、记忆、类比、推理、迁移、表征、专长知识、反思、问题解决等仍然成为学习科学研究的核心概念。[①] 在承接先前认知科学研究的基础上，近20年来，学习科学在促进个体理解、迁移和意义建构的认知研究上有了较丰富的研究成果。可参照当前已形成的较常见的学习模式，如基于类比的学习、基于案例推理的经验学习、基于概念转变的学习、基于多元智能的学习等。国内在这方面已经形成不少成果。[②③④] 基于大概念的教学是当前课程改革备受关注的新热点。

2. 情感化学习模式

（1）情感作为学习的直接推动力，比如，以“动机激发—兴趣导

① ［美］R. 基思·索耶主编：《剑桥学习科学手册》，徐晓东等译，教育科学出版社2010年版，第8页。

② 高文编：《学习创新与课程教学改革》，广东教育出版社2007年版，第3页。

③ 徐斌艳等：《学习文化与教学设计》，教育科学出版社2012年版，第11页。

④ 冯锐：《基于案例推理的经验学习》，华东师范大学出版社2012年版，第3页。

引”为重点的这一类教学以及以“寓教于乐”为理念的教学。但是，目前来看，这些教学还缺乏理论化，甚至出现极端的娱乐化倾向。这需要教师教具有“生活价值的知识”，真正唤起学生学习投入的自愿并找到学习的内在意义和思维的乐趣。整合学习科学研究，发挥各种情感的积极作用，将情感因素与认知融会贯通整个学习活动过程的情感化教学还有很大发展空间。比如，我国著名教育家李吉林将中国的意境说、西方认知科学中的情感和情境教育理论相结合，形成了“以美为境界、以情为纽带、以思维为核心、以儿童活动为途径、以周围世界为源泉”的五大操作要义的原创性情境教育理论。①

（2）适应性视角。根据学习者在完成同一学习目标时所表现的不同情感来选择不同的教学策略或提供不同层次的学习任务，以实现适应性的个性化学习。比如，琳迪（Lindy）在教育心理学和语言学习理论基础上，提出一个综合考虑情感、动机和语言学习策略的适应性语言学习设计模型。有研究者在这一相关理论的基础上，构建了网络英语教学的情感化设计框架，并根据学习者在听、读、写、译的英语学习任务中自评判断的情感变量（焦虑、紧张、信心、兴奋和喜悦）来设计与之相适应的协调教学任务与策略。②

（3）交互视角。这一视角集中融合产品设计领域唐纳德·诺曼（Donald Norman）的情感化设计理论③、认知领域的交互设计理论，主要围绕感官交互、行为（使用）体验、内心思考对应的三个情感加工层次（本能水平、行为水平和反思水平）来进行教学设计，目前比较多地应用于技术环境支持的学习设计中，如网络课程和微课的情感化设计。④

（二）社会互动维度的可能模式

这一层面的教学对于培养学生沟通交流、合作、问题解决和创造等方

① 李吉林：《情感：情境教育理论构建的命脉》，《教育研究》2011 年第 7 期。

② 罗红卫：《网络英语教学的情感设计研究》，博士学位论文，华东师范大学，2009 年，第 48—82 页。

③ ［美］诺曼：《情感化设计》，付秋芳等译，电子工业出版社 2005 年版。

④ 郑炜冬：《微课情感化设计：理念、内涵、模型与策略》，《中国电化教育》2014 年第 6 期。

面的核心素养具有重要的意义。从当前的研究发展来看，该层面可能的学习模式类型主要可归为如下几类。

1. 关注对话协商

比如，辩论式学习[①]。这类教学根基于以维果茨基社会历史文化理论为基础的社会建构主义，语言交互和话语中介是设计的核心，且特别注重通过小组内部成员之间、班级组际之间、师生之间的对话，通过对话协商甚至辩论来达成意义的一致建构，比较适用于有争议性议题的学习内容（比如，核心素养所指公民教育中的价值观议题，科学中的争议观点等）。

2. 关注情境学习

基于情境认知和学习的教学以创设有意义的学习情境为主要特征，通过设计驱动性的问题/项目/任务，开展协作式情境探究，并充分利用各种学习技术，实现问题解决和项目任务的完成，最终产生交流分享的观点、报告或制品成果。目前比较成熟应用的学习类型有问题式学习（抛锚式教学）、项目式学习和设计式学习等。这类教学设计适合所有面向深度理解的教学，特别适合跨学科课程整合的主题探究教学。

3. 关注合作参与

从学习科学的视角来看，合作学习设计体现的是“共同体”“参与”和“分布式专长”的学习本性，关键在于通过创建强调共享信念的学习小组，在相互依赖、协作探究的过程中完成意义（知识建构）和身份（从新手到熟手）的双重转变。学习模式选择可从总体宏观和具体策略两层面考虑。比如，较为总体宏观的有基于共同体的学习[②]、基于认知学徒的学习[③]、基于知识建构的学习[④]等，其中涉及丰富多样的、更为具体的策略和模式的设计，包括支架设计、共同体探究规范（无形参与结构）设

① Baruch Schwarz and Jerry Andriessen, *Argumentation and Education: Theoretical Foundations and Practices*, Argumentative Design, Nathalie Muller Mirza, & Anne-Nelly Perret-Clermont, 2009, pp. 145 – 174.

② 赵健：《学习共同体的建构》，上海教育出版社 2008 年版。

③ 陈家刚：《认知学徒制理论与实践》，华东师范大学出版社 2017 年版。

④ 张建伟、孙燕青：《建构性学习：学习科学的整合性探索》，上海教育出版社 2005 年版。

计、知识建构中的外化和表达策略设计（比如，知识可视化设计）、共同体交流中的中介表征设计等。

（三）学习环境维度的可能模式

1. 基于具身认知的学习模式

具身认知理论强调，认知是与身体、环境互为一体，通过身体的体验及其活动方式而形成的。具身认知研究的兴起，为理解和设计学习提供了新视角。特别是随着情境感知、多点触控、体感交互、可穿戴和智慧学习技术的不断涌现，学习者的“身体参与”越来越被置于学习环境设计的中心位置。以下建构的基于具身认知的教学设计模式可为课堂深度学习环境创新提供新路径（如图4-2）。

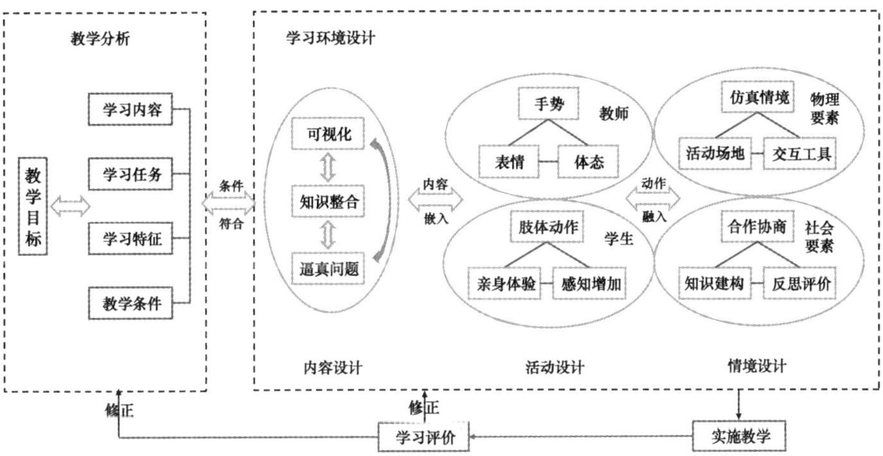

图4-2　基于具身认知的学习环境设计

研究者们正积极倡导将身体活动整合到学习过程或学习环境之中，将“具身性”看作教学设计的重要元素，探索利用身体运动驱动学习的新方式。

（1）物理具身学习。注意“解放”学生的身体，设计融入“身体动作”参与的学习活动（比如，设计并应用与所学知识概念相符的动作），在调动学生多感官运动感知所学内容、体验某一现象的基础上进行深度学习。

（2）想象具身学习。注意考虑整合学生以往的“身体经验”，将知识学习转化为具身性理解，因为个体也能通过想象来具身行动和感知。比如，教学设计可以首先考虑在一个学习活动中让学习者通过物理方式生成感知的具身经验，然后学会想象这个具身经验；当从符号性的材料中学习的时候再想象这个具身经验，以促进所学内容迁移的发生。

（3）将身体与虚拟和现实环境融为一体的学习。在当今以 VR、AR 为代表的交互技术建构的博物馆/科技中心的非正式学习、K－12 中的 STEM 等学习领域，这种具身学习环境设计展现出了广阔的教育应用前景。①

2. 基于给养的学习环境设计模式

给养是来自生态心理学的核心概念，最初指环境提供给动物的（或好或坏）东西，隐含了两者之间的互补性（complementarity）关系。② 因此，在生态学习心理学家看来，学习就是根据环境给养调适感知的结果，教学设计者的重要工作在于创设学习者与环境的交互活动，并设计嵌入交互行为发生时环境对于学习者知识与能力发展所能提供的潜在积极给养，同时减少消极给养对学习产生的负面影响。

不同的学习空间设计会给养不同的学习方式，给养设计有助于为学习者创建开展交互、探究学习的深度学习环境。比如，哈特森（Hartson）界定了支持使用者进行交互的四种给养。一是认知给养，帮助使用者执行认知行动：思考、决定、学习、记忆和了解某物等；二是物理给养，帮助使用者执行物理行动：点击、触摸、指向、做手势和移动某物等；三是感觉给养，帮助使用者执行感知行动：看、听和感觉（尝和闻）某物等；四是功能给养，帮助使用者完成某项工作。③

给养理论也为数字化学习提供了新的设计方法。比如，鲍尔（Bower）提出了一个基于给养分析建立任务与技术相匹配的数字化学习设计方法：

---

① 杨南昌、刘晓艳：《具身学习设计：教学设计研究新取向》，《电化教育研究》2014 年第 7 期。

② Maier J. , *Affordance Based Design*: *Theoretical Foundations and Practical Application* , VDM Verlag Dr. Müller, 2011, p. 14.

③ Hartson H. R. , “Cognitive, Physical, Sensory, and Functional Affordances in Interaction Design”, *Behaviour & Information Technology*, Vol. 22, No. 5, 2003, pp. 315－338.

(1) 确定教育目标；(2) 基于设计者的经验设定满足教育目标的合适任务；(3) 界定实现任务所需的给养，同时基于设计者所考虑的技术资源，确定可利用的给养；(4) 协同整合“可资利用的给养”和“任务实现所需的给养”，形成具体的数字学习任务设计（迭代过程）。[①]

二　典型深度学习模式的设计选择

有不同的维度和理论划分深度学习模式，当前比较典型的应用模式包括问题式学习、项目式学习、设计式学习、创造驱动的学习、产品导向的学习、基于大概念学习、认知学徒制以及相关模式的组合应用等。这些模式的设计应用反映了如前所述的深度学习教学法在情境、意义、关联、社会交互、专家思维等方面的重要特征。

（一）情境模式：解决“脱境课堂”浅层学习的根本问题

1. 情境学习对传统脱境课堂的解决路径

情境学习是深度学习的重要基础。巴拉布（Barab）一针见血地指出，传统教学是一种“笛卡尔范式”（cartesian paradigm），被人诟病的焦点是学习者和学习情境之间的极化（polarization）——学生和所要学习的世界两极分离。[②] 在笛卡尔主义者看来，学校教学是一个能自洽的符号系统，真实世界的知识可以编入书本的文字世界，学习者只要进入文字世界就能识知外部世界。殊不知，正是这种脱离真实情境的课堂（简称脱境课堂）导致了浅层学习，形成无活力的惰性知识（impoverished/inert knowledge）。因此，巴拉布提出“生态范式”（ecological paradigm），将学习者置身于学习情境中，知识从哪里来，就在哪里学。当然，不是说所有的学习都退回到原始的现场教学，各种现代教育技术为创建逼真实践（authentic practice）和情境提供了多种可能（见图4－3）。

---

① Bower M.，“Affordance Analysis-Matching Learning Tasks with Learning Technologies”，*Educational Media International*，No. 1，2008，pp. 3－15.

② Barab S. A.，“Ecological Paradigm：Seeking a New Model of Learning”，（2001），http://inkido.indiana.edu/research/theory.html.

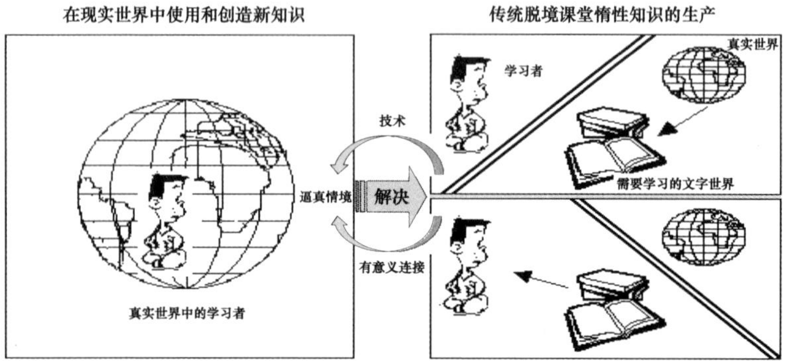

图 4－3　情境学习对传统脱境课堂的解决路径①

2. 问题情境：情境学习中的情境本质

（1）情境学习中的情境本质上是问题情境

需要注意的是，用于学习的情境有别于日常生活中的自然情境。针对学习的情境一般具备明确的教学目的，也就是说，情境学习中的情境本质上是问题情境，服务于学习。易克萨维耶·罗日叶（Xavier Roegiers）认为，问题情境由情境和问题两个部分构成。其中，情境包含一个主体和一个背景，问题是由一个障碍、一个有待完成的任务、一些要联结起来的信息来定义的。根据不同的教学功能，可以将问题情境设计成"教学论"问题情境和"靶向"情境。教学论情境指的是课堂教学中的情境，主要用于新知识、新技能的学习；而"靶向"情境指的是作业或者评估中的情境，主要用于整合学生的学业获得和学业评估。② 本节谈论的主要是作为教学论的情境，靶向情境详见第六章指向深度学习的情境化作业设计。

（2）逼真实践与问题情境的本质特征是"真实性"

真实性学习是深度学习教学法的重要特征，而真实性则是情境学习中

① Barab S. A.，Situated Cognition，（Jun 28，2015），https://sashabarab.org/projects/situated-cognition/.

② ［比］易克萨维耶·罗日叶：《为了整合学业获得：情景的设计和开发》（第二版），汪凌译，华东师范大学出版社 2010 年版，第 6、37 页。

所需创建的逼真实践和真实性问题情境的本质特征。课堂深度学习创新旨在通过创建逼真学习情境，围绕“大概念”将知识嵌入其中，以问题、项目、任务、产品为驱动，将学习者置身其中，像专业工作者一样思考，使得所学知识与真实世界建立意义关联，直接指向解决传统“脱境课堂”所带来的浅层学习的根本问题。

真实性或逼真性（authentic）和真实（real）是有区别的。真实性学习是为了帮助学习者获得一种学习的真实性和意义感，进而更好地体验专家工作思维。但考虑到成本、可行性、易得性和风险性等因素，真实性学习或情境学习所创建的逼真实践和问题情境不一定非得是完全真实的。

那么，情境学习中的模拟任务和问题情境应以多大的“真实”程度来设计呢？这个“真实”程度也就是“逼真度”，指一个特定的模拟环境与现实世界一致性的程度。杰罗姆·范梅里恩伯尔（Jeroen J. G. van Merrienboer）等人认为，模拟学习任务所需的逼真度不是越高越好，应根据学习者的角色、学习任务进程来判断，并在心理逼真度、功能逼真度和物理逼真度三个维度上有所区别地进行设计。“心理逼真度”是指模拟任务环境复制现实任务环境中所经历的心理因素的程度。“功能逼真度”是模拟任务环境以类似于现实任务环境的方式发挥作用的程度。而“物理逼真度”则是指模拟任务环境在“看”“听”“摸”甚至“闻”上与现实任务环境的相似度。一般认为，模拟情境任务的学习，在开始阶段通常需要较高的心理逼真度，随着学习者技能的增加再逐渐增加功能逼真度和物理逼真度。因为一开始就涉及高物理逼真度，通常也就包含了较高的心理逼真度和功能逼真度。但是，高逼真度的任务有太多干扰性或诱惑性细节，对于初学者来说，这可能是有害的；而对于更有经验的学习者来说，这又是非常重要的。①

① ［荷］杰罗姆·范梅里恩伯尔、保罗·基尔希纳：《综合学习设计》（第二版），盛群力等译，福建教育出版社 2015 年版，第 51—53 页。

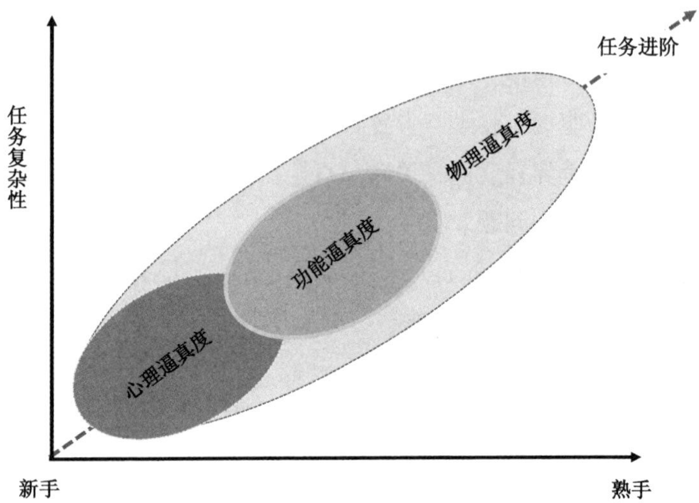

图 4－4 模拟任务的“逼真度”设计

3. 从消费到创造：情境学习设计的过程要义

从追求逼真实践的这个学习意义上说，问题式学习（Problem－based Learning，PBL）、项目式学习（Project－based Learning，PBL）、设计式学习（Learning by Design，LBD）、产品导向的学习（Product－oriented Learning，POL）等都可归为情境学习理论视野中的典型模式。这些模式都是情境依赖的真实性学习、探究导向的积极学习，设计的核心要义是将脱境的知识课堂创建为真实性的学习环境，实现学生的学习从消费（信息/知识）模式到创造（知识/产品）模式的价值转变，其基本要件为情境导引、目标计划、任务协作、探究行动、总结分享、反思评价、技术支持等，基本流程描述如图 4－5 所示。

典型深度学习的情境模式通常以一个情境性问题驱动，既是一种课程，也是一个过程，具有共同的创造驱动的模式价值，模式之间既存在互相包含和交叉的关系，也有自身的模式特性。

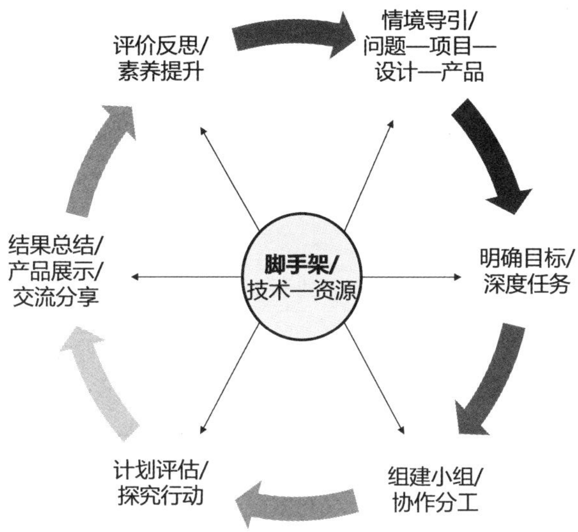

图4－5　深度学习情境模式的一般过程

一是问题式学习有比较明显的问题解决倾向，普遍采用以解决问题或应对生活和事业所遇挑战的系统方法，其涵盖内容范围最大，时间可长可短，产出通常为无形的解决方案；

二是项目式学习以综合性较强的课程“项目”进行教学，有明显的产出导向，需要形成有形产品和作品，时间一般延续较长；

三是设计式学习通常也以项目的形式开展，但带有明显的设计活动，是创造驱动的教学，需形成设计创造的作品，时间可长可短。

四是产品导向的学习目标指向创造真实的产品或服务，可以是学生的一个自我表达产品的愿望（如一件艺术品、一篇小说等）或对某一学科主题、解决某个科学或社会问题的真实兴趣，也可以是寻找提高人们生活质量等改变世界的机会。与上述三种模式相比，产品导向的学习与传统课程教学差别更明显，不再受统一课程的约束去消费教师和课程所教授的内容，它也超越了“从做中学”或“从创作中学”（Learning by Making），是一种为实践、创作、发现和服务而开展的、旨在发展学生高效、有创造力和具备企业家精神等公民重要素养的学习，学生的需求驱动和学习的真实性更强，也更加贴近富兰所指“参与世界，改变世界”的深度学习价值意蕴。①

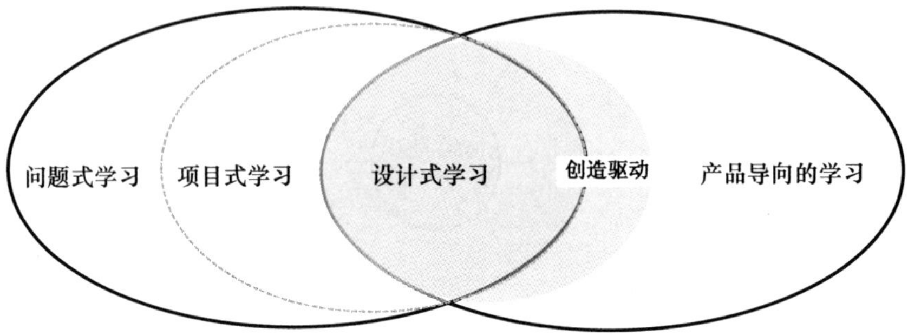

图 4－6　典型情境学习模式的关系

4. 问题式学习的关键设计

问题式学习，也叫基于问题的学习，它指学习者在一个有意义的问题情境中，通过协作理解并解决复杂的、真实的、劣构（ill-structured）问题的一种积极学习模式。②

教师在应用情境学习模式进行教学时，常常存在认识误区，以为在教学中通过图片、视频、动画、故事、角色扮演等形式创建一个情境，用以课程导入或激发兴趣，就是情境教学，这是对情境学习模式的简单化使用。正如前所述，情境学习的核心在于帮助学习者建立知识与真实世界的连接，因此，对于深度学习教师来说，重要的是在情境创设过程中嵌入能够驱动课程学习的重要问题。

问题式学习也不等同于简单的、浅层的问答式“热闹课堂”。老师设计好简单的问题等待学生配合应答，师生一问一答，看似热闹，实则是剧本式问答、导演式教学。比如，下面一段课堂问答：

---

① ［美］赵勇等：《不要让人去做机器的工作：纠正教育技术的 5 大错误》，杨浩等译，华东师范大学出版社 2018 年版，第 128 页。

② 钟志贤：《信息化教学模式：理论建构与实践例说》，教育科学出版社 2005 年版，第 147 页。

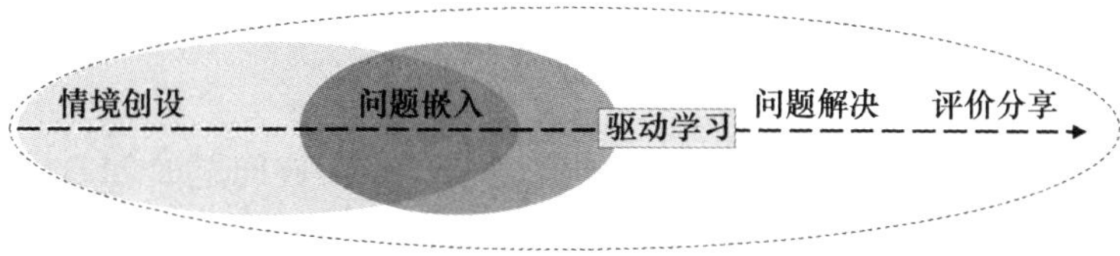

图4-7　情境学习中的驱动性问题（改编自祝智庭，2008）

老师：春天来了，你看到什么鸟儿飞回来了？

学生1：小燕子。

老师：对了，很好。谁来说说，它们从什么地方飞回来呢？

学生2：它们从南方飞回来了。

老师：回答得真棒！

问题式学习关键在于问题设计。深度学习中一个好的驱动性问题一定是一个非良构的（劣构）、开放的、定义不完整的、有一定挑战性的、有多种解决方案的问题，并且符合新教学法中所体现的真实性、关联性（与学生经验、学科知识和真实世界关联等）、核心性（内容覆盖面，核心观点）和复杂性。这些问题不是针对简单的知识点答案做铺垫，而是为了激发学生像专家一样思考，探寻真实问题解决中的专家思维①。

以问题解决的三要素——目标、条件和路径来区分，三要素都比较明确的是良构问题（well-structured），如果有其中一个或一个以上要素不清楚，就是劣构问题（ill-structured）。教师在设计时，可以根据学生的年龄、起点知识以及深度学习目标要求，在“开放—封闭”“良构—劣构”“接受—挑战”等问题连续统中找到适当的平衡。比如，霍坎松和胡伯尔（Hokanson & Hooper）的五层次课程内容与学习活动设计连续统，将问题区分为简单问题（question）和开放问题（problem），并按问题的复杂度形

① 刘徽：《大概念教学：素养导向的单元整体设计》，教育科学出版社2022年版，第265页。

成问题连续统，与之对应的是五层次教学方法连续统和认知水平连续统。一个完整的课程学习通常包括无问题空间的接受教学、解决简单问题的应用教学、解决多个新简单问题的扩展教学、解决开放问题的创造教学和解决高挑战性问题的挑战教学等多层次学习活动。这些层次是累进性的，从最简单、最通常的教学形式开始扩展到学习的最高层次，每一个层次水平建立在前一个层次水平基础上（见图4－8）。①

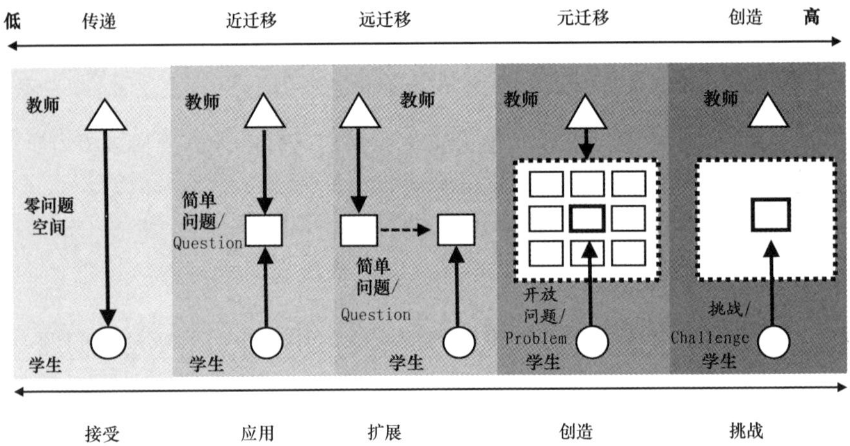

图4－8　五层次教学与问题设计连续统

5. 项目式学习的关键设计

项目式学习，也称基于项目的学习，其理论根基来源于杜威的“做中学”（learning by doing）思想：如果学生参与模仿现实世界中的专家所做的真实的、有意义的任务与问题中，学生便能对学习材料产生自己的深度理解。项目式学习是指学生围绕真实情境中的复杂主题，在教师精心设计的涵盖核心知识的学习任务和活动中，综合应用多学科知识开展协作探究和问题解决，形成项目制品，最终实现知识的深度理解和深度学习能力提升的一种情境化学习模式。

① Hokanson B.，Hooper S.，“Levels of Teaching：A Taxonomy for Instructional Design”，*Educational Technology*，No. 6，2004，pp. 14－22.

从学习科学和深度学习的角度来看，项目式学习对学生最重要的价值在于，能够将学生从“脱境”的抽象知识学习中解放出来，置身真实项目情境中习得实践专家的高阶思维能力。为此，在创建真实的项目学习环境时，需关注以下六大关键设计。①

（1）驱动问题。项目式学习开始于一个驱动性问题。一个好的项目式学习驱动性问题除了满足问题式学习中的问题设计要求，还应具有：可行性——学生能够完成，类似实践，难度低于实践；价值性——包含丰富学科内容、符合重要的学习目标、与科学家的研究方式相似；情境性——具有真实且非常重要的情境；意义性——有趣且令人兴奋；伦理性——不对个体、集体或环境造成危害。

（2）学习目标。达到关键的学科课程标准并能评估。根据逆向设计方法，项目学习的预期目标制定后，要确定表明预期认知任务的表现性评价。

（3）科学实践。问题解决过程是学科领域中专家行为的核心，因此要鼓励学生参与各自科学实践探究解决驱动性问题。参与科学实践的机会包括：提出问题（科学实践）并定义问题（工程实践），开发并利用模型，设计并实施调查，分析并解释数据，使用数学与技术思维，建构解释（科学实践）与设计方案（工程实践），从证据中论证，获得、评价与交流信息等。

（4）协作活动。创设学生、教师以及社会实践人员一同参与解决驱动性问题的共同体协作活动，这与专家解决问题所处的复杂社会情境相类似。

（5）技术支持。鼓励学生使用各种工具支持他们的项目学习过程，包括信息收集、数据分析、建模、可视化表达、交流分享等，并发挥技术的脚手架作用，支撑学生完成超出自己能力的挑战性任务。

（6）制品创造。项目学习要求学生创造解决驱动性问题的一系列人工制品，包括实物模型，报告，计算机模型，记录研究过程的视频、网站、计算机程序等，集中展现学生项目学习的成效。要提供给学生合作创造、

① ［美］R. 基思·索耶主编：《剑桥学习科学手册》（第 2 版），徐晓东等译，教育科学出版社 2021 年版，第 286—299 页。

展示交流、评价反思和完善项目产品的机会。

以上关键设计也可作为判断一个学习活动是否是一个真正的项目式深度学习的关键特征，特别是看它是否有明确的核心知识与深度学习能力目标，以及是否有类似专家实践的问题解决过程。比如，第一章中描述的“苹果”单元教学，只有热闹的主题学习活动，没有明确的目标导向，这是需要我们避免的“活动导向”的浅层化的项目式学习。

6. 跨学科学习设计：知识的整合

“跨学科学习”（interdisciplinary study），是基于跨学科意识，运用两种或两种以上的学科观念以及跨学科观念，解决真实问题的课程与学习取向。它既是一种以跨学科意识为核心的课程观，又是一种融综合性与探究性为一体的深度学习方式，还是一种以综合主题为基本呈现方式的特殊课程形态。① 跨学科学习强调知识整合的特性，本质上仍是一种面向真实问题的项目式学习。

《义务教育课程方案（2022 年版）》指出，课程标准制定要坚持素养导向，“加强课程内容的内在联系，突出课程内容结构化，探索主题、项目、任务等内容组织方式。原则上，各门课程用不少于 10% 的课时设计跨学科主题学习”。由此可见跨学科学习的重要性。跨学科学习的关键设计有三点。

一是跨学科主题的选择。教师需要进行学习目标和内容分析。可以用思维导图的形式整理教材的核心知识、概念和主题，明晰它们之间的关系以及与其他学科知识之间的关联，思考符合的核心课程标准和对应发展的深度学习能力。

二是跨学科学习方式设计。根据项目主题涵盖的内容范围和学习时长，选择创新的学习方式。可以打破单节课程教学思维，采用单元整体设计；可以是同一学科教师协同设计，在本学科内进行跨学科学习；也可以多学科教师协同设计同一项目，在各自学科中协作开展跨学科学习或者开发成为校本项目学习、STEM 项目学习等。

三是跨学科整合程度设计。教师可以在平时的教学中，从学科并行的

① 张华：《跨学科学习：真义辨析与实践路径》，《中小学管理》2017 年第 11 期。

简单知识累加学习，升级转换为知识、能力和价值融合的问题解决行动。学科内主题学习可大可小。比如，语文课中的“从古诗中探寻历史足迹”的项目式学习，教师可以设计开发成系列古诗主题进行学习，也可以就某一古诗进行。例如，五年级下册语文课的“《从军行》跨历史学科学习”。此外，教师可以将平时单一的研学旅行转变为项目明确的跨学科主题式研学，如将“景德镇瓷都之旅”变成“瓷都文化探究”，也可以将先前单纯的校本课程升级转换为系列跨学科项目进行单元学习等。

7. 设计式学习：创造驱动的“双 PBL”学习

设计式学习，也称作基于设计的学习（Design-Based Learning，DBL），是根植于探究和推理过程、面向产生革新人工制品的基于设计的探究方法，学生通过完成设计型的挑战任务来学习。[①] 在这个过程中，学生将各学科知识进行整合，回忆先前知识和经验（基于案例的推理，CBR），设计出能反映主题、概念和标准的制品，经测试反馈，利用新知重新修正设计。[②] DBL 是一个迭代的探究学习过程，形成设计制品不是最终目的，而是在制品设计过程中形成对这一项目主题的深度理解，并发展以创造力为核心的问题解决能力。DBL 呈现开放性（没有唯一解决方案、多样化设计等）、实践性（动手经验、设计探究、迭代学习等）、真实性（真实问题、设计活动与行业公司连接等）和多学科性（多学科内容整合、项目涉及多学科教师和学科专长）特征。

从学习模式上看，实际上，设计式学习整合了探究（科学）和设计（工程）两类活动和实践，是一个创造驱动的“双 PBL”学习循环过程。

首先，设计式学习从一个设计挑战开始，进行设计、测试、再设计的学习循环。这个学习过程偏重项目式学习，主要为实现设计目标。在设计过程中，学生会碰到设计难题需要进行查验或需要新知识来解决，这时他们便需要进行问题驱动的探究调查。探究调查循环目的在于为设计提供知

---

① Gómez Puente S. M., van Eijck M. & Jochems W., “A Sampled Literature Review of Design-Based Learning Approaches: A Search for Key Characteristics”, *International Journal of Technology and Design Education*, Vol. 23, 2013, pp. 717－732.

② 王佑镁、李璐：《设计型学习——一种正在兴起的学习范式》，《中国电化教育》2009 年第 10 期。

识支持，偏重问题式学习。“双 PBL”学习循环整合了一系列的科学实践以及设计、合作沟通和问题解决等高阶认知活动和能力（如图 4－9）。

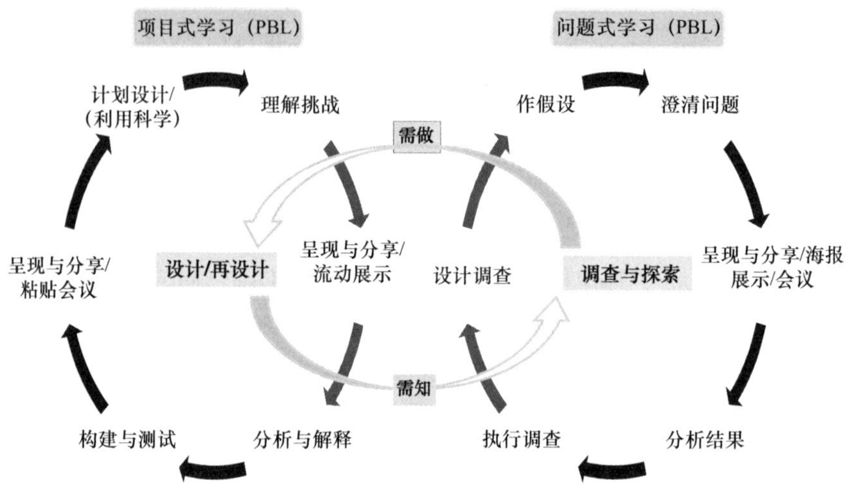

图 4－9　设计式学习“双 PBL”循环[1]

其次，设计作为人类首要的探究传统，是有目的的创造性活动，也是创造未来的一种途径。[2] 在设计式学习的“双 PBL”模式中，设计实践驱动知识的探究学习，学生在设计实践活动中使用、理解和创造新知识，是典型的创造驱动的深度学习。学思结合、知行合一，这也是日常实践工作者和专家的工作思考方式。从布鲁姆教育目标层级中的最高层次——创造开始，在挑战性的设计任务大情境下，“自上而下”逆序非线性地驱动评价、分析、应用、理解和识记等层次的学习，改变了传统课堂中从低阶到高阶目标的线性发展模式，并在知识的各层面活动之间建立连接，加之教师的支架作用以及指导性课程讲解，确保了低阶目标和高阶认知目标的

① ［美］R. 基思·索耶主编：《剑桥学习科学手册》（第 2 版），徐晓东等译，教育科学出版社 2021 年版，第 263 页。

② Nelson H. G. , Stolterman E. , *The Design Way: Intentional Change in an Unpredictable World*, MIT Press, 2014.

"有意义"实现，是课堂深度学习的有效创新方式。

（二）迁移模式：像专家一样思考

正如第三章所述，深度学习在认知维度上的目标焦点是促进深度理解，根据休利特基金会的观点，这个维度包括"掌握核心学科知识以及批判性思维和复杂问题解决"，重点是"学生对每门课程核心概念的理解，如何将这些概念联系起来，如何运用所获得的技能从事同一内容领域或其他内容领域的更高级学习，以及如何将知识应用到校外问题的解决"①。而美国国家研究理事会 NRC 在《面向生活和工作的教育：发展 21 世纪可迁移知识和技能》报告中指出，深度学习可理解为一个人能将某种情境中的所学迁移应用于新情境的过程，即为迁移而学。② 很显然，深度学习就是要帮助学生建立基于理解的迁移。也就是说，只有首先通过"少而精"的核心概念的学习建立深度理解，进而发展批判性思维和问题解决能力，才有可能实现迁移。这与威金斯和麦克泰格的"大概念教学"以及柯林斯的"认知学徒制"所指的两类专家技能知识——领域知识（学科具体的概念、事实和程序）和策略知识（知道如何使用这些领域知识解决现实世界问题）观点一致。大概念作为载体从内容上锚定了课程中学生所要学习的专家思维，而认知学徒制则从形式上——更大的学习环境创设角度为教师提供了向专家学习的设计指南，两者结合可为素养导向的课堂深度学习设计提供一条崭新途径。

1. 大概念教学

（1）通过大概念学习专家思维

学习科学研究表明，专家与新手的重要区别在于，专家围绕核心概念或大概念来组织知识，引导他们思考自己的领域，而不仅仅是对相关领域事实和公式的罗列。③ 正因于此，大概念在深度学习中显得尤为重要，它

① ［美］詹姆斯·A. 贝兰卡主编：《深度学习：超越 21 世纪技能》，赵健主译，华东师范大学出版社 2020 年版，第 3 页。

② Pellegrino J. W., Hilton M. L., *Education for Life and Work: Developing Transferable Knowledge and Skills in the 21st Century*, National Academies Press, May, 2013.

③ ［美］约翰·D. 布兰思福特等编：《人是如何学习的：大脑、心理、经验及学校》（扩展版），程可拉等译，华东师范大学出版社 2013 年版，第 33 页。

被界定为反映专家思维方式的概念、观念或论题，具有生活价值。[①] 近年来，大概念教学备受关注。

反思当前的学校教学，当学生走出校门，那些为了考试成绩而准备的知识，在现实生活中几乎派不上直接用场，最终逃不过“遗忘”的结局，如“三角函数”。其根源在于，学校教给学生的大多数知识是低位的“小概念知识”，即专家的结论知识，缺少情境与知识的系统连接，难以迁移到现实生活中。

专家能灵活应对各种复杂问题情境主要在于他的适应性专长和拥有的专家思维。专家思维不能直接教授，但可以借助反映专家思维的大概念来设计教学，通过具体化案例理解背后蕴含的思维方式。学生一旦习得了专家思维，就架构起了学校教育与现实世界的连接桥梁，深度学习也就发生了。正如布鲁姆所说，学习大部分是非特殊迁移，“这种迁移，从本质上说，一开始不是学习一种技能，而是学习一个一般观念”。[②]

（2）大概念教学与传统教学的区别

大概念的“大”不在于它的宏大、广大和基础，或者说聚焦更大的内容，而是它的“核心”。传统课堂关注课本的学科知识，然而，在应用现有学科知识进行反复的解题过程中掌握这些知识，很难触及学科知识背后的专家思维。通过大概念教学，增加知识学习过程中对大概念的提取和认知，这不仅是应用现有知识解决问题，而且更关注学生的知识创新实践。大概念教学围绕“核心知识”，以素养为线索重组知识单元，从而迭代累积建构更大的具有意义的认知网络，形成认识世界和创造新知识的专家思维。

因此，大概念教学与传统关注低位的、学科知识（小概念）本位的教学在内在价值导向、思维生成机制、教学形式等方面存在本质的区别（见表4-3）。

---

① 刘徽：《大概念教学：素养导向的单元整体设计》，教育科学出版社2022年版，第33页。

② 徐洁：《基于大概念的教学设计优化》，华东师范大学出版社2021年版，第9页。

表 4－3　　传统教学和大概念教学的区别①

	传统关注小概念的教学	大概念教学
内涵反映	低位概念，反映专家结论	核心/高位，反映专家思维
价值导向	知识本位，缺少生活价值，惰性	素养导向，具有生活价值，迁移
生成机制	低通路（具体—具体），相似任务，如刷题	高通路（具体—抽象—具体），不相似情境，如反思任务背后的一般原理与生活价值
教材关系	教教材	用教材教
体现形式	小概念和大概念都是思维，体现为一个词、一个短语、一个句子或一个问题	
教学形式	传统单课设计	单元整体设计
教学实例	留言条、通知、寻物启事、演讲稿等都是实用文	实用文要求快速、准确、完整地传递关键信息

（3）大概念教学的形式

大概念教学通常以单元教学的形式进行（详见本节第三部分）。当然，单元有显性和隐性之分。如果教师根据教材现有单元，或对教材中内容进行一定的调整重组后，可以从中提炼出相关大概念进行教学，这可称作显性单元。有些大概念统摄性很强，可能在不同学段或学科中螺旋上升或跨学科呈现，也需要教师进行二次开发，形成虚拟的隐形单元。② 如果把深度学习的目标看成对知识的深度理解，即连接（学科知识内的连接、跨学科知识连接、知识与经验连接、知识与问题情境或现实世界连接等），而所有知识都存在上位的大概念统摄，那么，不管教师对现有教材单元进不进行二次开发重组，都要有大概念的“单元”意识进行教学。

2. 认知学徒制

（1）从学徒制到认知学徒制

学徒制是学校出现之前人类学习的普遍模式。它将学习的知识和技能

① 根据刘徽《大概念教学：素养导向的单元整体设计》，教育科学出版社 2022 年版的相关论述整理。

② 徐洁：《基于大概念的教学设计优化》，华东师范大学出版社 2021 年版，第 77 页。

镶嵌在它们应用的实际工作场景中，以师傅带徒弟的形式，为学习者提供观察师傅工作，跟他们交流、模仿和实践的机会，帮助学习者逐渐接近成功。

在学徒制中，学徒获得有关学习的行动基本上不是来自教师的教学，而是来自对师傅如何工作的观察。这表明，主要针对可见的技能性实践的传统学徒制学习不能直接迁移到学校的认知学习领域中。因为像数学、法律等认知领域的思维方式和问题解决等复杂技能是不可见的，或者至多只有一小部分可视。以布朗（John Seely Brown）和柯林斯（Allan Collins）等人为代表的认知科学家，合理吸取传统学徒制的优点，将其引入学校教育，进行了一系列开发有效学习环境和课程的探索，建立了满足非可视学习需要的认知学徒制。①

表4-4　**学徒制引入学校的课程领域**

学徒课程实施领域	技能性质	适用的学徒制类型	核心学习技术
艺术或手工艺制作	可视性	类似传统学徒制	观察、交流、训练
类似舞蹈或体育的运动学科			
学术领域（小部分操作性较强领域除外）	非可视性	认知学徒制	建模、训练、搭建脚手架

在将学徒制方法应用于认知技能学习之前，首先必须考虑如何使得专家在问题解决和处理复杂任务时进行的内部认知活动（专家思维）外显，设计认知学徒制学习环境就是为了实现这一目的，以便学生能够观察、参与和实践专家的思维过程。

（2）基于认知学徒制的学习环境设计框架

认知学徒制基于对专家的认知活动过程和学习情境的双重关注，构建了由内容、方法、顺序和社会学四个维度组成的学习环境设计框架。

① 高文编：《教学模式论》，上海教育出版社2002年版，第342页。

表 4－5　　　基于认知学徒制的学习环境设计框架①

专家技能需要的知识类型	领域知识	学科具体的概念、事实和程序
	启发式策略	完成任务所需的一般应用技术
	控制策略	指导解决过程的一般方法
	学习策略	如何学习新概念、事实和程序的知识
促进专家技能发展的方法	示范	教师操作一项任务以便学生可以观察
	训练	当学生执行任务时教师观察并提供帮助
	脚手架	教师提供支持来帮助学生执行任务
	表达	教师鼓励学生表达出他们的知识和想法
	反思	教师使得学生能够比较彼此的行为表现
	探索	教师建议学生提出自己的问题并解决这些问题
安排学习活动顺序的关键	增加复杂性	逐渐增加有意义任务的难度
	增加多样性	在多种情境中实践，以此强调应用范围的广阔性
	全局技能到局部技能	在执行局部任务前将整个任务概念化
学习环境的社会特征	情境化学习	学生在现实任务的情境中学习
	实践共同体	交流用于完成有意义任务的不同方法
	内部动机	学生建立个人目标来寻求技能和解决方案
	合作	学生们一起完成他们的目标

——学习内容设计。在设计教学时需要关注掌握专家技能的两类知识：一类是专家掌握的特定领域相关的明确概念、事实和程序等领域知识（类似专家结论）；另一类是专家怎样应用他们的领域知识解决现实问题的策略知识（类似专家思维）。

——学习方法设计。认知学徒制中的策略性知识（专家思维）通常是隐性知识，需要设计相关教学方法将专家和学习者的隐性知识外显，

① ［美］R. 基思·索耶主编：《剑桥学习科学手册》（第 2 版），徐晓东等译，教育科学出版社 2021 年版，第 114—129 页。

以便更好地帮助学习者在情境中观察、模仿和发展专家思维。其中，示范建模方法主要实现专家思维外显化，有助于学习者观察。清晰化表达主要实现学习者思维的外显，有助于专家观察并及时提供训练指导和脚手架支持。反思是基于对专家和其他学习伙伴外显思维的观察，学习者将自己的问题解决过程和内部认知与他们的思维模式进行对比。探究则鼓励学习者自主解决问题。

表4－6　　认知学徒制的六种教学方法及功用示例

方法	设计任务	方法示例	功用
示范建模	在专家完成一个任务的过程中，让学生观察并构建完成任务所必需的相关过程的概念模式，即从专家的经验中精选出系列问题解决策略	如教师可以一面大声朗读，一面通过用词语描述其思想过程的方法来构建阅读过程模式	专家思维外显
训练	在学生执行任务时，对他们进行观察，提供线索，搭建脚手架，提供反馈，构建模式，进行必要的提醒以及设计一个使学生能以更接近专家的方式实施新任务等	如在学生对不同文本进行概括的阅读训练中，教练可以建议如何概括，对学生的概括结果进行评价等	专家指导
搭建脚手架	为帮助学生完成任务而提供的支持（如建议/帮助），随着学生能力增加，应及时移走脚手架	如在写作技能训练中，教练提供的线索卡对学生写作过程起到促进作用	专家针对性地进一步指导
清晰化	使学生能对有关某一领域的知识、推理和问题解决过程清晰化	如在阅读技能的学习中，教练可以鼓励学生在解决问题过程中清晰地表达自己的思想，或让学生在合作活动中充当评判者和监督者	学生思维外显
反思	让学生将自己的问题解决过程与某一专家、同学的问题解决过程作比较，最终与某一专业内部认知模式相比较	如充分利用各种技术（声音和影像录制等）复制或重演新手和专家的作业过程，让学生进行比较反思	与专家思维对比
探究	设计一些学生力所能及的、有意义的小问题或研究性问题，推动他们依靠自己解决问题（脚手架完全拆除）	如在阅读教学中，教师可以让学生到图书馆或其他方式收集、寻找有关某一研究课题的资料，并加以分析，验证假设等	应用专家思维自主探究

——学习顺序设计。为了更好地学习专家思维，需要特别关注学习活动和情境任务的三条顺序设计原则：一是增加复杂性，任务越到后面变得越复杂，涉及专家行为所必需的技能和知识越多；二是增加多样性，任务越到后面，涉及的方法和策略越多样，迁移应用的情境也越多样；三是全局技能到局部技能，任务开始时让学生在关注细节之前先建立一个总的概念地图。比如，聪明的教练在教新手驾驶时，先开车带他上路跑一圈，建立起对驾驶的总体概念模型之后再教具体驾驶科目。

——学习的社会学维度设计。这一维度的设计主要关注影响学习环境的四个社会特征：一是情境化学习。认知学徒制是典型的情境学习模式，创设一个能反映现实世界任务本质的环境，将学生置身其中执行任务并解决问题，这是促进学徒学习的一个关键。上述情境学习的相关理论同样适合认知学徒制的任务与问题情境的设计。二是实践共同体原则。在共同体中，提供学徒合法的边缘性参与的机会，帮助他们获得归属感和身份转变非常重要。三是内部动机的激发。学徒学习的动机主要不是为了获得一个证书或通过一个考试（外部动机），而是为了出色完成工作的直接价值。因而，通过建立任务与现实世界的连接，让学生认识到学习的意义以及生活价值，能激发学生深度参与。此外，尽可能利用社会资源，让学生敬重的重要专家参与共同体中来（比如参与社团活动），同时鼓励学生在共同体中积极分享贡献。因为，社会交互影响动机，想对别人做有益的事情的想法似乎尤其能够激发人们的动机。① 四是促进学生协同工作，发展合作问题解决能力。

把上述学徒制的原则融入学校中，学生变成了课堂中的认知学徒，教师（包括参与课程的校外行业专家）以及更能干的学生就成了课堂内的师傅，课堂变成了通过合作来掌握学习任务的实践共同体。②

---

① ［美］约翰·D. 布兰思福特等编：《人是如何学习的：大脑、心理、经验及学校》（扩展版），程可拉等译，华东师范大学出版社 2013 年版，第 54 页。

② 陈家刚：《认知学徒制》，载高文等编《学习科学的关键词》，华东师范大学出版社 2009 年版，第 161 页。

3. 基于大概念教学和认知学徒制的整合模式

大概念是帮助学生获得可迁移能力的专家思维的重要教学抓手和着力点（锚点），而认知学徒制则从整个学习环境出发，为教师提供了发展学生专家思维的设计框架，两者共同的设计核心是情境化学习。为实现“像专家一样思考”的教学目标，课堂教学必须依托一个个逼真的任务情境，将知识镶嵌其中，将学生与专家的交互置身其中。基于以上论述和思考，以情境设计为核心，在刘徽的研究基础上，将其大概念教学模型①和柯林斯的认知学徒制方法以及情境化教学模式整合起来，可以构建一个面向专家思维发展的深度学习新模式（见图 4－10）。

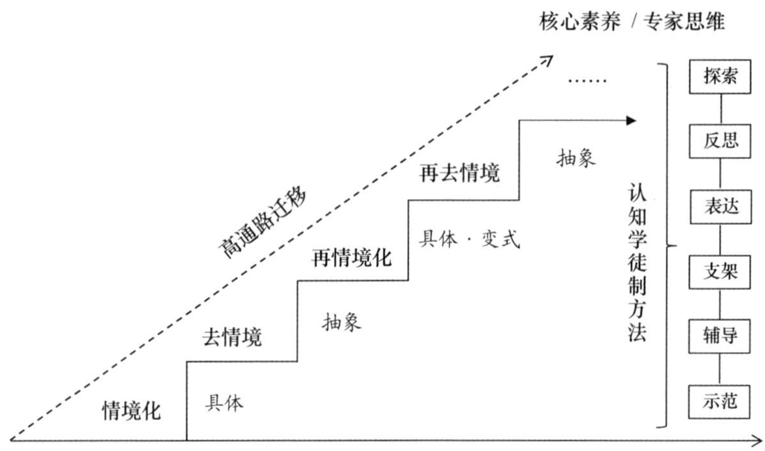

图 4－10　基于大概念教学和认知学徒制的深度学习整合模式

整合的深度学习模式主要包括“具体—抽象—具体”的高通路迁移路径、“情境化—去情境化—再情境化—再去情境化—建构大概念和专家思维”的迭代情境化教学过程和促进专家思维发展的认知学徒制方法三大部分。

① 刘徽：《大概念教学：素养导向的单元整体设计》，教育科学出版社 2022 年版，第 20 页。

（1）大概念教学的“具体—抽象—具体”高通路迁移路径

根据刘徽的观点，专家思维是由大概念来组织的，并且专家知识往往镶嵌在应用的情境之中。[①] 也就是说，专家知识是抽象的，因为它由大概念支持，但同时又是具体的，因为它来自一个个具体的案例或情境，并能返回具体情境中被应用。因而，大概念支持的专家思维遵循“具体—抽象—具体”迭代递升的教学生成路径，也被称作高通路迁移路径。随着大概念教学的推进，从具体情境中抽象出来的大概念的位置越高，抽象程度越高，可辐射的范围越广，所发展的专家思维的迁移力也就越强。

我们都知道，深度学习的核心是迁移，即“能将一个情境所学迁移到新情境中”。但是，迁移有低通路和高通路之分。低通路迁移的路径是从“具体”到“具体”，依靠的是新旧任务之间的相似性，越相似迁移越容易完成，如刷题。低通路迁移在传统课堂教学存在两种极端表现形式：一种是“脱境”的“具体—具体”，教师去情境化，就课本的符号系统进行教学，如传统数学课堂对“公式”的直接告知式教学，随后进行“题海战术”或刷题。这种学习短期内对付考试或许有效，但获得的一定是僵化的“惰性知识”。另一种是过度情境化的“具体—具体”。教师进行知识教学高度依赖故事、视频、图示等创造的“情境”，而且是学校科目内（而非校外真实生活情境）的相似情境，学生离开这些形象化的情境，又缺乏必要的抽象概括和理解，知识迁移有限。学习科学表明，这种过度情境化的知识不利于迁移，而知识的抽象表征有助于迁移。[②] 当然，抽象表征并不是保存事件的孤立例证，而是建构更大的相关事件的成分——图式（大概念的表征）。最有效的迁移源自具体例子和一般原理之间的平衡而不是非此则彼。[③] 大概念教学正是基于这一学习科学原理，建立起“具体—抽

---

① 刘徽：《大概念教学：素养导向的单元整体设计》，教育科学出版社 2022 年版，第 17—20 页。

② ［美］约翰·D. 布兰思福特等编：《人是如何学习的：大脑、心理、经验及学校》（扩展版），程可拉等译，华东师范大学出版社 2013 年版，第 48 页。

③ ［美］约翰·D. 布兰思福特等编：《人是如何学习的：大脑、心理、经验及学校》（扩展版），程可拉等译，华东师范大学出版社 2013 年版，第 68 页。

象—具体”的高通路迁移路径。

（2）支持高通路迁移路径的迭代情境化教学过程

要促进学生进行高通路迁移的内在思维发展，需要相应的外部学习环境设计予以支持。对应大概念形成的“具体—抽象—具体”高通路迁移路径，教师可以采用“情境化—去情境化—再情境化”的教学方法。一般来说，教师首先将核心知识的教学“情境化（contextualization）”，激发联系与理解，其次通过“去情境化（decontextualization）”促进学生知识的抽象化和概念化，之后“再情境化（recontextualization）”进行复杂程度递增的新情境的问题解决，最后通过“再去情境化”的归纳、反思，抽象形成更高位的大概念。

教师在教学设计过程中，特别要注重“情境化”之后的“去情境化”。学生通常要进行一个完整的“情境化—去情境化—再情境化”学习过程，甚至经历“再去情境化”的迭代学习过程，才有可能最终建构形成预期的大概念。比如，笔者在小学数学教学的案例实践中，就采用了类似的迭代情境化学习设计。小学数学学习涉及大量的图示情境，特别是在小学低中段年级，可谓是“无图不成书”“无图不成题”。因此，在设计图示作为情境性学习支架时，特别要注意使用的区间和时机：一种情形是，当学生从现有抽象符号水平难以直接达到潜在的发展水平时，应将数学问题置于图示题的情境中（情境化），或激发兴趣、或联系生活、或辅助理解，以支撑他们跨越最近发展区。再通过学习者自我概念化过程（去情境），达到抽象符号运算的潜在发展水平。另一种情形是，当学习者面对相似的更复杂的问题情境时，设计图示支架的作用是将问题“再情境化”，以发展学生问题解决的远迁移能力。而当学生面对的是一些比较简单的、现有抽象水平能够解决的数学问题时，则可不用情境图示，直接“去情境”进行符号教学，否则图示有可能成为学习的冗余和障碍。同时，在学习者完成“情境化—去情境—再情境化”的学习任务后，教师有必要拆除“脚手架”进行“再去情境”（脱境），回归到文字符号题例进行数学思维的概念化精练，形成一般化的数学大概念，最终帮助学生从情境化的“生活数学”走进符号化的“抽象数学世界”，实现抽象符号的深度理解（见图 4 – 11）。①

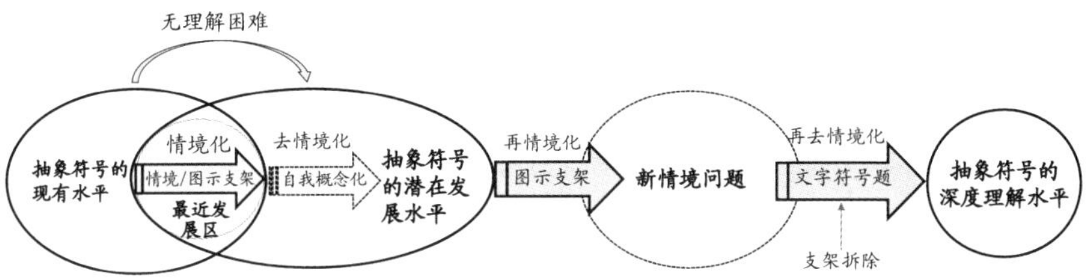

图 4 – 11　小学数学中的情境支架的迭代设计

（3）促进专家思维发展的认知学徒制方法

认知学徒制学习环境设计原则能很好地融入基于大概念的情境教学设计中。一是在内容设计上，提供了三类隐性的专家策略知识做参考。二是在学习活动顺序安排上，要求教师注意问题情境的多样性。比如，应用“如果—怎么办”思维方式变化问题情境（如，问学生“如果改变问题的第一个部分或其他部分，又应该怎么办?”），以提高学生的理解弹性，并逐渐增加复杂性。因为人们在多样化的复合情境中，更有可能抽象出概念特征，形成弹性的知识表征。② 三是在整个基于情境的大概念教学过程中，不一定每一次学生都能很好地提取出情境教学中隐含的大概念。如果通过情境引导，发现学生存在理解困难，教师则可以有机融入认知学徒制的“示范—训练—支架—表达—反思—探究”方法，帮助学生逐渐理解和掌握情境问题解决中的专家思维。

将以上模式作为深度学习的典型模式进行描述，是因为深度学习可能经常使用这些模式，或者也会使用到其他更强大的教学模式，限于篇幅，难以一一列举。但是，我们并不能将以上模式等同为深度学习的代

① 杨南昌、罗毛羽：《“脚手架”如何变成了“绊脚石”——小学数学中的图示障碍研究》，《电化教育研究》2021 年第 7 期。

② ［美］约翰·D. 布兰思福特等编：《人是如何学习的：大脑、心理、经验及学校》（扩展版），程可拉等译，华东师范大学出版社 2013 年版，第 55 页。

名词。深度学习不是一种特定的模式，它能通过广泛的学习实践得以实现。[①] 而且为应对当今课程中的探究问题、任务和项目的复杂性增大（比如，STEM 课程），一个课程的深度学习往往可能同时需要多种学习模式的组合应用。

三 深度学习的单元学习设计

深度学习关注知识的整体性、基于大概念的专家思维以及基于知识、能力、价值综合（素养）之后对现实世界的行动。因而，课堂深度学习常常倡导在单元学习的整体设计下开展。

（一）“五维一体”融合深度学习教学法特征的单元设计框架

马云鹏认为，深度学习教学设计，是在确定单元主题内容的基础上，对单元进行整体分析，确定单元的教学目标，形成单元的整体学习规划，有计划地设计深度学习教学活动，并针对活动的完成情况设计可持续的深度学习评价的完整的过程。[②] 越来越多的研究者将教育设计的变革指向“统整”，旨在帮助学习者建立知识间的联系，形成自身的认知结构。[③]

深度学习的单元学习设计没有固定的模式，但可以用一种设计框架来描述面向深度学习的教学设计的过程特征和所要关注的设计要素（见图 4－12），即体现深度学习课堂设计在“目标—内容—模式—评价—环境”五维一体上的系统革新特征，以及真实性、意义性、关联性、情境性、社会性、逆向性、技术赋能等深度学习教学法特征。教师可以根据这个一般性框架来规划自己的课堂深度学习单元教学。

---

① ［加］迈克尔·富兰、乔安妮·奎因、［新西兰］乔安妮·J. 麦凯琴：《深度学习：参与世界，改变世界》，盛群力等译，机械工业出版社 2020 年版，第 54 页。

② 马云鹏主编：《深度学习：走向核心素养》（学科教学指南·小学数学），教育科学出版社 2019 年版，第 14 页。

③ 任明满：《大单元教学：历史脉络、研究现状及路径选择》，《课程·教材·教法》2022 年第 4 期。

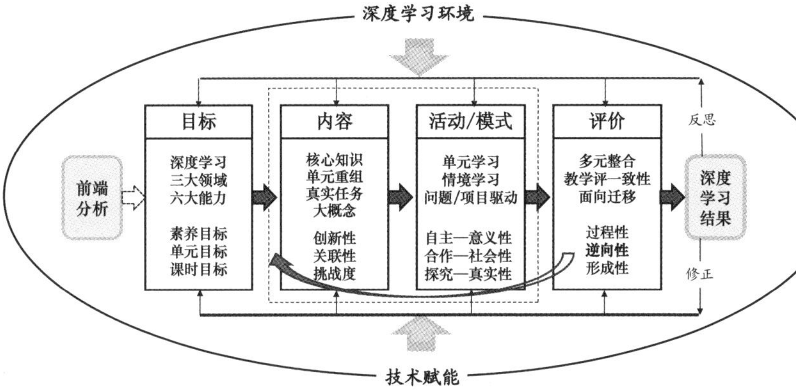

图 4－12 “五维一体”融合深度学习教学法特征的单元设计框架

为了便于教师开展深度学习单元教学实践，笔者在现有文献的基础上，整理了几个代表性的单元学习设计模板，包括逆向设计模板。同时，结合上述“五维一体”教学设计框架，开发了一个面向深度学习的单元教学设计普通模板。教师们可以根据自己的教学需要，直接采用或参照改编为更适合的模板来设计面向深度学习的课堂教学。

（二）逆向设计模板

逆向设计不仅代表一种思维方式，也有明确的操作路径。基于逆向设计的教学流程受目标驱动，目标渗透于教学方案的各个环节。从整个流程来看，逆向设计要求我们必须思考：现场教学需要学生学会什么？怎么知道学生理解了？哪些学习体验和教学活动能够使学生达到预期的结果？

为了更好地理解整个设计流程，可以先观察一个由威金斯和麦克泰格提供的 UbD（追求理解的教学设计）逆向设计模板（见表 4－7）。它不仅直观地体现了逆向设计的思维，还提供了逆向设计的全景图。这个模板比较适合前期进行深度学习的单元整体规划。

表4－7　UbD逆向设计模板①

<table>
<tr><td colspan="2">阶段一：预期结果</td></tr>
<tr><td colspan="2">所确定的目标：
·此设计将达到什么目标？（例如，内容标准、课程或项目目标、学习结果）</td></tr>
<tr><td>理解：
学生将理解……
·大概念是什么
·期望获得的特定理解是什么
·可预见的误解是什么</td><td>基本问题：
什么样的启发性问题能够促进探究、理解和学习迁移</td></tr>
<tr><td>学生将会知道……
作为本单元的学习结果，将获得哪些关键技能和知识
习得这些技能和知识后，能做什么</td><td>学生将能够做到……</td></tr>
<tr><td colspan="2">阶段二：评估证据</td></tr>
<tr><td>表现性任务：
·学生通过哪些真实的表现性任务证明自己达到了预期的理解目标
·通过什么标准评判理解成效</td><td>其他证据：
·学生通过哪些证据（例如，小测验、考试、观察、作业）证明自己达到了预期结果
·学生如何反馈和自评自己的学习</td></tr>
<tr><td colspan="2">阶段三：学习计划</td></tr>
<tr><td colspan="2">学习活动：
哪些学习体验和教学能够使学生达到预期的结果？设计将如何：
W＝帮助学生知道此单元的方向（Where）和预期结果（What），帮助教师知道学生从哪（Where）开始（先前知识、兴趣）
H＝把握（Hook）学生情况和保持（Hold）学生兴趣
E＝武装（Equip）学生，帮助他们体验（Experience）主要观点和探索（Explore）问题
R＝提供机会去反思（Rethink）和修改（Revise）他们的理解及学习表现
E＝允许学生评价（Evaluate）他们的学习表现及其含义
T＝对于学生不同的需要、兴趣和能力做到量体裁衣（Tailor）（个性化）
O＝组织（Organize）教学使其最大限度地提升学生的学习动机与持续参与的热情，提升学习效果</td></tr>
</table>

（三）四阶段深度学习计划模板

基于逆向设计思想，乔安妮·奎因和富兰进一步提出了由评估、设

① ［美］格兰特·威金斯、［美］杰伊·麦克泰格：《追求理解的教学设计》（第二版），闫寒冰、宋雪莲、赖平译，华东师范大学出版社2017年版，第22—24页。

计、实施以及测量、反思和改进四阶段组成的深度学习设计的教师协作探究框架，并根据框架四阶段，设计了一个深度学习的计划模板（见表4－8）[①]。这个模板同样比较适合对课堂深度学习进行单元整体规划。

表4－8　**深度学习计划模板**

<table>
<tr><td rowspan="7">评估</td><td colspan="2">评估：你对学生有哪些了解？（优势、需求、兴趣）</td></tr>
<tr><td colspan="2">学生拥有什么样的知识、技能、兴趣和需求
通过什么途径掌握这些内容</td></tr>
<tr><td colspan="2">学习成果：我们希望学生学些什么</td></tr>
<tr><td>课程标准</td><td>深度学习能力</td></tr>
<tr><td>参考所在学区的课程标准，列出你在深度学习中将要关注的标准</td><td>你将关注哪一项（些）全球化能力（6Cs）</td></tr>
<tr><td colspan="2">（检验）学习成果的成功标准证据：我们将如何得知学生掌握了这些内容</td></tr>
<tr><td colspan="2">用简单、明确的语言列出你的成功标准；学习者将有机会参与共同制定成功标准吗</td></tr>
<tr><td rowspan="7">设计</td><td colspan="2">学习设计概述</td></tr>
<tr><td colspan="2">提供一份关于学习设计的概述
学习者将从事哪些活动
在教学和学习上有哪些关键点
学习者将产生什么产品
什么样的学习过程能对学习结果提供支持</td></tr>
<tr><td colspan="2">学习设计的四要素</td></tr>
<tr><td>教学法实践</td><td>列出在此任务中将用到的某些教学策略，考虑如何满足班级中所有学习者的需要</td></tr>
<tr><td>学习伙伴关系</td><td>学习伙伴关系怎样强化任务、深化学习？考虑让学习伙伴关系包括学校里其他学习者、成年人以及校外和社区成年团体的可能性</td></tr>
<tr><td>学习环境</td><td>学习将在哪里进行？你将如何支持学习者冒险并尝试新的思维方式、学习方式、展示方式及反思方式</td></tr>
<tr><td>运用数字工具</td><td>技术怎样增强、加速、关联学习者和学习</td></tr>
<tr><td>实施</td><td colspan="2">实施教学设计：
进行的过程中注意一切调整、观察（结果）和想法</td></tr>
</table>

① ［加］乔安妮·奎因等：《深度学习2：重新定义未来教育的学习模式》，盛群力等译，机械工业出版社2021年版，第156页。

续表

<table>
<tr><td rowspan="6">测量/反思及改进</td><td>测量：你将采用什么样的测量方法</td></tr>
<tr><td>你和其他人将如何评估学习
你将如何使用一系列形成性及总结性评估模式</td></tr>
<tr><td>反思和改变：评估学习
学习设计怎样达到预期学习成果</td></tr>
<tr><td>这一过程之后：思考收集到的证据怎样满足你的学习目标和设计预期</td></tr>
<tr><td>反思和改变：评估学习设计
学习设计的哪一部分实施效果比较好，哪些有待提高</td></tr>
<tr><td>这一过程之后：与同事交流哪些效果好？哪些有待提高？你将怎样促进提高</td></tr>
</table>

（四）深度学习单元教学设计模板

在综合考察现有深度学习设计框架和模型的基础上，结合“五维一体”单元设计框架，笔者开发了一个面向深度学习的单元学习设计普通模板。该模板将单元整体规划和课时设计整合在一起，包括单元课程标识、单元内容分析、单元总体目标设计、针对传统浅层学习课堂的革新设计、具体课时学习规划、教学过程（活动）、教学评价和反思等。当然，教师可以根据实际需要，增减一些栏目。比如，前端分析可增加对学生的学情分析、重难点分析等。教学过程中的栏目也可以根据个人教学需要增减，比如，可增加时间分配、技术支持设计等。

表4－9　深度学习单元教学设计模板

<table>
<tr><td>单元主题/名称</td><td colspan="3"></td></tr>
<tr><td>科目</td><td></td><td>教学对象</td><td></td></tr>
<tr><td>课时</td><td></td><td>设计者</td><td></td></tr>
<tr><td colspan="4">阶段一：预期结果与单元规划</td></tr>
<tr><td colspan="4">一、单元内容分析（指向核心概念/知识，体现学科核心素养）</td></tr>
<tr><td colspan="4"></td></tr>
<tr><td colspan="4">二、单元总体目标设计（重点指向核心素养与深度学习能力）</td></tr>
</table>

续表

单元目标序列	单元目标描述	学习水平	深度学习能力

单元目标与课时目标对应分配							
单元目标	课时 1	课时 2	课时 3				
1							
2							
3							
4							

三、传统浅层学习分析及深度学习创新设计

四、单元学习规划设计

课时	学习目标	学习内容（核心知识）	学习活动	学习资源

阶段二：评估证据（总体评估设计）

阶段三：具体课时教学

一、课时内容分析

二、课时目标设计

续表

三、深度学习策略设计			
四、深度学习的支持条件设计			
五、深度学习的教学过程			
单元教学流程图			
教学过程	教师活动	学生活动	设计意图（发展的深度学习能力）
六、深度学习的具体评价（结合阶段二的评估证据进行具体实施设计）			
七、设计反思			

第三节　促建深度学习课堂的文化工具

近年来，学习科学研究呈现了一个重要的趋势：关注文化对学习的重要影响。所有的学习者都是在文化定义的境脉中，以文化所定义的方式成长和学习的。

一　深度学习课堂的文化特质

深度学习代表着文化的变革，只有建立起一个共享的有关深度学习的价值体系，建立起尊重、信任、协同的强有力的学习文化，形成一个面向未来而教、发展学生核心素养的共同愿景，深度学习才能在学校和课堂之中、教师和学生之间自发、持续地开展。布朗早在他 1992 年所进行的学习者共同设计研究中，就强调了建立区别于传统课堂的课堂特质的重要性。

表4－10　　　　　　　　**课堂特质的变化**①

角度	传统课堂	有意图的学习环境
学生	被动的信息接收者	扮演研究者、教师和自身进步监控者的角色
教师	说教式教学 课堂管理者	引导下的探究 主动探究模式
内容	基本素养课程 低级 vs 高级技能 内容课程 宽度 片段的 片段的 事实记忆	思维作为基本素养 内容课程 深度 循环主题 解释的连贯性 理解
工具	练习和训练 编程	作为有意图的反思工具 学习和合作
评价	事实记忆 传统测验	绩效 项目 档案袋

奎因和富兰等人在学习设计要素中也特别提到，学习环境设计首先要培育一种可以释放成人和学生潜能的学习文化，其次才是物理和虚拟环境的设计。他们总结了迈向深度学习的课堂文化的共同特征。

表4－11　　　　　　　　**迈向深度学习的文化的特征**②

学生提问	学生具有探究的能力和语言，不是被动地接受老师的答案学习
问题比答案更重要	学生发现和传递的过程与最终结果一样重要
不同的学习模式	教学模式的选择要符合学生的需要和兴趣，支持学生迎接下一个挑战
与真实世界的显性连接	学习设计不是偶然的，而是建立在相关性和意义上的
协作	学生具备在课堂内外进行协作的技能
嵌入式、透明和真实的学习评估	学生定义个人目标，监控实现成功标准的进度，并对同伴和其他人进行反馈

① Brown A.，"Design Experiments：Theoretical and Methodological Challenges in Creating Complex Interrentions in Classromm Settings"，*The Journal of Leraning Sciences*，Vol. 2，No. 2，1992，pp. 141－178.

② ［加］乔安妮·奎因等：《深度学习2：重新定义未来教育的学习模式》，盛群力等译，机械工业出版社2021年版，第54页。

此外，深度学习课堂中很重要的一点是，教师要找到让所有学生参与学习的“最佳点”。史蒂夫·巴克利（Steve Barkley）认为，教师要把学生的情感和投入放在一个“恐惧—无聊”的连续统一体上来考虑，处于恐惧和无聊两端的课堂文化都将使得学习最小化。因此，一方面，要消除基于恐惧的学校和课堂文化，学习从属于安全，何况是深度学习；另一方面，当学生表现出无聊的特征时，教师需要在学习的严格或深度上增加要求，从而提高焦虑水平。如果学生开始表现出焦虑，老师必须减少学生的这种感觉。比如，让学生通过结对或小组合作完成富有挑战性的作业。教师要了解他们的学生，善于调整学习节奏、作业和策略以最大限度地提高学习效率。深度学习的理想情感学习地点位于“恐惧”和“注意”之间的“最佳点”（sweet spot）。熟手教师经常监控学生的情感，当学生从注意力的最佳点转移到舒适点，他们就会采取行动，让学生重回注意力的高度。①

图 4－13　深度学习的理想情感学习地点

二　学习规范：促建深度学习课堂的文化工具

文化工具是社会文化理论的重要概念，其代表人物维果斯基（Lev Vygotsky）将工具分为物质工具和精神工具，并使用“客观工具”一词来强调：文化工具是将发展中的儿童与其文化遗产联系起来的媒介。他认为，儿童能够以自己独特的方式适当使用自己的文化工具，他们不一定能准确地内化所看到或所听到的一切，但可以将思想、策略和其他认知工具转化，以适应自己的需要和目的。② 文化工具理论以社会文化为取向，强调

① “Instructional Strategies Motivate and Engage Students in Deeper Learning”，（2013），https://www. sreb. org/publication/instructional-strategies-motivate-and-engage-students-deeper-learning.

② ［美］简妮·爱丽丝·奥姆罗德：《学习心理学》（第 6 版），汪玲等译，中国人民大学出版社 2015 年版，第 242—244 页。

文化工具作为人类行动的历史、文化和制度的中介。① 我们在一系列不同的环境中成长和生活，而在这些社区和机构中的生活给了我们理解周围人的工具，帮助人们互相理解对方，提高人们的认知。②

文化工具在深度学习课堂中有着同样的重要作用。个体在不同的实践共同体之中都会随着时间参与各式各样由行为库所组成的文化实践中去。这里的文化实践指的是社会认可的、符合文化价值观的存在与行为方式。在儿童的日常环境中——从家里到学校、从数学课到语文课、从篮球队到课堂中——他们在不同的文化实践情境行为库中接触、学习和协调着各种各样的文化实践。其中，课堂学习规范是学生在学校生活中常常参与的文化实践，也是支持深度学习的文化工具。

（一）学习规范的界定

1. 规范及相关概念

规范（norm），来源于拉丁文“norma”，本义指木匠手中的“规尺”。后有哲学家认为，规范即范式，指科学文化共同体成员共有的一整套规定，决定着共同体成员的共有信念和价值标准，即他们的自然观、世界观和价值观。③ 它指共同体内，团队成员之间约定俗成或明文规定的标准，表明对团队成员的期望。群体成员根据规范，能够对他人的行为进行预测，从而做出相应的反应。

规范和信仰或价值（belief /value）、规则（rule）是一组相近的概念，但在具体和抽象维度的不同层面上看，它们之间存在一定的区分关系。抽象维度的是群体成员共同追求的价值观或信仰，但可以在具体层面通过执行规范来实现。因为，只要小组成员认识到某一规范的重要价值，这个规范就会被他们内化于心，成为个体的价值和信仰。就这一点而言，规范和价值的关系是辩证的。

---

① Wertsch J. V. , *Mind as Action*, New York: Oxford University Press, 1998.

② Lemke J. L. , “Articulating Communities: Sociocultural Perspectives on Science Education”, *Journal of Research in Science Teaching*, Vol. 38, No. 3, March 2001, pp. 296 – 316.

③ 郑晓明、方俐洛、凌文辁：《社会规范研究综述》，《心理学动态》1997 年第 4 期。

规范和规则两个概念虽只有一字之差，但比较容易区分。一方面，规范是管理群体成员行为的声明，聚焦成员间共享的责任意识，从这一观点来看，规范可看作一个包含规则的更大概念；另一方面，规范是基于内在价值的主观遵从，而规则是通过外在处罚的强制执行。以交通为例，“重视交通安全”是抽象的价值或信仰观念，“我们必须遵守交通规则”是具体维度的规范，“如果司机违反了交通规则就会被罚款”则是涉及外部制裁的更为具体的规则（见图 4－14）。①

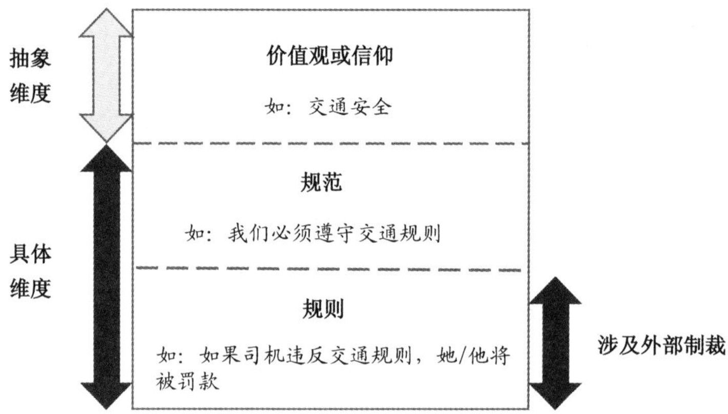

图 4－14　规范与价值或信仰、规则的概念比较

总之，群体规范可界定为三个关键特征：行动、可裁判性（justifiability）和共享。第一，规范总是涉及具体行动。也就是说，规范通过某一行动的形式来描述，而价值是抽象概念。第二，每个规范是价值导向的，因而有自己规范的可裁判性。第三，规范行为应该是全体成员共同遵守的。如果某个特定的规范行为仅仅停留在个人层面，就不能称作群体规范。②

① Chang J., Song J., "A Case Study on the Formation and Sharing Process of Science Classroom Norms", *International Journal of Science Education*, Vol. 38, No. 5, 2016, pp. 1－20.

② Chang J., Song J., "A Case Study on the Features of Classroom Norms Formed in Inquiry Activities of Elementary Science Classes", *Journal of the Korean Association for Science Education*, Vol. 35, No. 2, 2015, pp. 303－312.

2. 课堂学习规范的内涵

毫无疑问，课堂规范是一种群体规范。通过对上述概念的比较，可对课堂规范和课堂学习规范“再概念化”，将课堂规范界定为班级成员间共同享有的、可使成员在课堂中以一种持有责任意识的方式来行动的东西。[①] 基于此，笔者认为，课堂学习规范就是促使班级成员参与课堂学习行动的共享责任意识，是由班级成员在课堂互动中共同产生的心智习惯。它不是由教师一方发布几条规定就可以形成的，而是由班级成员在一系列课堂文化实践中形成的。好的规范能够促使人们践行更多富有成效的学习行为，教师和学生在“有意识”和“无意识”的课堂文化实践熏陶下对“以学习为中心的课堂是怎样的”产生行为和心理上的认同感。[②③]

科布（Cobb）将课堂学习规范分为通用性的社会性规范和学科性规范两类。课堂通用性的社会性规范被定义为，学校共同体中的教师和学生在进行学术对话时，对彼此言行的期待与预判，是师生互动的规律，而这些规律调节互动各方的行为模式。[④] 社会性规范存在于各类学科课堂中，是普遍适用的课堂互动方式和课堂预期。比如，“鼓励提出自己的想法”。另一类是学科性规范，是运用这个学科的专业话语与思维方式所塑造的规则。比如，社会性数学规范关注“教师和学生在课堂环境下针对特定数学内容进行对话时，协商出可以接受的数学解释标准”。[⑤] 通常表明对学生学科学习的期待，以及在这个课堂中，学生期待用怎样的方式来学习数

---

① Chang J., Song J., “A Case Study on the Features of Classroom Norms Formed in Inquiry Activities of Elementary Science Classes”, *Journal of the Korean Association for Science Education*, Vol. 35, No. 2, 2015, pp. 303 – 312.

② 学习基础素养项目组：《素养何以在课堂中生长》，华东师范大学出版社 2017 年版，第 55 页。

③ ［美］丹尼尔 · L. 施瓦茨、杰西卡 · M. 曾 、克里斯滕 · P. 布莱尔：《科学学习：斯坦福黄金学习法则》，郭曼文译，机械工业出版社 2018 年版，第 201 页。

④ Leder Gilah C., Erkki Pehkonen and Günter Törner, *Beliefs: A Hidden Variable in Mathematics Education?* The Netherlands: Kluwer Academic Publishers, 2002, p. 315.

⑤ Lerman Stephen, *Encyclopedia of Mathematical Education*, Cham: Springer International, 2014, p. 563.

学等。[1]比如，“要用数形结合的方法来思考”就是这一类数学规范。

为区分两者，科布构建了一个针对数学课堂的整合分析框架，将建构主义视角中的社会性规范（通用性）、社会性数学规范和数学实践（mathematical practices）概念与传统认知心理学视角下所关注的教育议题联系起来。其中，社会性规范反映的是关于自己的角色、他人的角色以及对数学活动一般性质的理解。社会性数学规范反映的是对话互动中师生的数学信念和价值观。两者都是在数学阐释和推理的数学活动实践中形成的（见表4－12）。

表4－12　**一个整合的课堂学习规范分析框架**[2]

社会视角	心理视角
课堂社会性规范	关于自己的角色、他人的角色以及数学活动的信念
社会性数学规范	特定的数学信念和价值观
课堂数学实践	数学概念和活动

课堂学习规范更加侧重思维层面上的隐性规范，这些规范不仅直接指导着学生的语言与行为，还调控着课堂教学时学生与学习内容、学生与教师、学生与学生之间的关系。作为一种文化工具，潜移默化着学生的学习，最终促进以学习者为中心的课堂建设。

值得注意的是，课堂学习规范不等于学习习惯。虽然他们之间有一定的相似性，但是，学习习惯有好坏之分，良好的学习习惯可以促进学生发展；反之，则会阻碍学生发展。另外，规范是外在性的要求，是对所有学生提出的，具有普遍的适用性，学习习惯往往和个人喜好、个人倾向有关。

（二）从班级规范到学习规范：课堂规范设计的转向

传统课堂比较关注针对班级管理的班级规范的建立，而很少关注针对

---

① Cobb P., Boufi A., McClain K., et al., “Reflective Discourse and Collective Reflection”, *Journal for Research in Mathematics Education*, Vol. 28, No. 3, May 1997, pp. 258－277.

② Cobb P., Yackel E., “Constructivist, Emergent, and Sociocultural Perspectives in the Context of Developmental Research”, *Educational Psychologist*, Vol. 31, No. 3－4, 1996, pp. 175－190.

学习而制定的学习规范。课堂规范设计的重心需要从班级规范转向学习规范。课堂学习规范和班级规范既有联系又有区别。

其一，从相似性来看，班级规范和学习规范并不是完全独立的。班级规范和学习规范都具有教育性、仪式性等特征。从制定主体上来看，班级规范和学习规范都可以由师生共同来制定。从作用上来看，都能培养学生的规则意识、平等意识、参与意识。

其二，两者有本质的不同。班级规范侧重于班级管理，是一种规章制度，目的在于维护班级秩序、约束学生学习。而学习规范的目的在于促进学生学习，是一种隐性的文化工具。班级规范具有外显性、权威性、普遍性等特点，学习规范具有开放性、隐蔽性的特点。从类型上看，班级规范包括思想、纪律、卫生、健康、学习、安全等方面。而学习规范专指学习方面，可分为通用性规范和学科规范，也可以根据学习方式分成线上学习规范和线下学习规范等。

其三，班级规范涉及学生所有的日常活动中的规范，虽然包含着部分学习活动方面的规范，但是，学习规范作为一种隐性文化工具，对班级共同体学习的影响和课堂深度学习文化创建的作用不容忽视。从个人层面上看，课堂学习规范有利于提高学生的参与性，促进学生自主发展，使学生从边缘性的课堂参与走向更加实质性的课堂参与，并越来越依赖自己的而不是教师的判断。[①] 从集体层面上来看，良好的课堂学习规范有利于促进学习共同体内部的沟通与协作，让团队成员产生归属感。[②]

三　课堂深度学习规范形成的过程模式

课堂学习规范作为一种隐性的文化工具，潜移默化着学生的学习，但也正是因为它的潜在性，课堂学习规范在以往的学习活动设计中常被忽

---

① Yackel E., Cobb P., "Sociomathematical Norms, Argumentation, and Autonomy in Mathematics", *Journal for Research in Mathematics Education*, Vol. 27, No. 4, July 1996, pp. 458－477.

② Hertz U., "Learning How to Behave: Cognitive Learning Processes Account for Asymmetries in Adaptation to Social Norms", *Proceedings of the Royal Society B*, Vol. 288, No. 1952, June 2021, p. 288.

视。即使有部分教师会对学生倾听、举手等方面进行规范训练，但是没有一套系统的学习规范，教师和学生很难达成一致的认同。此外，课堂学习规范的形成需要外在的话语工具来实现。因此，系统的课堂学习规范话语与实施设计非常必要。

（一）五阶段过程模式

基于活动理论、支架理论、分布式认知、价值内化三阶段理论，结合对当前课堂规范实施的现实考察，笔者构建了一个课堂学习规范形成的五环节过程模式。

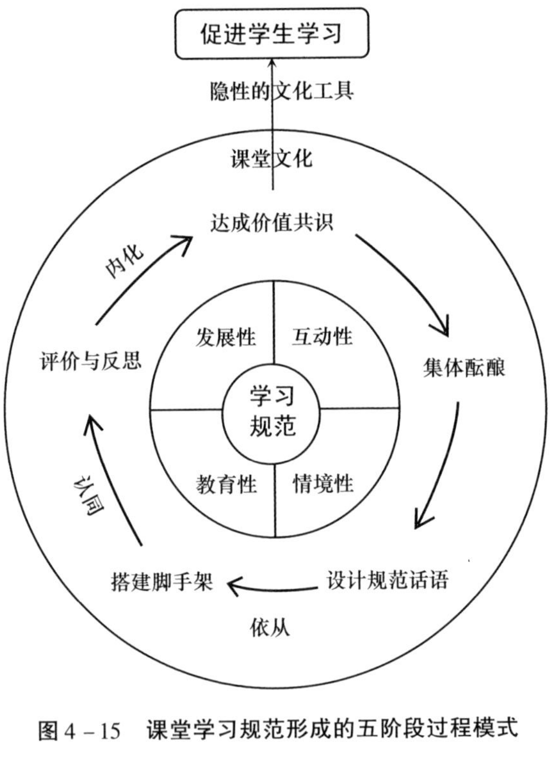

图 4－15　课堂学习规范形成的五阶段过程模式

模式框架从内到外分为两个部分。内圈是课堂学习规范形成的四大原则，外圈是课堂学习规范制定与使用的五大环节：各主体明确学习规范的意义，初步达成对学习规范的价值共识—发挥集体的作用共同酝酿—设计具体的规范话语—教师为学生搭建脚手架以促进学习规范的实施—利用学习规范评价学生的学习以及学习规范本身的价值—内化形成对学习规范的认同。规范不是一成不变的，而是不断迭代完善的，在这个过程中，学生逐渐实现依从规范、认同规范、内化规范的过程。作为隐性的文化工具，课堂学习规范最终目标指向促进学生的学习。

（二）形成原则

1. 互动性原则

社会文化理论强调，学习的本质属性是个体思维与他人思维在真实情境中的互动。规范是人类社会互动的产物，是由置身于不同社会文化中的人们协商建构的。从人类学的观点上看，文化是一个共享和协调的意义系统，在这一系统中，人们通过阐释经验、行为交互和付诸实践获得相关知识。① 并且随着时间的推移，为了适应不断变化的情况，人们在互动中会不断地调整文化实践。在文化实践的过程中，产生了规范。规范不仅存在于学生层面，同时涉及学校、教师、全班和小组等多个层面，离不开学习共同体成员间的互动。

2. 情境性原则

人们不是根据内心关于世界的符号表征行动的，而是通过与环境直接接触与互动来决定自身的行动。课堂学习规范与课堂环境是紧密相连的，它不单单发生在某个个体身上，还体现出个体和社会的双重属性。课堂就像一个小社会，规则也是社会文化境脉下的产物，在不同文化背景下形成的学习规范具有差异性。因此，要注重营造一个积极和谐的课堂环境。

3. 发展性原则

学生从一个被动、依赖的状态转变为自主、积极且具备自我管理能力的过程，不是自发产生的，也不会在短时间内实现，而是一个不断发展成长的过程。② 学习规范不是一时能起作用的，而是一个缓慢见效的过程。

① ［美］卢克·拉斯特：《人类学的邀请》，王媛等译，北京大学出版社 2008 年版，第 52 页。

② 崔彦、代中现：《以学习者为中心的教学设计与实践》，《全球教育展望》2010 年第 6 期。

在班级这个特殊的小社会里，学生是处于不断发展中的个体，他们的未来也充满各种可能性。以学习者为中心的课堂将学习者的发展作为教育目标选择的重要影响因素。因此，在课堂学习规范话语的实施过程中，需要根据学生和教师的反馈及时调整，以更好地适应学生的变化与发展。随着学生参与度和话语权的变化，学习规范也会发生相应的变化。

4. 教育性原则

学习规范的最终目的是促进学生的学习，从制定、实施到最后的评价阶段都应该具有一定的价值导向，单纯以控制、管理为目的的规范必然会失去教育本身的温情。这种教育性，并不是教师说了算，而是由师生双方在互动中达成的价值共识。学习规范的教育性还体现在学习规范的表述上。在传统的班级规范话语中，常常可以看到一些惩罚性用语，如不准、不要、禁止等。这些用语是有悖于学生的身心发展规律的。在学习规范的文字呈现上，应尽量使用友好型语言，体现教育的温情，传递出师生间的期待。

（三）课堂学习规范形成的五阶段设计

1. 达成价值共识

制定学习规范的第一步是引导学生达成价值共识，明确目标。从文化的角度来看，学习规范的形成实际上也是课堂文化的融合过程。形成一种积极的课堂文化需要师生双方共同的努力。作为学生学习的指导者、支持者和示范者，教师首先要具备“学会学习”的规则意识，知道怎样的规则可以更好地促进学生的学习，理解规范对于教师教学和学生学习的重要性。期望教师建立或发展一种他们没有经历过或理解的行为是不现实的，教师可以将他们的经验带到教学和学习环境中去。只有教师自身领悟了学习规范的重要性，才能感染学生，引导学生达成价值共识。研究发现，如果学生认为科学课堂规范的核心是有价值的，他们愿意接受并内化这些规则，对于未经同意而强制实行的规范，学生并没有理解，只会假装遵守。[①]

① Chang J., Song J., “A Case Study on the Formation and Sharing Process of Science Classroom Normss”, *International Journal of Science Education*, Vol. 38, No. 5, April 2016, pp. 747 – 766.

因此，在设计学习规范前，师生双方都应该达成价值共识，意识到学习规范的重要价值。

课堂学习规范的形成是一个迭代发展过程。达成价值共识既是学习规范形成五阶段的第一步，也是迭代发展的最后一步。初始阶段价值共识的目的主要在于引领班级共同体对学习规范重要性的认同，形成规范酝酿的基础。而经过五阶段规范发展过程形成的价值认同，则是希望班级共同体最终形成的内化价值共识，也是下一阶段学习规范发展的新起点。

2. 集体酝酿

在达成初步价值共识后需要明确制定主体①，让学生也能参与进来，师生共同酝酿，发挥共同体的作用。传统的班级规范常被看作一种由教师或学校制定的制度，学生很少有发言权，导致规则的被动遵守。科布指出，学生参与制定并协商规范的同时，也发展了自身的信念和价值观，使他们在参与学习活动时能更加自主。② 让学生参与规则制度的设计有利于培养主人翁意识，促使学生能够自觉地规范自己的学习行为，从“要我做”变成“我要做”。师生共同参与对课堂规范意义的讨论、内容的协商，建构起自己的课堂规范，并以此来共营民主生活，从而使师生关系成为一种理解与对话的“我—你”关系，而不是控制与被控制的关系。

3. 设计规范话语

科布等认为，不同的话语会引导学生在具体的情境里阐释和处理知识，从而参与课堂学习。不同阶段的儿童发展也是不一样的，因此，需要设计具体、符合儿童发展的规范话语。在实际的教学中，教师可从内容（通用性和学科性）、呈现方式（正式和非正式）和学习过程（课前、课中、课后）来设计课堂学习规范。

---

① 钱旭鸯：《课堂规范论析》，《全球教育展望》2011 年第 1 期。

② Yackel E., Cobb P., “Socio mathematical norms, argumentation, and autonomy in mathematics”, *Journal for Research in Mathematics Education*, Vol. 27, No 4, July 1996, pp. 458 –477.

（1）通用性和学科性的学习规范

通用性的规则指不同学科之间具有广泛适用性的课堂交互方式和期望，即所有学科都适用的规范。例如，提出问题的规范：

> 勇敢地说出我不会。
> 别人问你问题时要努力说明，让对方了解为止。
> 同学说：你教我，不可以取笑他。
> 我们愿意一起营造温馨而轻声细语的班级。①

学科性学习规范是某门学科特有的规范。在课堂教学中，大部分学科教师主要通过“无意识”的口头语言来强调，也会通过教室墙面海报来明确学科性学习规范。

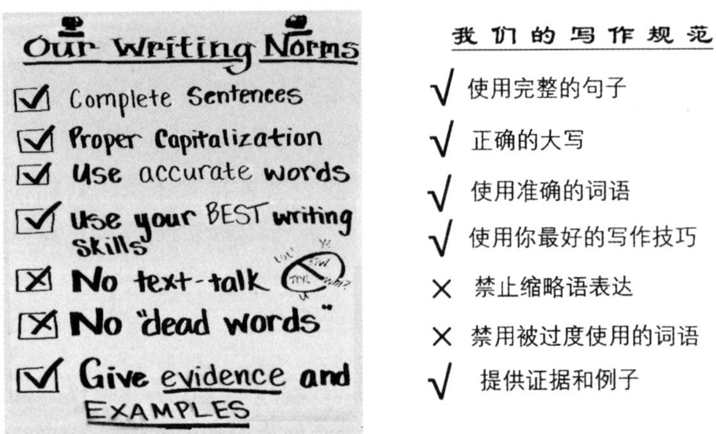

图 4－16　教室墙面的写作规范海报②

---

① 学习基础素养项目组：《素养何以在课堂中生长》，华东师范大学出版社 2017 年版，第 89 页。

② Meet Me, Maybe? All about apps in YOUR classroom! (Sep 14, 2016), http://www.appsinclass.com/jedimasterblog/meet-me-maybe.

（2）正式和非正式的学习规范

正式和非正式的学习规范最主要的区别在于是否以明文规定的方式呈现。有研究者根据规范成文与否，将其分为成文的、正当的、公开的社会规范和实际生活中既被遵守又被隐蔽的、不成文的两种规范。[①] 可见，正式的学习规范是指已经成文、有明确说明的关于学习的规范。比如，上课认真思考。非正式的学习规范是指存在人们的观念中，虽然没有正式的明文规定，但在实际生活中作为隐蔽的规范被共同体成员共同遵守。这类规范往往能反映出班级成员的价值观念、思维模式、精神风貌等，具有隐含性指导作用。非正式规范与正式规范并不是互相排斥和对立的，它们在课堂学习中都发挥着重要作用。

（3）过程性学习规范

过程性学习规范主要是从学习过程的角度提出的，包括课前、课中、课后的学习规范。表 4－13 展示的是以小学低段为例的一个过程性的学习规范示例。

表 4－13　**过程性的学习规范示例**

维度	要素	具体内容
课前规范	预习	按要求预习，用圈画方式整理归纳，提出疑问
	备齐用品	准备好当天的学习用具，放在指定位置
课中规范	倾听他人	同学发言认真听，有不同意见，先举手再回答
	认真听课	积极思考，回答问题表述完整
	参与讨论	听清问题，先独立思考，再与同伴交流，大胆讲出自己的见解
	与人合作	与人合作明确分工，共同完成团队任务
	课堂笔记	一边听一边记录，紧跟老师思路
课后规范	完成作业	按时独立完成当天的作业
	反思交流	主动和家长交流今天所学内容

① 朱力：《变迁之痛——转型期的社会失范研究》，社会科学文献出版社 2006 年版，第 137 页。

以上学习规范话语的设计分类虽然从不同的角度出发，但是在内容上会有所重合。在具体设计时，应注意形式上尽量生动有趣，读起来朗朗上口。比如，在描述“当其他人在发言时要认真倾听”这条规范时，便可设计为“同学发言认真听”，学生也更容易记住。表 4 – 14 展示的是笔者在 N 市小学三年级开展学习规范实践时的设计。

表 4 – 14　**N 市小学三年级某班学习规范**

维度	具体内容
学会提问	有疑问，可发问（质疑）
	有观点，可分享（主动思考）
学会表达	同学发言认真听（倾听、理解他人）
	发表观点有依据（合理表达）
学会合作	人人参与讲贡献（团队意识）
	互帮互助讲平等（平等意识）
	头脑风暴讲创新（创新意识）
	分工协作讲团结（协作能力）

4. 搭建脚手架

学习科学家引用了“脚手架”（scaffolding）这一术语来描述深度学习所需提供的支持。脚手架最初被描述为临时的、由教师或知识渊博的其他人提供的适应性支持，以帮助学生解决他们通常无法自己解决的问题。课堂学习规范的形成与发展是一个长期的过程，需要教师聚焦脚手架的诊断（diagnosis）、响应（responsiveness）、让与独立（handover to independence）三个关键特征①，精准判断和分析学生对学习规范的感知情况，提供适时的支持，视情况逐渐隐退支持并让学生独立行使规范。在课堂学习规范的形成过程中，教师话语（口头）和文字表征（书面/墙面）是常用的两种

① Makar K. , Bakker A. , Ben-Zvi D. , “Scaffolding Norms of Argumentation-Based Inquiry in A Primary Mathematics Classroom”, *ZDM Mathematics Education*, Vol. 47, No. 7, November 2015, pp. 1107 – 1120.

脚手架形式。

（1）教师话语脚手架

在课堂教学中，教师话语主要由课堂组织、讲解、提问和反馈几个部分组成。[①] 教师话语既是对教学内容的解释，又能促进学生思维并使之理解，还能对学生的情感和意志进行激发，给予情感性的影响。[②] 教师的常用语、常用行为会促进或妨碍学习。如在一堂反复强化“做对的请举手”的课中，学生出于维护自己的面子或其他原因，一直保持着对正确率的高度觉醒，在这样的课堂中容易形成的规范是：正确的结果比过程更重要。显然，在这种话语模式下形成的规范会阻碍学生真正学习的发生。在深度学习课堂中，教师可以清楚地告诉学生，学习就是要敢于说出自己不明白的地方，主动地提出问题。教师需要改变“对不对”“好不好”“是不是”这类无效的限定话语，采用开放的、引导的、启发的、协商的、引发高阶思维的话语来支架另一种学习规范的形成。例如：

追问：你这样说我还不太懂，可以请你再说一遍吗？谢谢！

探问：我还有一个问题……

质疑：这个主人公真的是这样想的吗？

有层次地问：……

a）面对个体学生：怎么做的（过程与方法）？为什么这样做（验证与循证）？还有没有其他方法（发散与创新）？

b）面对学习小组：不同的观点和理由有哪些（引导与组织）？协商后的结论或疑惑是什么（呈现与探寻）？与你们原来的思考相比有哪些异同（串联与发现）？

c）面对全班学生：这位同学（或小组）的观点你们同意吗（比

---

① 刘旭东：《中学英语教师课堂反馈话语研究》，《中小学外语教学》（中学篇）2009 年第 1 期。

② 钟启泉：《“课堂话语分析”刍议》，《全球教育展望》2013 年第 11 期。

较对话)？谁有补充或纠正（拓展与矫正)？应注意哪些问题（归纳与反思)？①

又如，在写作课上，教师可以提供类似“我的目的是……”“我的主要观点是……”“我通过……把它们联系在一起……”“我这样想的理由是……”等话语支架，帮助学生按照专家写作的方式去思考写作。表4－15展示的是笔者在N市小学三年级开展学习规范实践时的教师话语支架案例。

表4－15　**支持学习规范的教师话语脚手架案例**

学习规范维度		教师话语支持
学会提问		你有什么想法？
		大胆地说出你的问题
		你还有什么不同的方法吗？
		你还有什么疑问？
学会表达	倾听	你听明白他的发言了吗？你能解释一下吗？
		眼睛看着发言的同学
		请大家认真听，听完以后，我们来评价她讲得好不好
		刚刚那位同学讲了什么？
		大家一边听一边思考，你的想法和他的想法有什么不一样？
	表达	分层次地说出你的观点
		你的证据是什么？
		你可以按照“……”的格式来回答问题
		声音大一点，让全班人都能听见
协作		这次合作你们需要完成的目标是……
		每个人都要参与
		当其他组员有困难时，试着帮助他一起解决问题
		畅所欲言，表达你的想法

① 强光峰、崔成林：《基于深度学习的教学评一体化教学设计的本土方案》，《一线教学之声》，https://mp.weixin.qq.com/s/epioLgBOo9mMfNkgXnWyhA，2023年9月6日。

在小组讨论和辩论式学习中，教师还可以设计课堂交谈（classroom talk）的提示话语框架作为脚手架，以支持学生对同伴的提问（如图4－17所示）①。

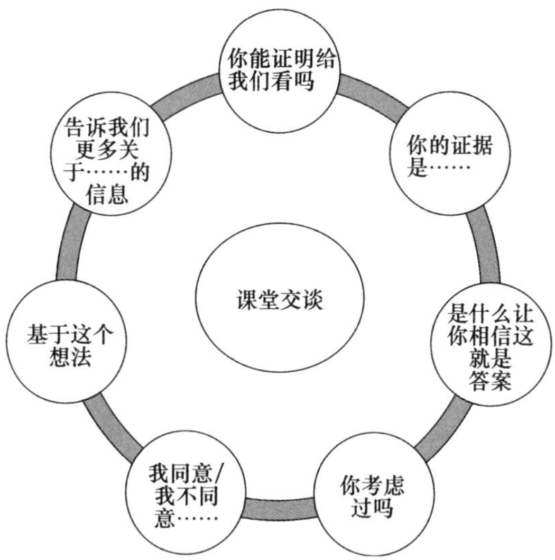

图4－17 给学生支架同伴提问的提示话语框架

总之，教师可通过调整课堂话语模式，从传统偏向教师中心、封闭式的IRE模式（教师发起问题/Initiate，学生回答/Respond，评价/Evaluate）转向IRRF模式（教师发起问题，学生回答问题后教师不急于评价，而是鼓励其他学生继续评论，教师最后再反馈评价/Feedback）等更加开放、能促进师生多元对话的话语结构。

（2）文字表征脚手架

除了口头形式的话语脚手架，文字表征（书面或墙面）也是支架课堂学习规范形成的重要形式。

---

① Makar K., Bakker A., Ben-Zvi D., "Scaffolding Norms of Argumentation-Based Inquiry in A Primary Mathematics Classroom", *ZDM Mathematics Education*, Vol. 47, No. 7, Novmber 2015, pp. 1107－1120.

“表征”在《辞海》中解释为“人类在头脑中组织、存储信息的方式”①。在这里，支架学习规范形成的文字表征通常指描述学习规范的标语、海报、手抄报和契约等外在展示方式。教师可以使用这些带有期望的脚手架，在课堂的课件、学习资源、作业和网络空间中插入学习规范的提示文字，并对学生规范遵守情况给予积极反馈。例如，一位老师围绕她所期望的课堂学习规范设计了一张海报（如图 4－18 所示），海报中写上她指定的短语，展示了她对带有听众、发言者和所有小组成员角色的高质量的“课堂交谈”的期望（图 4－18 左），以及对协同工作的期望（图 4－18 右）。通过海报上的语言支持学生应用这些实践，以此达到经常性地促进学生认可这些积极行为的目的。学生的这些课堂行为得到有价值的强化，最终他们将形成规范意识并按规范自主独立行事。②

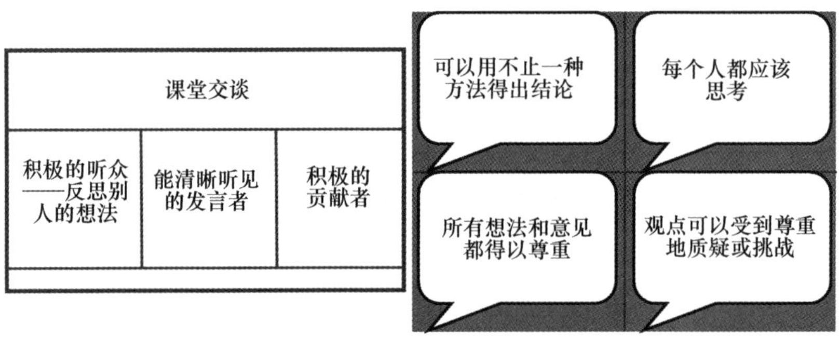

图 4－18　对课堂交谈和合作学习期望的两份课堂海报：支架辩论式探究的学习规范

学习规范也可以通过墙面表征得到强化。学校里几乎每个教室都有自己的墙面文化，充分利用教室墙面的镌刻系统来表征课堂学习规范，能对学生的课堂学习行为产生潜移默化的积极影响。

---

① 杨治良、郝兴昌主编：《心理学辞典》，上海辞书出版社 2016 年版，第 260 页。

② Makar K., Bakker A., Ben-Zvi D., “Scaffolding Norms of Argumentation-Based Inquiry in A Primary Mathematics Classroom”, *ZDM Mathematics Education*, Vol. 47, No. 7, November 2015, pp. 1107－1120.

N 市三年级课堂学习规范的文字表征案例

在确定班级的课堂学习规范后，开展学习规范的手抄报征集、评选和墙面展示活动，学生热情很高。班级教师会在课前组织学生朗读装贴墙面的学习规范手抄报，课中通过话语适时调用其中的规范文字引导学生的学习行为，潜移默化地促进学生对学习规范的内化和对教师期望的深度学习行为的自我实现。

图 4－19 学生制作的课堂学习规范手抄报

5. 评价与反思

课堂学习规范具有发展性，在设计与实施学习规范话语后，离不开相应的评价与反思。

（1）利用规范评价学生。通过自评、互评或教师评价等多种方式对学生的学习品质和规范遵守情况进行评价。比如，教师可以设计学习规范自评表和小组评价表，对自身的规范学习行为进行自评和反省，促进学习规范的进一步认同和内化。互评或小组评价有利于创建一个良好的互助共同体。同时，教师在利用学习规范话语对学生进行评价时，应注意学习规范的教育性，讲究艺术性，不仅仅关注学生的外在学习行为，还需着眼于学生的高阶思维等更深层次的学习品质。

（2）评价和改进现有规范。学习规范不是一成不变的，而是需要根据学习共同体的变化和发展做出相应的调整。不同阶段的学生，发展水平也是不同的。因此，在执行过程中教师要充分考虑学生实际情况。如果设计的学习规范话语对学生要求过高，不符合现阶段的认知水平，则需调整。对于要求过低或过于简单的规范，且学生早已内化于心，则不再强调。在实施过程中，及时向学生收集对已有规范的看法，对认可度低的规范进行班级讨论，持续发展和形成更完善的学习规范。

课堂学习规范评价表案例

下面展示的是笔者在N市小学三年级开展学习规范实践时设计的课堂学习规范评价表。

表4－16　**课堂学习规范评价表**

	有疑问，可发问	有观点，可分享	同学发言认真听	发表观点有依据
周一				
周二				
周三				
周四				
周五				

注：完全遵守★★★，比较好遵守★★，一般遵守★，未遵守不打星。

表4－17　**课堂学习规范小组互评与自评**

	人人参与讲贡献	互帮互助讲平等	分工协作讲团结	头脑风暴讲创新
组员1				
组员2				
组员3				
自评				

（四）规范运行内化的三阶段

根据社会心理学家凯尔曼（Kelman）提出的价值内化三阶段理论（依从、认同和内化），课堂学习规范的内化也需要经历这样的过程。班级共同体共同设计了具体的规范话语后，班级成员开始可能会表现出依从的状态，通过教师脚手架支撑，成员逐渐认同规范，并在评价与反思中内化规范，最终达成真正的价值共识和行动的自觉。

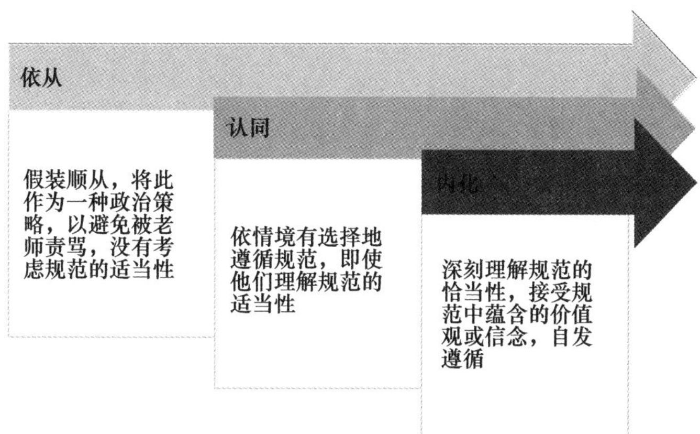

图 4－20　规范内化的三个阶段①

一是依从。这一阶段的学生被迫遵守学习规范，为了获得奖励或者是避免惩罚，将遵守规范作为一种政治策略而采取与他人表面相一致的行为。在这个过程中，教师讲解班级学习规范的具体含义，引导学生认识学习规范的重要价值，培养规则意识，对学习规范有初步的认知。

二是认同。这一阶段比认识更近了一步，学生不再是被迫接受，而是自愿接受学习规范，使自己的行为和观念表现得与他人一致。在这个阶段，一方面取决于教师给学生提供机会去实践这些规范；另一方面，学生受到榜样的影响，强化关于学习规范的认同。比如，当有同学上课认真倾

① 改编自 Chang J., Song J.,"A Case Study on the Formation and Sharing Process of Science Classroom Normss", *International Journal of Science Education*, Vol. 38, No. 5, April 2016, pp. 747－766。

听其他同学发言时，老师对这位同学说："你真是有一双善于倾听的耳朵。"此时，其他同学也会受到潜移默化的影响，表现出相类似的行为。经过多次强化，学生就会逐渐认同这些规范。

三是内化。当学生认同一定的规范之后，就会内化为自身的习惯，从而在实践中自觉地表现出与制度性规范一致的行为。① 即使在脱离了脚手架的情况下，学生仍旧能主动表现出与学习规范一致的行为。譬如，当学生内化了要认真倾听的学习规范，即使在老师没有提醒、没有表扬等外在条件下，仍能自觉做到耐心倾听其他同学的发言。在这个阶段，学生也能逐渐意识到在课堂中，自己是学习过程中的体验者、行动者。打破课堂端坐静听的固有模式，学生的内心真正发生了改变，能够把学习规范纳入自己的价值体系，形成新的价值信念。

第四节　技术赋能的深度学习

各行各业都面临着数字化转型的挑战，数字技术与教育的深度融合构成了一种给养关系，如交互性、适应性、反馈、非线性访问、与他人交流等都是技术的关键给养②。数字技术同深度学习的关系日益密切，高速的、无处不在的数字接入是宏观层面发展深度学习的一项明显要求③。在信息化时代，课堂深度学习离不开数字技术手段的应用，仅探讨深度学习已经无法满足数字时代的学习变革要求，教育要培养的未来人必定是在泛在技术世界能够主动终身学习的人。如果没有以技术为基础的工具和策略网络来定制和扩展学习，就不可能为每个学生提供深度学习的机会。④

---

① 吴康宁主编：《课堂教学社会学》，南京师范大学出版社 1999 年版，第 214 页。

② ［美］科拉·巴格利·马雷特等编：《人是如何学习的Ⅱ，学习者、境脉与文化》，裴新宁等译，华东师范大学出版社 2021 年版，第 168—170 页。

③ Fullan M., Hill P., Rincón-Gallardo S., "Deep Learning: Shaking the Foundation", *Pedagogies for Deep Learning: A Global Partnership*, No. 3, 2017, pp. 1 – 39.

④ Vander Ark T., Schneider C., "How Digital Learning Contributes to Deeper Learning", *Retrieved June*, December, 2012, p. 11.

一 用技术支持学习

（一）技术的使能、增能与赋能

加拿大学习联盟（COL）用“技术使能的学习”（Technology-Enabled Learning，TEL）这个术语来描述教育情境中用来支持学生学习的技术应用。其本意就在于，通过技术应用使得学习成为可能，意味着技术服务于当前学习者的方式是多元的，或者对于那些先前因条件所限而很难获得相关教育资源的学习者来说，技术提供的潜在学习机会是多元的。祝智庭认为，技术赋能是指借助技术先“使不能变为可能”——也就是“使能”（enabled），再“由小能变为大能”——也就是“增能”（augmented），这两者共同作用机制是“赋能”（empowered）——通过给主体赋权而增强活力[①]。

据此可知，技术赋能的深度学习即指将数字技术作用于学习者的学习过程，通过创建真实任务/问题/项目驱动的技术丰富的学习环境，使真实性学习“由不能变为可能，由小能变为大能”，从而赋予学习者更多学习主动权，激发他们的深度认知、深度情感和深度参与，实现更加有效的深度学习效果。

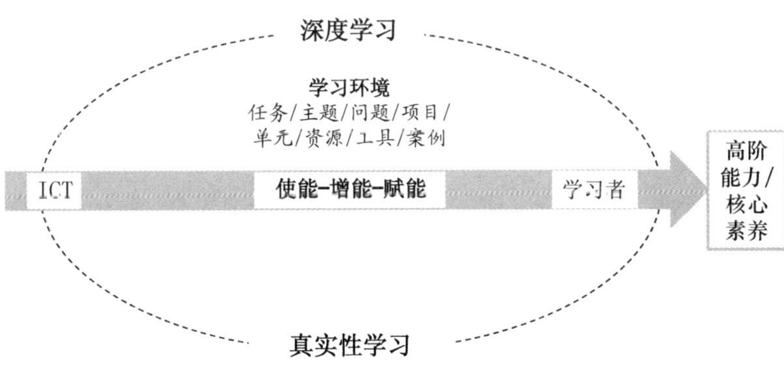

图 4－21 技术赋能的深度学习

① 祝智庭、彭红超：《创新发展技术赋能的智慧教育——访我国智慧教育开拓者祝智庭教授》，《教师教育学报》2021 年第 4 期。

（二）SAMR 模型：技术支持学习的转型应用

技术支持学习有不同的层次和类型，传统意义上的简单技术使用并不能确保深度学习的发生，关键要关注转型性应用（Transformative use）才能实现技术对学习的真正赋能。普恩特杜拉（Puentedura，2011）提出了一个四层次的技术使用 SAMR 模型，来描述技术促进学习的转型应用。[①] 该模型包括替换（Substitution）和扩展（Augmentation）、改进（Modification）和重新定义（Redefinition）四个技术促进学习的使用层次。前两层次属于技术应用的增强阶段（Enhancement Stage），后两层次属于技术应用的转型阶段（Transformative Stage）。通过这种转型，使技术应用从支持传统浅层学习的 3Rs 变为支持深度学习的 6Cs、迁移能力、人性回馈、理解—参与—改变世界的能力。（见图 4－22）。[②]

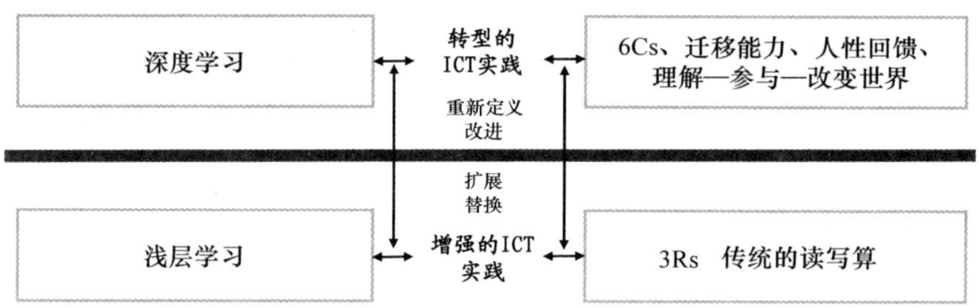

图 4－22　技术增强学习的模式

1. 技术支持学习的增强应用

替换是最低一层的技术应用，用来简单替代不用技术时所做的工作。比如，用文字处理器（不用编辑功能）来替代纸和笔。第二层次是扩展，在这个层次，技术的一些提升功能当作直接工具得到应用。比如，还是以上述文字处理器为例，在这个层次将使用它的复杂编辑功能。第二层次与第一层次

① Puentedura, R. "Metaphors, Models, and Flows: Elements for a Cartography of Technology In Learning ",(2011),http://clikmedia. ca/LMM/sites/default/files/pdf/ajout_puentedura_modelesamar. pdf.

② Keane W F. , Keane Therese, "Deep Learning, ICT and 21st Century Skills Leading for Education Quality",(2013), https://core. ac. uk/display/36855236.

的最大区别在于是否使用扩展的技术特性提升产出。然而，这两层次的技术使用都只涉及基本的学习技能，属于技术支持学习的增强阶段，教师较常应用在传统的读写算素养（3Rs）领域，对学习的影响很小。因为，在这一阶段对应支持的学习任务，即使不用技术，学习者也能很好地完成。

2. 技术支持学习的转型应用

面向“4Cs”或“6Cs”素养发展的深度学习是一种强劲学习（powerful learning），需要“转型”的技术应用，才能为深度学习创设理想的条件和环境。技术应用的转型阶段包括更高级的“改进”和“重新定义”两个层次。与前一阶段相比，在“改进”层次，学习任务变得迥异。比如，用文字处理器不仅仅是完成一段文字的编辑打印，写作变成了博客、论坛、社交网络交流、共同体知识建构的一部分。最后一个层次是“重新定义”，技术可用于新任务的创建，这在以前是不可思议的。由于技术在不断飞速发展，我们也随之需要不断重新定义技术以一种预先方式应用的可能。因而，这一层次很难具体描述。

休利特基金会资助的一份深度学习研究报告①指出，技术作为工具和催化剂，它本身不是目的，只有当将其使学习内容更丰富、教学法更强大、评价更有效，且能连接课堂内外的学习的时候，技术赋能深度学习的转型应用才真正发挥了效用。人工智能时代的教育技术，关注的焦点已经适度从人工智能自身转向了增强教师和学生的智能。该报告进一步建议，在深度学习课堂，可用技术赋能教师更好地使用如下一些深度教学策略。

- 基于案例的学习，通过真实世界的情境分析，帮助学生掌握抽象原理和技能；
- 共享多元的概念表征，通过向学生展示另一种形式的相同隐藏观点，帮助学生掌握复杂学习内容；

① Dede C.，*The Role of Digital Technologies in Deeper Learning. Students at the Center: Deeper Learning Research Series*，Boston，MA：Jobs for the Future，2014.

- 合作学习，帮助学生理解他们共同的努力通常要比他们个人知识和技能总和的力量大；
- 学徒制，通过为学生创建与真实情境相关联的学校作业，引导他们接触真实世界的挑战、责任，向同行和导师学习；
- 创建自我导向学习的机会，通过要求学生明确自己的学习兴趣，提升专业参与、自我效能和学习韧劲；
- 跨学科探究，帮助学生明白不同领域如何做到优势互补，如何能比单一学科生成一个关于世界的更加丰富的观点；
- 个性化学习，确保学生获得的教学和支持符合他们的需求，回应他们的兴趣；
- 关联学习，鼓励学生抓住各种课外和校外的学习机会；
- 采用诊断性评价，嵌入学习过程，开展面向未来学与教的形成性评价。

二 技术赋能深度学习的3P模型和效能机制

技术作为变革教育的力量在当今“技术泛在”的数字时代日益得到重视，与此同时，对“技术促进学习”的争论似乎也从未停歇。在最近的学习科学研究中，有强有力的实证表明，学习技术所具有的效能，并非像乐观派所推崇的那样，技术效用的发挥需要依赖学习者的特性、学习的类型、社会文化境脉和来自教师应用技术的支持等。[①] 此外，亦有越来越多的研究者指出，“提高学生学习质量，关键不在于技术，而在于使用技术的教学法和学习法”。[②] 究竟怎样才能运用技术赋能学习者深度学习呢？

（一）技术赋能学习的3P模型

比格斯于20世纪80年代提出了一个由“预示（Presage）—过程

① National Academies of Sciences Engineering and Medicine, *How People Learn* Ⅱ: *Learners*, *Contexts*, *and Cultures*, M. Washington DC: The National Academies Press, 2018, p. 7.

② 王永军：《技术赋能的未来学习者——新版ISTE学生标准解读及其对我国中小学学生信息化学习能力建设的启示》，《中国远程教育》2019年第4期。

（Process）—结果（Product）”三部分组成的3P模型，经其自身以及特里格韦尔等学者后续补充和完善，成为描述学生学习过程的经典模型。这一模型认为，学生的学习方式和学生个体因素、教学情境因素、学习结果互相作用，共同组成了一个学习动态系统。学习的前置预示因素（学生的个体因素和教学情境因素）影响着学生在学习过程中采用何种学习方式，而学生的学习方式影响最终取得的学习结果。除此之外，前置的预示因素还可以直接影响学生的学习结果。遗憾的是，在西方这一研究传统路线中，并没有涉及技术支持学习的相关因素。

在比格斯3P学习模型的基础上，笔者将技术使用作为一个重要因素整合其中，以技术赋能的学习环境、教师的教学技术应用作为前置预示变量的教学情境因素，以学习者技术使用方式和原有的学习方式（深度学习和浅层学习）作为学习过程变量，以学业成绩（本研究主要采用大学生的学业成绩与操行成绩组成的综测排名）和核心能力作为学习结果变量，形成技术赋能学习的3P模型（如图4－23所示）。

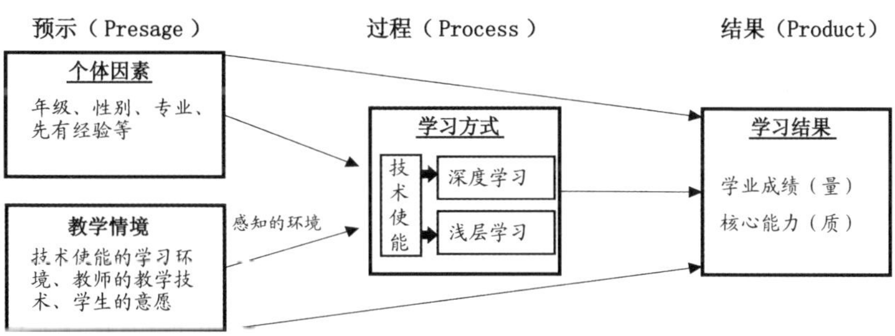

图4－23　技术赋能学习的3P模型

（二）学习者技术使用的四种类型

基于以上模型，笔者编制测量工具对491名高校大学生进行了调查研究。[①]通过K-Means聚类，得到大学生技术使用的四类学生群体。

① 杨南昌、罗钰娜：《技术使能的深度学习：一种理想的学习样态及其效能机制》，《电化教育研究》2020年第9期。

其一，技高学低的技术主导型（26.33%），即在技术使用上的得分高（均值为正值），而在深度学习上得分低（均值为负值）。说明该类群体在日常学习活动中有较好的技术使用能力，但很少进行深度学习。

其二，技低学低的亚游离型（25.31%），即在技术使用与深度学习上得分都很低。说明该类群体既不善用技术，也很少进行深度学习，但比单纯的技术游离型和单纯的学习游离型（深度学习和浅层学习得分都为负值）表现稍好。

其三，技高学高的新融合型（19.39%），即在技术使用和深度学习上的得分都很高。说明该类群体在日常学习活动中有较好的技术使用能力，且能很好地利用技术进行深度学习，是一位高技术使能的深度学习者。

其四，技低学高的深度学习主导型（28.98%），即在技术使用上得分较低，在深度学习上得分较高。说明该类群体是不善用技术的、低技术使能的深度学习者。

进一步分析，四类技术赋能的学习者群体在学习结果（核心能力和成绩排名）上存在显著差异。在核心能力上，四类群体两两之间均存在显著性差异，得分排序为：技高学高（新融合型）>技低学高（深度主导型）>技高学低（技术主导型）>技低学低（亚游离型）。这表明，技术赋能的深度学习者具有更高的核心能力。

在成绩排名上，技高学高（新融合型）学习者好于技低学低（亚游离型）、技高学低（技术主导型）学习者，但与技低学高（深度主导型）学习者无显著性差异。说明决定成绩排名的主要因素为学习者的深度学习水平。

以上学生的人群聚类分析表明，在核心能力和成绩排名两项学习结果上，高技术赋能的深度学习者是一群表现最佳的学习群体。

技术赋能深度学习的发生，既受学习者自身的技术使用和学习方式影响，也受技术环境中的教师教学影响。

（三）技术赋能深度学习的效能机制

1. 学生视角的效能机制

对上述研究进行进一步的结构方程模型验证，根据技术赋能的深度学习结构模型和技术赋能路径各项效果值，可以清楚地描述技术赋能的深度学习各要素之间的效能关系：(1) 作为学习结果的核心能力直接受技术情境感知、深度学习、技术使用深度的正向影响；(2) 作为学习结果的成绩排名直接受深度学习、技术使用广度的正向影响，受浅层学习的负向影响；(3) 深度学习同时受技术使用深度与技术情境感知的正向影响；(4) 技术情境感知、技术使用广度/深度之间相互呈正向影响，即在技术使能的学习环境当中，真正直接促进学习者深度学习与核心能力发展的是技术的深度使用能力，直接促使学习者获得更高成绩排名的因素在于技术使用广度与深度学习水平。

因此，技术赋能（技术使用广度＋技术使用深度）的深度学习，相对于深度学习本身，更能够促进学习者获得更好的学习结果。即便在技术赋能的学习环境下，技术可以直接或间接影响学习方式和学习结果，但起关键作用的仍然是学习者的深度学习方式而不是技术使用本身。

技术主导型学习者也可能是浅层学习者，深度学习者也可能是技术使用的游离者，数字时代的学生只有采用技术赋能的融合方式（广度＋深度），并将技术使用很好地融入主动探究、积极思考、深度理解、合作交流、追求创新的深度学习方式中，才能形成高质量学习的效能合力，两者结合的理想学习方式就是“技术赋能的深度学习”，而获得最佳学习结果的一定是高技术赋能的深度学习者（技高学高的新融合型）。在这里，“高使能的技术”和“有深度的学习”不可分割地融合在一起。①

2. 教师视角的效能机制

在教育数字化转型大背景下，教学活动的空间、形态发生了巨大变化，线上教学已成为当前和未来教育不可或缺的重要形式，也是技术赋能教学的最普遍方式之一。研究表明，教师的教学自我价值感是影响教师心理健康、专业成长和优质教学的内在力量。所谓的教师线上教学自我价值感是指教师在线上教学中，对自我作为教师的重要性的肯定和接纳的心理

① 杨南昌、罗钰娜：《技术使能的深度学习：一种理想的学习样态及其效能机制》，《电化教育研究》2020 年第 9 期。

倾向。为此，笔者从教师的自我价值感视角出发，基于线上教学的技术环境、教师的教学方式、学生的学习效果三方面，对高校多学科教师进行了调查，以此探究教师由线下传统教学转为线上教学后自我价值感的变化，以及技术、教学和学生学习之间的效能机制。①

调查发现，教师线上教学的自我价值感来源是一个关涉技术环境、教学方式与学生学习效果反馈的复杂系统，唯有“深教—优学—良技术”的共同作用，方能营造良好的线上教学环境，进而推进高质量的课程教学，促进学生的深度学习。

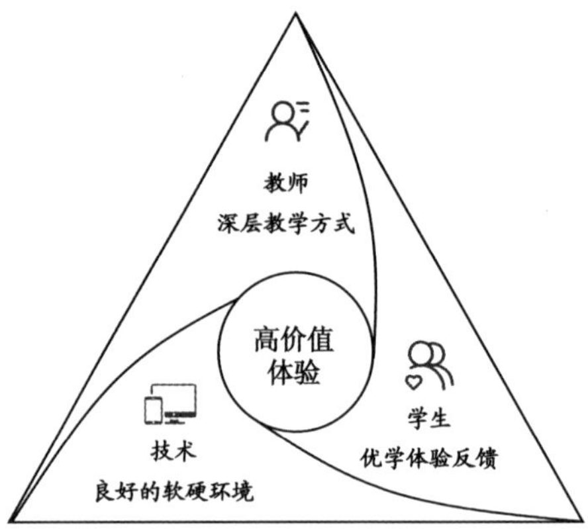

图 4－24 教师线上教学高价值体验的“金三角”

具体来说：

第一，学生线上课堂的“学”是影响教师线上教学自我价值感的关键所在，师生教学体验共鸣互促。笔者研究发现，学生的学习效果不仅是影响教师自我价值感知的直接核心因素，而且作为中介因素，沟通着技术环境、教学方式与自我价值感。追求优质学生学习成效不仅是高质量教学的核心要义，也是教师线上教学自我价值感的核心来源。更为重要的是，教师与学生的线上教学体验呈共鸣态势。越是采用深层教学方式的教师，其

① 杨南昌、梁慧芳：《高质量教学的内在驱力：教师线上教学的自我价值感研究》，《电化教育研究》2023 年第 7 期。

自我价值感越高。教师的深层教学行动引发了学生的优质学习反馈，而学生的优学反馈进一步增强了教师自我价值感，“教与学”之间达成了一致性。罗萨的“共鸣（resonance）教育”理论便指出，成功的课程应是由教师、学生和材料构成的共鸣三角，在这个三角内，师生之间建立起真正的连接，学习材料成为充满意义的可能性和挑战性空间。[①]

第二，师生在线上课堂的互动交往，尤其是作为“真实人”在虚拟环境中建立的亲密感、可及感、共存感对自我价值感有显著影响。作为社会存在感核心的“真实人”表征着个体在媒介环境中能否像在真实环境中那样互动交往。笔者研究发现，有助于师生互动的理论与实践结合型课程、能够调动学生参与教学活动的深层教学策略、师生高质量的课堂互动、学生积极的情感反馈等因素均与教师线上教学的高自我价值感显著相关。

第三，技术能否推动教师线上教学自我价值感的提升，取决于利益相关者的支持、教师自身的技术使用。相关研究发现，教师自身的效能体验与其身处的数字环境及自身数字素养差异紧密相关[②]，笔者的研究从自我价值感的视角佐证了这一发现。线上教学中，技术对教师群体来说既是机遇也是挑战，能模拟真实教学环境、满足教师教学需要且易操作的教学平台，适切的技术使用与外部提供的保障，都有助于教师在线上教学面临逆境时维持原有状态、适应外部变化，进而建立新的状态，提升教学自我价值感；反之，教师就会遭遇自我价值感滑坡。

（四）技术赋能深度学习的教学建议

正如迈克尔·富兰和凯特琳·唐纳利（Katelyn Donnelly）在《在沼泽中生存》中写的那样，“技术如果不配合有效的教学方法（深度学习任务），那么它就不能帮我们走得更远”。[③] 同样，学习者若不能有广度、深

---

① Rosa H., *Resonance: A Sociology of Our Relationship to the World*, Cambridge: Polity Press, 2019, p. 247.

② 李家新、谢爱磊、雷欣渝：《大规模在线教学环境下教师“数字鸿沟”影响教师韧性的机理研究——基于粤港澳大湾区 1556 位城乡小学教师的调查》，《现代远距离教育》2021 年第 6 期。

③ Fullan M., Donnelly K., *Alive in the Swamp: Assessing Digital Innovations in Education*, Nesta-NewSchools, Report. November 01, 2013.

度的使用技术进行学习，也难以适应新的时代发展。因此，要实现技术赋能的高质量学习，笔者建议对教学“外在”和“内在”以及学生的数字深度学习能力同时予以关注。

1. 从“客观外在”和“体验内在”两方面构建高质量的深度学习课堂

课程教学建设和评价的关注点应从传统过度强调客观的“教学外在”转向学生感知的“学习内在”，进而激发教师感知的“价值内在”，最终形成师生共鸣互促的高质量教学。深度学习方式是产生高质量学习结果的关键，而正向影响学生采用深度学习方式的重要因素不是客观上“学校建设了怎样的一流教学设备或者教师设计了怎样的一流课程和教学”，而是“学生对这些客观外在技术环境与教学情境的感知”。[①] 也就是说，一流课程建设不仅要关注“外在”的教学硬件、资源、团队，更重要的是要从“内在”为学生创设一流的深度学习体验。应将“学生的深度学习”程度纳入高质量教学的评价范围——通过技术支持并赋权学习者，将“学生采用深度学习的比例和深度学习总体水平的高低”作为课程质量评判的重要指标。

教师不仅要引领学习者完成基本的学习任务，更需通过设计高阶性、创新性、有挑战度的深层教学活动，让学习者在解决真实、紧密联系生活的问题中获得意义感，在具体的反馈、有效的评估、明确的学习目标及人际协作中获得自豪感、快乐感、愉悦感，推动学习者从基本“学习任务”需求到高层次“美好学习体验”需求的满足。正如“数据驱动的迭代设计模型”[②] 指出，为了实现“以学为中心”的教学质量改进，一方面要关注学习者的学习行为与结果等学习分析数据，另一方面也要关注教师和学生的体验数据。

---

① 吕林海：《“深度学习”视域下的大学“金课”——历史逻辑、考量标准与实现路径之审思》，《高校教育管理》2020 年第 1 期。

② Galyen K., et al., “Fundamentals of Exceptional Instructional Design: Essentials of Mindset and Approach”, in Connecting the Dots: Improving Student Outcomes and Experiences with Exceptional Instructional Design, Pressbook, (Mar 15, 2020), https://pressbooks.pub/instructionaldesign2improvelearning/chapter/chapter-2-fundamentals-of-exceptional-instructional-design-essentials-of-mindset-and-approach/.

2. 将数字深度学习能力的提升作为技术赋能学习者的发展方向

大力推进信息技术与课程教学的深度融合，一直是我国教育改革的目标方向，但从目前的应用来看，教师角度的融合实践做得比较好，学生角度特别是基于深度学习角度的融合应用还在探索发展中。学校在注重教师信息化教学能力建设、创建数字化教学文化、提升教师数字化教学胜任力的同时，应大力促进学生学习方式从“浅层学习”到“深度学习”的变革。国际教育技术协会（ISTE）发布的新版学生标准也指明了“淡化学生技术素养，深化使用技术的学习法素养指向赋权学习者和技术赋能学习”的发展新方向。只有将信息技术应用与学生的深度学习任务和学习方式的设计进行深度融合，发展学生的数字深度学习能力，发挥学生技术使能的学习效用，才能最终实现高质量的学习效果。

三 建构学习者的数字化深度学习能力指标体系

技术赋能的深度学习形式可以看作数字深度学习，是数字时代追求迁移应用的有意义学习，在瞬息万变的数字情境中促进深度参与、生成和应用高阶知能，以培养数字时代所需要的核心素养。发展学生的数字深度学习能力关键在于通过技术创造一个数字接入的深度学习环境，提供学习者利用数字技术进行有意义学习和价值创造的机会。

在这一背景下，加拿大多伦多教育局提出数字流利（digital fluency）的概念，它被定义为一种动态的、进化的、渐进的智能，通过探索、访问、组织、解释、评价、实现和创造数字信息和思想，使数字技术的用户能够获得高水平的数字专业知识，并产生具有重要意义的产品，以加强其他领域的学习，并成功地参与社会。简单来说，数字流利就是利用数字技术产生有意义迁移和创造的深度学习能力，从内涵上可以理解为数字深度学习能力。

流利原本在语言学中表示“流畅、快速、毫不费力地使用语言”的能力，意味着可以使用这门语言完成任何任务和目标，反映出语用能力的最高水平。推而广之，流利统指一种通过使用技术可靠地达到预期结果的能力。而能力和结果之间的关系适用于任何技术，包括数字技术①。在数字化生存时代，语言学的经典术语“流利”已经延伸数字技术领域。数字流利不仅体现在流利技术使用，更重要体现在表达、创造有意义的作品，反映了学习者在数字化转型时期所需数字学习能力的新要求。

数字流利由四项数字能力构成：数字基础（Digital Foundation）、数字参与（Digital Participation）、数字主动（Digital Production）、数字公民（Digital Citizenship），每种能力下又包含了两种基本能力，表4－18展示了TDSB的数字化深度学习能力维度与具体指标。

表4－18　**多伦多教育局数字化深度学习维度及内涵②**

数字化深度学习维度	具体指标	含义阐释
数字基础	认知	通过使用认知技能（包括逻辑、直觉和创造性思维），学习者明确表达信息需求，浏览、评估、存储、管理和检索数据和信息
	批判	学习者批判性和负责任地使用数字技术和系统，评估所遇到数字信息的效度、可靠性、有用性、准确性和可信性，并选择适当的数字信息来源
数字参与	合作	学习者成功地利用各种数字环境和媒体，共同构建和创造与他们相应等级相关的内容、想法、信息和产品
	交流	学习者获取、理解并创建针对特定情境或不同环境的正式和非正式数字沟通，利用各种数字工具、媒体和格式有效而负责地交换信息和想法
数字主动	自信	学习者使用数字技术解决现实世界的问题，并得到计算思维的支持，他们熟悉数字技术的术语和流程，自信地预测和管理事务的复杂性
	创造	学习者通过建模、重混、重新利用、调整、修改和精练现有的数字媒体，以个人或合作的方式创造新的内容、想法、信息和产品
数字公民	文化	数字技术的文化方面不断发展，学习者意识到在线环境中的个人安全和隐私问题，他们能在一个安全的数字学习环境中运作，保护个人安全和隐私、健康和福祉
	公民	当学习者个体成为社会的参与者时，发展并帮助获得民主和全球公民的概念，认识到数字技术促进社会福祉和社会包容

① Briggs C., Makice K., *Digital Fluency: Building Success in the Digital Age*, Social Lens, 2012, pp. 22－23.

② Sinay E., Graikinis D., *Global Competencies in Deeper Learning Environments Enabled by Pervasive Digital Technologies: Evolving Framework for Theoretical Foundation and Developmental Evaluation*, (Research Report No. 17/18－22), Toronto, Ontario, Canada: Toronto District School Board, 2018.

基于多伦多教育局数字化深度学习能力标准，整合休利特基金会六大深度学习能力、NRC21 世纪技能框架、富兰的深度学习“6Cs”框架、数字胜任力框架等，笔者团队构建了学生数字深度学习能力指标体系原型，并转化为具有操作性的、可测量的问卷，再对指标体系原型展开实证验证研究并进行修正，最终形成一个整合的能力指标体系（如表 4 – 19 所示）。该数字深度学习能力指标体系包括认知、个人和人际三个维度，涵盖数字使用、信息素养、数字审辨、自主学习、问题解决、创新创造、沟通交流、协作能力、领导能力九项子能力。该框架可作为发展指标框架或能力评价框架，为学校创建数字深度学习环境或评价学习者的数字深度学习能力提供参考。

表 4 – 19　　学习者数字化深度学习能力指标体系

<table>
<tr><th>一级维度</th><th>二级指标</th><th>二级权重</th><th>三级指标</th><th>三级权重</th><th>三级总权重</th><th>三级指标（描述）</th></tr>
<tr><td rowspan="9">认知领域</td><td rowspan="3">数字使用</td><td rowspan="3">0.1</td><td>数字技术信念</td><td>0.29</td><td>0.03</td><td>学习者对数字技术应用于学习的基本看法，相信数字技术促进学习</td></tr>
<tr><td>数字技术水平</td><td>0.40</td><td>0.04</td><td>学习者使用数字技术展开学习、挖掘数字技术潜在学习功用的基本能力</td></tr>
<tr><td>数字技术评价</td><td>0.31</td><td>0.03</td><td>学习者对数字工具或平台本身在学习功用方面的评价</td></tr>
<tr><td rowspan="3">数字审辨</td><td rowspan="3">0.13</td><td>审辨意识</td><td>0.33</td><td>0.04</td><td>指对已有信息和观点展开批判性思考的意识</td></tr>
<tr><td>审辨态度</td><td>0.32</td><td>0.04</td><td>指不轻易接受结论的态度，勇于刨根问底的精神</td></tr>
<tr><td>审辨技能</td><td>0.35</td><td>0.05</td><td>指发现或识别问题、信息中存在的漏洞，判断其可信性，并提出假设展开分析论证、推理演绎的能力</td></tr>
<tr><td rowspan="3">信息素养</td><td rowspan="3">0.12</td><td>信息整合</td><td>0.32</td><td>0.04</td><td>指对获取的信息进行对比、总结、整合，以做出更好的解释</td></tr>
<tr><td>信息评价</td><td>0.33</td><td>0.04</td><td>指能够对网络学习中信息的价值性、有效性做出判断</td></tr>
<tr><td>信息应用</td><td>0.35</td><td>0.04</td><td>指为了达成预定目标，实现信息价值的能力</td></tr>
</table>

续表

一级维度	二级指标	二级权重	三级指标	三级权重	三级总权重	三级指标（描述）
个人领域	自主学习	0.12	自主监控	0.17	0.02	指学习者能够依据学习任务设定目标，监控学习进度
			自主评价	0.20	0.02	指学习者能够依据学习目标，对自己的学习做出评价
			自主反思	0.21	0.03	指学习者对学习进行反思，总结经验
			自主调节	0.22	0.03	指学习者根据学习结果主动调节学习进度、规划学习策略
			发展与维持学术意念	0.20	0.02	指学习者的自我效能感、时间与精力投入、学习与钻研毅力
	问题解决	0.12	洞悉力	0.31	0.04	指学习者不仅能够解决已面临的问题，还具有发现潜在问题的能力
			推理能力	0.35	0.04	根据已有的信息、材料，解析出问题的原有脉络
			执行力	0.34	0.04	指学习者基于已有的分析，做出决策、制订解决方案，并依据实际情况对实施中的方案做出调整、优化
	创新创造	0.11	创新人格	0.32	0.04	指学习者具有好奇心、开放心态、想象力等特质
			创新思维	0.37	0.04	指学习者具有较好的发散思维、辐合思维、重组思维等，能形成有创新意义的思想观念、理论与方法
			创新实践	0.31	0.03	指学习者借助数字技术产生有价值的成果
人际领域	沟通交流	0.1	表达能力	0.31	0.03	指学习者正确无误传达信息或观点的能力
			倾听能力	0.35	0.04	指学习者愿意倾听他人的表达，理解他人要传递的信息
			同理反应能力	0.34	0.03	在沟通交流中能够站在对方立场思考，考虑对方的情感，接受他人的意见或建议

续表

一级维度	二级指标	二级权重	三级指标	三级权重	三级总权重	三级指标（描述）
人际领域	协作能力	0.1	建立并维持团队组织	0.27	0.03	与他人组建并维持数字协作团队，确立共同的目标
			建立并维持共同理解	0.28	0.03	与其他成员建立对目标的共同理解，协商解决冲突
			采取合适行动以完成任务	0.24	0.02	遵循相应的角色参与规则，完成既定目标
			协作信念	0.21	0.02	对团队成员和团队本身价值的肯定，愿意承担团队协作中的共同职责
	领导能力	0.1	感召力与控制力	0.32	0.03	积极号召、引导和指挥他人
			前瞻力与决策力	0.33	0.03	能做出具有前瞻性的决策
			影响力	0.35	0.04	能够对他人产生影响

第五章

课堂深度学习的评价设计

面向深度学习的课堂教学是多维的，需要多元的评价方法分析学生的学习效果，从而有针对性地调整和改进教学设计。本章在分析深度学习评价内涵与发展的基础上，构建深度学习评价的设计框架，以帮助教师整体上把握深度学习评价的目标方向。同时，对深度学习评价的常用方法进行列举描述，以便于教师的实际操作与运用，确保深度学习“教—学—评”的一致性。

第一节 课堂深度学习评价设计模型

科学有效的课堂学习评价设计是课堂深度学习创新行动能否持续的重要保证。如果评价不改变，课堂深度学习革新就无法实现。无论是教学前对学生相关背景的调查，还是教学过程中对深度学习的形成性评价，抑或是教学后对学习者深度学习能力的评估，评价设计始终贯穿其中。

一 深度学习评价概述

（一）深度学习评价内涵与评价要素

深度学习评价是一项基于特定学习情境，以深度学习目标为依据，持续性地运用各种方法收集恰当、有效、可靠的学习证据，对深度学习效果做出判断，并据此改进教学的活动。当前，教师用在课程内容和结果上的评价方法很多，对学生的参与和深度学习能力的评价却少之又少。与传统评价一样，深度学习评价也需要遵循基本的要素，关键在于回答好“评价什么”以及“如何评价”的问题。在分析现有评价研究观点的基础上，笔者归结了深度学习评价设计的五大要素：评价目标、评价内容、评价主体与重心、评价方法和评价情境，并对各要素内容进行了描述（见表5－1）。

表5－1 **深度学习评价设计要素**

评价要素	主要内容	
评价目的	促进学习者深度学习，发展核心素养 确保教学评的一致性	
评价内容	宏观层面：学习者深度学习能力 面向深度理解（认知领域） 面向深度投入（自我领域） 面向深度交互（人际领域）	微观层面：学科核心知识、思想方法等
评价方法	多种评价方法相结合，侧重过程性、持续性评价。主要评价方法： 话语评价（包括问答、对话、演讲、访谈、辩论等）、学习行为评价（包括学习策略、群体互动、学习动机/情感、学习态度等）、测试与练习（包括试卷测试、纸笔作业、课堂练习、课后练习等）、活动/任务的表现性评价（包括分析学习者产品、概念图、学习记录、任务表现等）等	
评价主体与重心	评价主体：多元主体 评价重心：面向迁移	
评价情境	复杂的问题情境，真实性的挑战任务	

（二）深度学习评价设计连续统

深度学习评价与传统学习评价既有联系又有不同。随着教师教学实践的推进和学习者学习结果的变化，证据也随之发生变化，很难仅用一两个指标或方法来评估学习者完整的学习成果。戴维·T. 康利（David T. Conley）、琳达·达令－哈蒙德（Linda Darling-Hammond）认为，深度学习评价应提供一系列的方法选择，以确定学习者所知道的和能做的事情，而不是试图用一种方法来满足所有评估需求，并用评估连续统描述了这一观点(见图5-1)①：左端的窄评估（narrow assessment）是传统测验中的多项选择和封闭试题，主要测量记忆与识别，而不是高阶思维或应用能力；往连续统的另一端逐步推进是深度学习评估，面向学习者的深度学习技能，评价任务变得越来越复杂，周期更长，形式可能是深度调研(2—3个月)、展览、高级项目、毕业档案等。

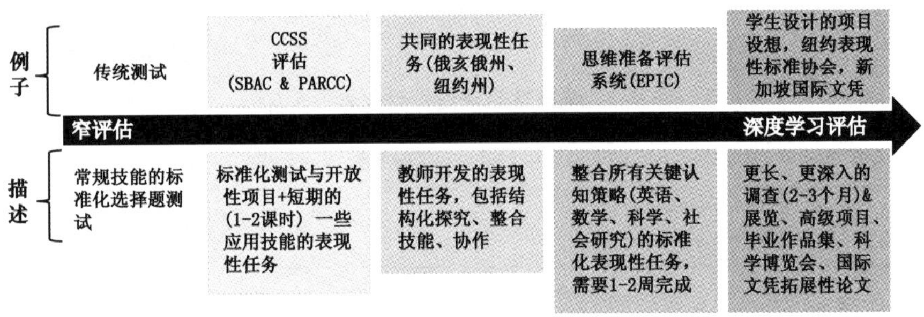

图5-1　康利等人的深度学习评估连续统

在具体的教学应用中，教师可以根据学习者的发展需要、任务难度和时长来制定相应的深度学习评价任务，在评价目标、内容、方法、主体和情境上表现出连续统的特征（如图5-2所示），体现平衡性、倾向性、动态性的特点。平衡性关注学习者在低阶能力和高阶能力之间的整体性、综合性和交融性，二者是基础与提高的关系，深度学习并不忽视对基础知识的获得。倾向性蕴含的理念是发展性、连续性和侧重性，体现改革发展的指向和某种教学活动要素的典型特征。动态性蕴含的理念是变化性、情境性、适应性和调控性，要求教师在教学过程中不断调控评价策略，以适应学习者的发展需求。②

---

① Conley D. T., Darling-Hammond L., "Building Systems of Assessment for Deeper Learning", in Darling-Hammond L., Adamson F., *Beyond the Bubble Test: How Performance Assessments Support 21St Century Learning*, John Wiley & Sons, Inc, 2015, pp. 277-310.

② 钟志贤：《面向知识时代的教学设计框架——促进学习者发展》，中国社会科学出版社2006年版，第136页。

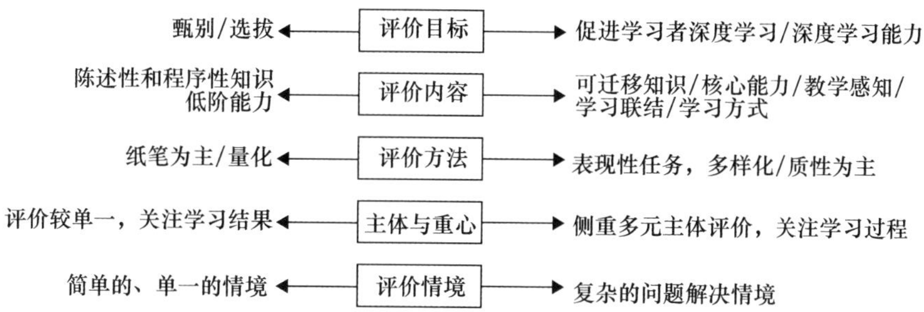

图 5－2　深度学习评价要素设计连续统

（三）深度学习评价的有效性

在评估设计和使用过程中采用理论驱动和基于证据的方法，其目标是提供有关学生学习的有效、可靠信息。因此，有效性在所有评估工作中都至关重要。[1] 理查德 · E. 梅耶（Richard E. Mayer）认为，恰当地使用评估工具，应包含效度（出于恰当的目的合理解释和使用测验分数）、信度（每次测验得到相同的分数）、客观性（每个评分人都是按照一样的标准来评分）、参照性（测验分数以便于解释的形式出现）四个方面的特点。此外，深度学习评价应在实际发展的基础上不断改进。一方面是为了保证深度学习评价设计的有效性，另一方面也是为了提升深度学习评价的效果。因此，我们需要不断反思深度学习评价在设计、测量与改进过程当中的步骤。借鉴索耶等人[2]和麦凯琴等人[3]的观点，笔者构建了深度学习评价反思参照表（见表 5－2），为教师设计深度学习评价提供参考。

---

① Fischer F., et al., *International Handbook of the Learning Sciences*, New York: Routledge, 2018, pp. 410－422.

② ［美］R. 基思 · 索耶主编：《剑桥学习科学手册》，徐晓东等译，教育科学出版社 2010 年版，第 238—239 页。

③ McEachen J., Kane M., *Measuring Human Return: Understand and Assess What Really Matters for Deeper Learning*, California: Corwin, 2018, pp. 110－113.

表5－2 **评价反思参照表**

过程		具体内容
设计	评估内容	评估学习者的什么能力/关键要素？ 理解评估内容的含义与深度了吗？（例：学习进度） 评估内容与学习目标一致吗？
	任务和记录技术	运用什么评估方式？ 结合什么范围内的任务来准确评估学习？ 如何设计才能对不同特征的学习者都有效？ 可以采取什么措施来增强内在效度、外在效度和经验效度？ 如何记录实际的实施过程？ 哪些记录技术与目标的限制条件最适合？
测量	证据追踪	每个单独的评估告诉你关于学习水平的什么信息？ 哪些评估（如对话、测试、作业、活动、观察）提供了怎样的学习证据？ 如何确保对学习者的进度和表现进行实时跟踪？
	证据支持	使用什么评估证据来确定该学习者的等级？ 如何综合评估证据以做出评级决定？ 实施的评估是否足以充分衡量预期学习的程度？ 另一位老师会根据收集的证据得出相同的评分吗？
	评估伙伴	学习者和其他学习伙伴如何成为积极伙伴？ 学习者如何参与测量的各个方面？ 如何告知和提高学习者的学习水平？
反思与改进	教学与评估调整	学习目标以及过程的每个方面都包括在干预中了吗？ 有充分的三角检测法以清楚地解释评估吗？ 学习者是否有所进步？ 该经验的优势是什么？ 在哪里有改进的机会以进一步加深学习者的学习？

二　深度学习评价设计3P模型

（一）深度学习评价的三阶段

评估在本质上是与教学相联系的，梅耶认为，评估可起到三种教学功能[①]：①教学前的预评估，描述学习者的特点，了解学习者的背景知识、兴趣以及学习能力；②教学中的形成性评估，描述学习者对教学的反应，

① ［美］理查德·E. 梅耶：《应用学习科学：心理学大师给教师的建议》，盛群力、丁旭、钟丽佳译，中国轻工业出版社2016年版，第95页。

涉及经过一段较短的时间后，确定学习者的学习情况；③教学后的总结性评估，描述学习者的知识掌握情况，涉及经过一段较长的时间后（比如一个完整的课程或者项目），确定学习者的学习情况。

该观点与比格斯学习过程的一般模型（general model of study process）[①]所划分的学习三阶段不谋而合。其认为，学习过程（studying process）这个术语的含义是包括一系列策略和方法，且这些策略和方法依次由相关的价值观和态度所决定，这一组变量（策略、方法、价值观、态度）是决定因素与最终学业成绩之间的调节变量。学习者最终的学习结果（product）是预测因素（presage）和过程因素（process）共同作用的结果，由此构成学习者学习过程的一般模型，即3P（Presage-Process-Product）模型。[②]学习过程的3P模型从整体上描绘出学习者学习的全过程，对应评价的三个阶段：预示阶段、过程阶段、结果阶段。此外，特里格韦尔等人在比格斯3P理论基础上，将学习者主观体验的教学环境加入模型当中。他认为，学习者个体因素和感知的环境（如感知的教学目标、学业负担等）会直接影响学习者学习方式，直接或间接影响学习结果。[③]

（二）深度学习评价设计的3P模型

基于比格斯的学习过程模型理论，综合深度学习过程机制以及深度学习评价要素分析，笔者建构了一个深度学习评价设计的3P模型（见图5－3），即评价的预示阶段、过程阶段、结果阶段，分别指向评价活动所处的三个学习阶段：学习前，学习中与学习后，三个阶段之间形成一个动态循环。每个阶段均包含评价的五个要素，即评价目的、评价内容、评价方法、评价主体与重心、情境的设计。评价贯穿整个教学活动始终，又随着评价需求而发生相应改变，五个要素在每个阶段各不相同。此外，由于深

① Biggs J.，"Individual and Group Difference in Study Processes"，*British Journal of Educational Psychology*，Vol. 48，1978，pp. 266－279.

② Biggs J.，"What do Inventories of Students' Learning Processes Really Measure? A Theoretical Review and Clarification"，*British Journal of Educational Psychology*，Vol. 63，1993a，pp. 1－17.

③ Trigwell K.，Prosser M.，"Relating Approaches to Study and the Quality of Learning Outcomes at the Course Level"，*British Journal of Educational Psychology*，No. 61，1991，pp. 265－275.

度学习的发生常处于复杂的问题解决情境中，整合性的情境评价成为深度学习评价设计的重要内容。

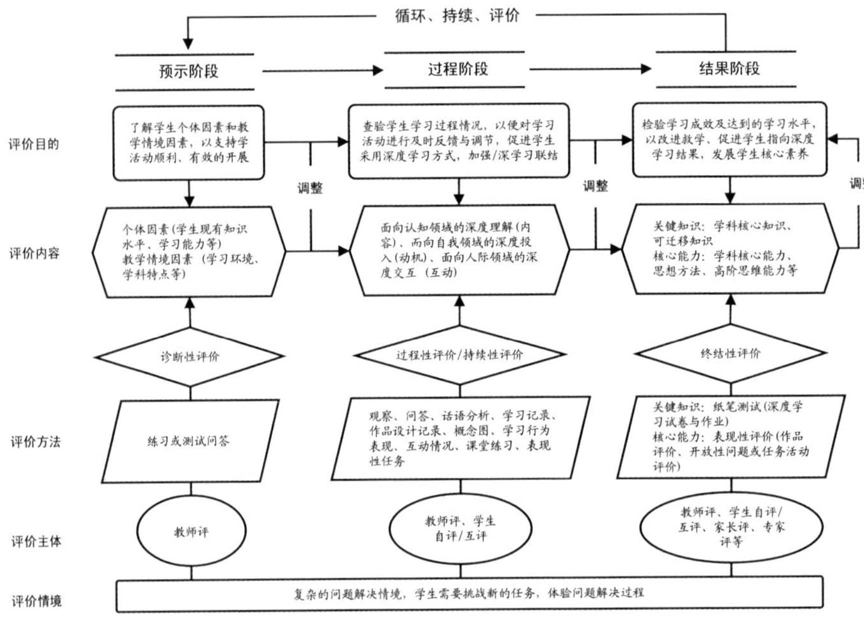

图 5－3　深度学习评价设计的 3P 模型

在整个深度学习评价模型中，三个阶段的评价目的与评价内容是层层递进的关系，且前一阶段的评价目的与内容对后一阶段具有调控作用，以使得评价切合教学活动。每个阶段的评价内容、评价方法与主体的确定，均紧扣评价目的，体现深度学习能力与核心素养发展的目标导向。

1. 预示阶段的评价

预示阶段为学习者学习发生之前的“预评估”，通常采用诊断性的评价方法。评价目的是了解学生的个体因素和教学情境因素，以支持教学活动顺利、有效的开展。在预示评价阶段，对学习者个体因素的了解包括学习者前一堂课或前一个阶段的学习情况，学习者当前的知识水平、学习能力、学习需求、预习程度等。对教学情境因素的了解包括确定教学环境对学习活动的支持程度、教学内容的独特性、学生是否明确教学目标等。在此基础上，确定学习起点，从而制定恰当的教学计划。在做教学决策时，最重要的是了解学习者之间背景知识的差异性。此外，本阶段还应根据学习者的前测表现及教学目标，确立需要什么样的证据来证明教学目标的达成，设计恰当的学习评价方法。

本阶段的评价主要是对学习者的分析，可以在正式教学之前采用简单问答、客观练习或测试、自评量表等具体的评价方法。

2. 过程阶段的评价

过程阶段评价即对学习过程的评价，可以是对整个单元、整堂课的学习过程评价，也可以是对一个章节、一个阶段当中的学习过程的评价，大多数情况下在课堂上完成，以便对学习活动做出及时的反馈与调节。该阶段评价内容主要为面向认知领域的深度理解（内容）评价、面向自我领域的深度投入（动机）评价、面向人际领域的深度交互（互动）评价，需要将学习者在课堂学习活动中呈现出的状态作为参照。该阶段主要采用过程性评价方法，焦点在于使用来自学习者的证据——关于他们干什么、说什么、做什么和写什么——去推测学习者理解什么、知道什么、感受什么、思考什么。[①] 教师从这类评价中获得反馈，以修正教学，实现教学评的一致性。例如，对于认知结构的评价，可考虑采取概念图、认知地图、试题练习等评价方法来测量；对于思维层次的评价，可考虑采取思维导图、表现性试题、作品设计记录表、学习者回答或作业等评价方法来测量；对于情感投入，可考虑采取自我评价、访谈、问卷等评价方法来测量；对于人际互动，可采取表现性评价活动、社会网络分析、话语互动分析等评价方法来测量。

对教师来说，评价即反馈，评价提供即时的形成性反馈。该阶段需要明确的是对于已经设置特定的、与需求相关的学习任务，在学生的反应、

① ［新西兰］约翰·哈蒂：《可见的学习：最大程度地促进学习》（教师版），金莺莲、洪超、裴新宁译，教育科学出版社 2015 年版，第 130 页。

作品或行为中，哪些具体特征可以用来判断他们达到了哪些预期效果。例如，教师可以在课堂上的某个时间点，对学习者进行非正式的测验：将问题写在黑板上，让学习者当场作答。课堂上的小测验可以帮助教师了解教学进度和方法是否有效，确定哪些教学内容还需要再投入时间。

3. 结果阶段的评价

结果阶段评价关注的是学习者深度学习结果，通常为学习完成之后的评价，也可以是一堂课、一个知识点、一个阶段的学习完成之后的评价。结果阶段评价主要为检验学习成效及达到的学习水平，以改进教学。评价内容主要为关键知识（学科核心知识、可迁移知识、深度理解等）与核心能力（学科核心能力、思想方法、高阶思维能力等），与过程阶段的评价内容相互贯通。

该阶段主要采用总结性的评价方法。梅耶认为，最重要且最有挑战性的任务之一就是开发测量学习结果的有效工具，而测量学习结果的两种经典评价方法为：保持测验和迁移测验。[①] 保持测验以记忆为目标，学习者能够回忆或识别所呈现的材料。迁移测验以深度理解为目标，学习者能够在新的情境中评估或运用所学知识。所选择的评估方法需要与达到预期结果所需证据相匹配，如果学习目标是学习基本事实和技能，那么书面测试和随堂测验一般就能提供充分有效的评估措施。然而，当学习目标是深度理解核心概念（大概念）时，需要凭借更复杂的表现性任务来判断目标是否已经达到（表现性任务评价）。

第二节　深度学习评价常用方法

上文描述的是总体的评价设计框架，本节将呈现一些常用的深度学习评价方法，既包含对知识保持与迁移的纸笔测验与情境化作业评价、反映

① ［美］理查德·E. 梅耶：《应用学习科学：心理学大师给教师的建议》，盛群力、丁旭、钟丽佳译，中国轻工业出版社 2016 年版，第 108—109 页。

学习者思维深度与结构的评价，也包含对行为、学习者体验等方面的评价和数据驱动的学习分析等。

一 面向思维结构的评价

（一）基于 SOLO 理论的深度学习思维结构评价

比格斯的 SOLO（Structure of the Observed Learning Outcome）分类理论是一种以等级描述为特征的质性评价方法，将学习成果划分为五个结构：前结构、单点结构、多点结构、关联结构和抽象拓展结构①。五个层次的复杂性呈逐级递增，前一个较低层次的结构会成为下一个较高层次结构的构建基础，在思维特征上表现出明显差异。教师可根据学生学习结果表现出的思维特征进行等级评价。SOLO 分类理论突破了布鲁姆认知目标的局限性，实现对学习者思维过程“当下”的评价②，通过五层次结构来分析学习者个体对问题的反应及其在思维结构上的复杂性。

表 5－3　　SOLO 层次的思维特征和目标表现

SOLO 层次	思维特征	形象图示	学习层次
前结构（P）	没有任何理解		未学习/不熟悉
单点结构（U）	单一素材的理解；基于单一事件的孤立概念理解；解释单一概念与单一事件的联系；基于新知识呈现状态的无变化还原复述；只关注与单一事件相关的单一概念	●	考查知识点数量变化的浅层学习
多点结构（M）	基于单一问题的多个概念关联理解；多个孤立事件同时理解，但并未在事件之间建立联系；可以同时理解基于一个事件的多个概念；概念间的关系以事件或问题为单位，不超越事件；可以同时理解多个孤立事件；用孤立的若干概念解决一个问题	● ● ● ●	

① ［澳］约翰·B. 彼格斯、凯文·F. 科利斯：《学习质量评价——SOLO 分类理论可观察的学习成果结构》，高凌飚、张洪岩主译，人民教育出版社 2010 年版，第 27 页。

② 殷常鸿等：《“皮亚杰—比格斯”深度学习评价模型构建》，《电化教育研究》2019 年第 7 期。

续表

SOLO 层次	思维特征	形象图示	学习层次
关联结构（R）	多个事件之间形成关联，事件中的全部概念也形成内部体系；在新知识中寻找线索，将新知识在其结构内部形成复杂的有机结构；思维在一个路径上收敛，不超出新知识体系，可能会存在体系外部的不一致性；在新知识情境基础上，解决新知识体系内部可以解释的一致性问题；总结体系内部几个方面之间的关系；使用内部知识体系，解决若干孤立的问题	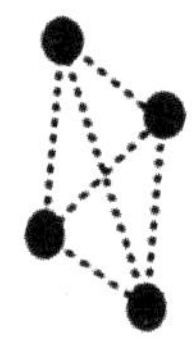	注重知识的质性拓展与提升的深度学习
抽象拓展结构（E）	利用新知识进行推断、演绎和归纳；将所有有用的信息联系在一起；对新场景中的问题进行相关信息的提取线索、组织、抽象、假设，打破新知识的结构限制；在理解若干新知识关系的基础上，联合原有知识体系形成有机体系，把信息作为整体考虑，结构连贯不零散孤立；将新知识体系与原有认知结构进行一致性协调，得出新知识体系之外的结论；可以解决与新知识所呈现的内容不一致的问题	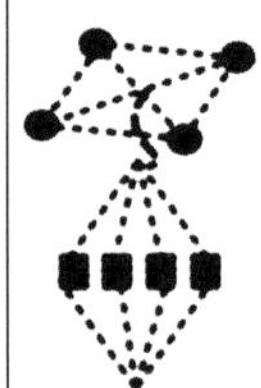	

注：改编自刘哲雨、郝晓鑫《深度学习的评价模式研究》，《现代教育技术》2017 年第 27 期。

在五个层次中，前结构阶段对学习者而言是未学习或无效学习，处于对学习内容的陌生状态。单点结构和多点结构属于浅层学习，通常表现为知识数量上的变化或事实性知识（facts）的累加，评价关注学生记住了多少事实知识。后两个层次则属于深度学习，需要学生形成判断和概念思维，评价注重知识的质性增长，即关照对知识的深度理解、关联、拓展和创新。研究发现①，大多数测验（不管是教师自编测验还是标准化的考试）都由表层水平的试题主导。事实上，很多教师在课堂中提出的问题都是表层水平的（通常也是封闭式问题）。

SOLO 分类法使教育评价的触角深入质的层面，具有帮助教师诊断改进教学和激励学习者采用深层探究式学习策略的双重功能②。目前，

① ［新西兰］约翰·哈蒂：《可见的学习：最大程度地促进学习》（教师版），金莺莲、洪超、裴新宁译，教育科学出版社 2015 年版，第 62 页。

② 吴维宁：《教育评价新概念——SOLO 分类法评介》，《学科教育》1998 年第 5 期。

SOLO 分类评价理论可用于思维过程的评价①、课堂学习的评价②、试题难度的评估③、学习者学科能力的培养④等。教师通过设置深度学习课堂练习/问题，从学习者的话语、测试/练习的答题内容等方面，更深刻地了解学习者的思维结构。

案例：基于 SOLO 设计的课堂问答

求下面等式中△的值：

（72 ÷36） ×9 = （72 ×9） ÷ （△ ×9）

学习者回答：

表 5 –4 **学习者回答的思维结构⑤**

思维水平	学习者回答样例	评价标准
1. 前结构	“以前没有做过那样的题，所以不会做。” “不想做。”	不会写、空白或答案与题目无关
2. 单点结构	“36。因为等式的右边没有 36。” “2。因为 72 ÷36 =2。”	对题目的思考过程完全不包含对关系的理解，只是简单的猜测，答案错误
3. 多点结构	2 ×9 =18 648 ÷ （△ ×9） 648 ÷？ =2，即 324 因为要求的是 18（2 ×9），所以答案是 324	有明显思考过程，但由于思考过程中出现错误联系导致答案错误
4. 关联结构	2 ×9 =18 648 ÷ （△ ×9） 648 ÷9 =72 那么 72 ÷4 –18，所以答案是 4	思考过程明确，且得出正确答案

---

① 李祥兆：《学生思维评价的新视角——SOLO 分类评价理论评述》，《教育科学研究》2005 年第 11 期。

② 钟媚、高凌飚：《评估准则：一种有效的课堂学习评价工具》，《全球教育展望》2006 年第 3 期。

③ 朱行建：《SOLO 评价：一种试题难度预估的新方法》，《教学与管理》2010 年第 25 期。

④ 张广宇：《学生学科能力培养方法系列（2）SOLO 分类法》，《中学政治教学参考》2015 年第 29 期。

⑤ ［新西兰］约翰·哈蒂：《可见的学习：最大程度地促进学习》（教师版），金莺莲、洪超、裴新宁译，教育科学出版社 2015 年版，第 63 页。

续表

思维水平	学习者回答样例	评价标准
5. 抽象扩展结构	 $(72\div36)\times9=(72\times9)\div(\triangle\times9)$ 这一式子显示出与“分配率”相近的某种特征。这个假设可以这样测试：$\frac{a}{b}\times y=\frac{a\times y}{b}$ 这直接解决问题：$(72\div36)\times9=(72\times9)\div36=(72\times9)\div(4\times9)$，所以答案是4。	解题过程中体现出“分配律”的迁移，进而得到正确答案

（二）基于概念图的深度学习思维结构评价

概念图是学生反思和重新组织知识的重要工具，也可作为评价学生知识结构的一种方法。

1. 概念图的评价标准

诺瓦克在多项研究中证明，教师通过把概念图应用于教学设计，将其作为课堂中的教学策略，为了使学生能够成功地掌握知识的科学意义，要求学生在学习的过程中自主建立概念图，从而有效地控制自己的学习进程。戴维·B. 海（David B. Hay）在诺瓦克对意义学习的定义的基础上，吸纳了贾维斯（P. Jarvis）对无效学习（Non-Learning）的概念，开发了利用概念图区分深度、浅层和无效学习的标准（如表5-5所示）。[①] 学生分别在教学前和教学后绘制概念图，其中教学前绘制的概念图称为第一张概念图，教学后绘制的概念图称为第二张概念图。如果知识结构无变化，则当作“无效学习”。如果有概念的增减，但并没有形成新的连接，抑或增加的概念并没有和原有的知识结构形成连接，这种学习属于浅层学习。如果在现有知识结构的基础上增加了新概念，同时又形成了新连接，则可以看作深度学习。[②] 在绘制概念图的过程中，教师鼓励

① David B. Hay, “Using Concept Maps to Measure Deep, Surface and Non-Learning Outcomes”, *Studies in Higher Education*, Vol. 32, No. 1, 2007, pp. 39 – 57.

② ［日］松下佳代、京都大学高等教育研究开发推进中心编：《深度主动学习：基于大学课堂的教学研究与实践》，林杰等译，人民邮电出版社2021年版，第144页。

学生尽可能多地反思和重新组织他们的概念图，以便他们能对最终的概念图做出最简洁的解释。

表 5－5　　利用概念图评价学习的标准

学习类型	评价标准
深度学习	1. 第二张概念图必须显示新学习的概念（未包括在第一幅图的概念）和原始的（先前的）概念
	2. 第二张概念图必须表明，新知识已经以有意义的方式与先验知识联系在一起，它们之间的连接是有效的并能起到解释作用
	3. 第二张概念图的整体知识结构是对第一张概念图的显著改进，显示出更好的组织，更高的联系和更丰富的意义阐述
浅层学习	1. 第二张概念图必须显示大量新引入的概念（在第一个概念中是不明显的），但这些概念并没有通过从第一张到第二张图的概念的链接而与先验知识集成起来
	2. 第二张概念图将包含新的概念，但概念图整体的概念连接不会因此而增加
	3. 无论是在结构丰富度（关联）还是解释能力（意义）方面，第二张图都不构成对第一张图的重大改进
无效学习	1. 从第一张概念图到第二张概念图的先验知识保持持久性
	2. 从一张图到下一张图缺乏关于对概念结构进行重大重组的证据
	3. 在第二张概念图中没有增加新学习概念
	4. 在第二张概念图中没有新开发的链接
	5. 在先前存在的联系陈述中没有新发展的意义链接结构

2. 概念图的评价案例分析

根据上述的评价标准可以将学习者的知识结构学习结果分为三类：第一类无结构型；第二类浅层结构型，指向学生的浅层学习；第三类深层结构型，指向学生的深度学习。下面以笔者在小学六年级数学《比例》单元进行的概念图评价为例，对三类概念图评价进行说明。

小学数学《比例》单元概念图评价案例

（1）无结构型

“无结构型”指概念图中知识点简单孤立地出现，没有对知识点的解释说明，更没有出现知识间的联系等。

以图5－4为例，这里仅列举出了单元内的几个主要知识点，缺少对知识的细分和阐述，且各知识点只是分布在主题四周，没有一定的排列顺序，更没有相互的联系。此类型的概念图表明学生只是在完成老师的任务，并不会在头脑中留下过多的痕迹，没有对新知识进行任何组织，更无法构建结构化的知识，属于无效学习。

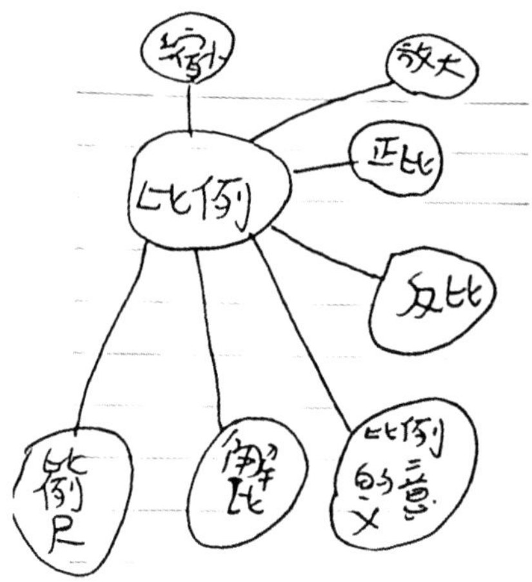

图5－4　学生1的《比例》概念图

（2）浅层结构型

“浅层结构型”指学生能够将知识点进行提炼归纳，并做出简单有序的梳理，但知识与知识之间没有形成有效的联结，缺乏概念统整性的构建。概念图没有显示有意义的结构性变化。

以图5－5为例，学生能将单元学习的主要知识点列举说明，并用公式或文字描述的方式进行解释补充，出现单元知识结构的雏形。但学生对知识的理解依旧停留在列举状态，没有与先验知识展开联系，整体的概念连接没有增加。此类型的学生在学习之后能够对本单元内容进行一定的梳理归纳，对核心知识有较好的掌握，但缺少思维的外延，无法做到有效的学习迁移，总体上属于浅层学习。

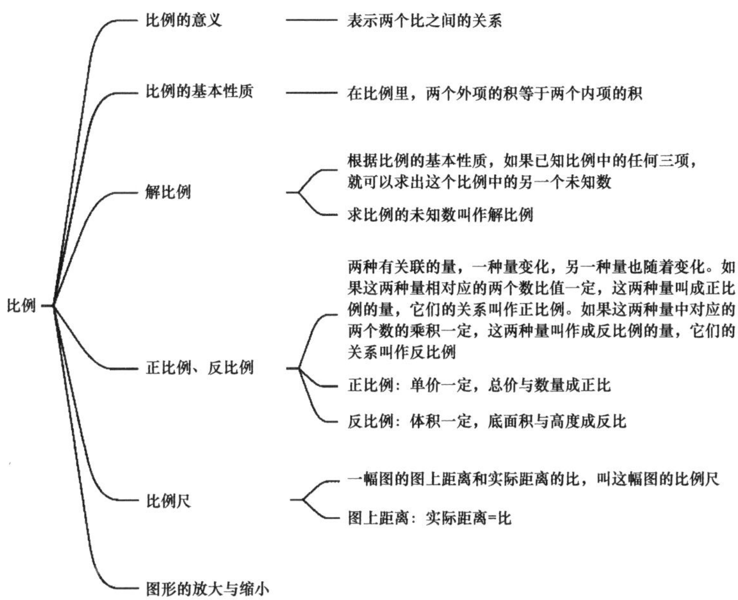

图 5－5　学生 2 的《比例》概念图

（2）深层结构型

本案例中，深层结构型学习者第二张概念图均能达到深度学习的标准，但其第一张概念图会存在两种情况："零散结构型"与"组织结构型"。其中，"零散结构型"指在第一张概念图的绘制中各知识点单个独立出现，没有进行较好的归类排序，没有体现出单元的整体性；而在第二张概念图的绘制中表现出了一定的结构层次，有了对知识点内在本质的梳理与组织，能够呈现出自身的知识结构化类型。"组织结构型"属于深层结构的一种，指在第一张概念图绘制中已经能对单元内容进行归纳梳理，已呈现出一定的结构化表现；而在第二张概念图绘制中结构化表现更加明显，并有了新的组织和层级类型。如图 5－6 所示。

学生 3 将整个单元内容分为比例的意义和性质、正比例和反比例以及用比例解决问题三个部分。学生对每个知识点的内容都进行了细分整理，出现了五级层次结构，例如，什么是比例尺、比例尺的两种形式、比例尺的应用。对每一个知识点的解释都更加丰富，说明该生在构建知识的过程中，已经能够主动扩展对知识的积累，使得最后整幅图出现了大量的连接，包括单元内知识点的连接和单元间知识点的连接，展示出其扩展的知识视野和丰富的联想能力。

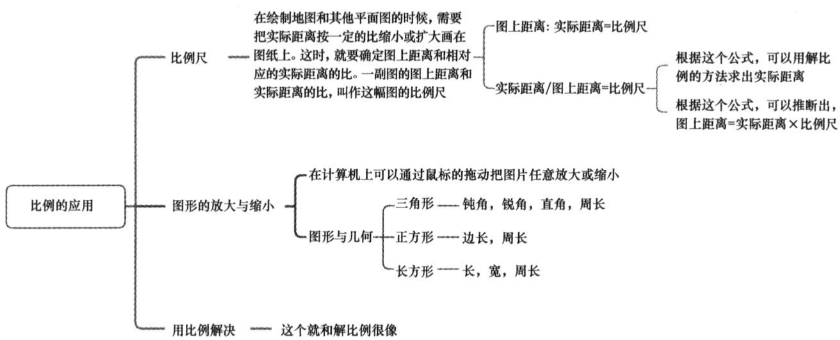

图 5－6　学生 3 的《比例》概念图部分内容

二　面向深度理解的迁移评价

学习科学研究将迁移定义为：将在一个情境中的所学迁移应用到新情境中的能力。迁移受到学习者理解性学习程度的影响（有意义学习），死记硬背往往导致无迁移力的惰性知识的产生（机械学习）。对应这两类学习，检测学习者迁移程度的测验有三种：保持、近迁移和远迁移。

表 5－6　　三种程度的迁移测试①

测验类型	测验目标	定义/说明	举例
保持	记忆	回忆或识别所呈现的材料，解决相同或类似的问题	在学习两位数减法之后，用更多的两位数减法题目进行测试
近迁移	理解	在新情境中运用相同的原理或方法解决新问题	在学习两位数减法之后，用三位数减法题目进行测试
远迁移	深度理解	在新情境中运用新的原理或方法解决新问题	在学习两位数减法之后，用列方程求减法的题目进行测试

根据学习者三类测试的表现，我们可以判断他们的学习结果和深度学习程度。

- 无效学习：保持、近迁移和远迁移三类测试成绩皆差，学生一无所获。
- 机械学习（浅层学习）：保持测试成绩好，两类迁移测试成绩差，学生掌握零散知识。
- 意义学习（深度学习）：三类测试成绩都好，学生对所学知识能融会贯通，但程度在近迁移和远迁移（甚至是元迁移）测试上的表现有所不同。

根据著名格式塔心理学家马克斯·威特海默（Max Wertheimer）描述的“平行四边形的面积求解”这个迁移评价典例②③，我们可以在学生学习了“平行四边形面积的计算”之后，提供三类测试，以更好地检测学生知识掌握的程度。

- 保持测试：提供一个与课堂教学相似的平行四边形，变换相关数

① ［美］理查德·E. 梅耶：《应用学习科学：心理学大师给教师的建议》，盛群力、丁旭、钟丽佳译，中国轻工业出版社 2016 年版，第 108—109 页。

② ［美］理查德·E. 梅耶：《应用学习科学：心理学大师给教师的建议》，盛群力、丁旭、钟丽佳译，中国轻工业出版社 2016 年版，第 112—113 页。

③ ［美］约翰·D. 布兰思福特等编：《人是如何学习的：大脑、心理、经验及学校》（扩展版），程可拉等译，华东师范大学出版社 2013 年版，第 50 页。

值，求解面积（图 5 -7 左）。

• 保持测试 + 理解测试：提供一个与课堂教学相似的平行四边形，变换相关数值，求解面积，并要求学生在面积计算之后，用辅助线和文字相结合的方式描述解题思路，体现对平行四边形结构的理解（图 5 -7 右）。

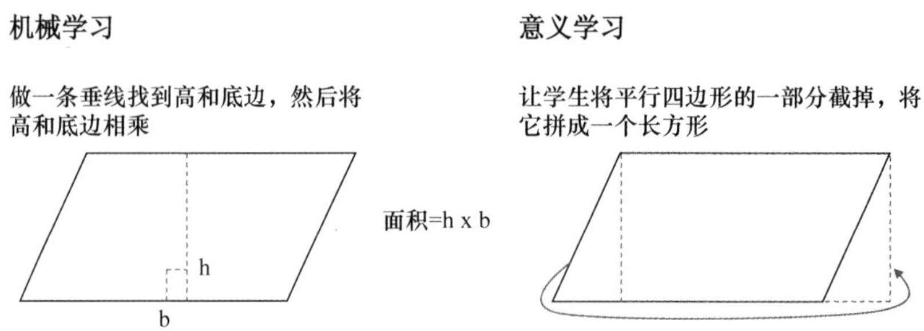

图 5 -7　机械学习与意义学习

• 近迁移测试（ + 理解测试）：提供一个与课堂教学不一样的新图形，求解面积，并要求学生在面积计算之后，用辅助线和文字相结合的方式描述解题思路，体现对平行四边形结构的理解（图 5 -8 中的 1、2）。

• 远迁移测试（ + 理解测试）：提供一个与课堂教学不一样的新图形，先区分能解决和不能解决的问题，然后求解面积，并用辅助线和文字相结合的方式描述解题思路，体现对平行四边形结构的理解（图 5 -8 的 3、4）。

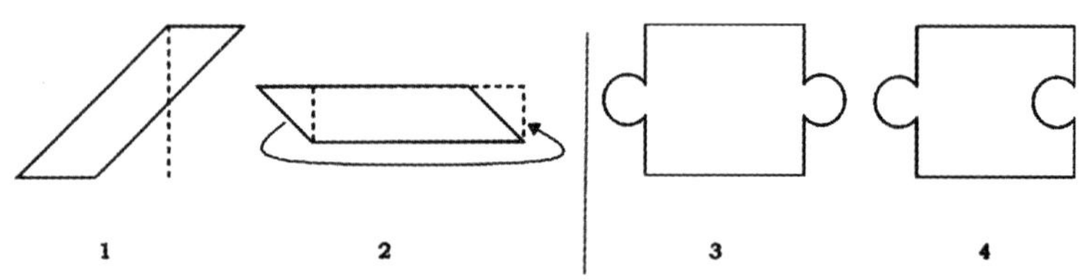

图 5 -8　新情境的迁移评价

机械学习者（浅层学习者）能做保持测验，但在解决上述一组新图形的迁移问题时的反应是“我们还没有学过”。因此，如果要评价学习者对某一个知识的理解，检验深度学习效果，包含一组迁移题目的测试是必要的。

三 面向能力发展的进阶评价

除了对认知领域中核心知识理解的评价，我们还需要关注深度学习核心能力的评价。很多学习活动发生在课堂里，很难用纸笔任务找到证据，精准评价深度学习能力具有很大的挑战性。然而，正如富兰所说，深度学习发展的全球化“6Cs”能力，应该体现全面性、精确性和可测量性。①

全面性要求对学生的深度学习能力进行全面评估，包括对批判性思维和问题解决、协作、沟通和创造能力（4Cs）以及品格和公民意识在内的（6Cs）深度学习能力的评价。学习者的深度学习能力是一个动态发展的过程，决定了深度学习评估具有连续性、长期性、复杂性的特征。精准性意味着，我们需要为每一种深度学习能力定义其属性，描述其技能的维度和等级，动态衡量这些能力的成长。学习进阶（learning progression）就是这样一种比较适合的方法选择。当前，国际上已经构建了针对批判性思维和问题解决、沟通、协作、创造、品格教育和公民意识的深度学习进阶评估体系，提供了深度学习能力发展进阶评估的总体框架（见表 5－7）。框架中的每种能力包括欠缺、形成、发展、加速和精通五个层次，详细描述能力发展所处阶段的表现属性，并开发出了相应的学生自评工具（见图 5 9）。教师在实际的课堂深度学习评价中，可以直接采用或改编，也可以根据国际上的一些其他成熟的深度学习能力测评工具，结合自己的教学情况进行相应的改编。设计和应用学习进阶评价工具，深度学习能力也就变得可测量。

---

① ［加］迈克尔·富兰、乔安妮·奎因、［新西兰］乔安妮·J. 麦凯琴：《深度学习：参与世界，改变世界》，盛群力等译，机械工业出版社 2020 年版，第 22—24 页。

表 5－7　　深度学习进阶评价框架示例（团队协作能力评价）①

维度	欠缺	形成	发展	加速	精通
作为一个团队协同努力	独立完成学习任务，结对或结成非正式的小组，但并非以团队的形式进行协作。学习者可能会一起讨论一些问题或内容，但会跳过一些重要的实质性决定（如如何管理流程），这对协作的工作有很大的负面影响	学习者结对或以小组的形式一起学习，各自负责完成一个目标，以使小组完成其目标。学习者开始一起做一些决定，但可能仍然把最重要的实质性决定留给一两个成员。团体成员的贡献可能不公平	学习者一起决定如何将任务与团队成员的个人优势和专业技能相匹配，一起有效地工作。学习者让所有成员共同决定重要的问题或过程，并开发一个团队解决方案	学习者可以清楚地表达他们如何一起工作，利用彼此的优势做出实质性决定，并提出想法和解决方案。团队协作是显而易见的，学习者的贡献交织在一起，围绕一个共同的想法进行交流，和/或创造一个产品	学习者展示出一种高效和协作的工作方式。这种方式不仅利用每个成员的优势，而且为每个成员提供机会。结合每个团队成员的力量和观点，做出使所有人受益的最佳决策
人际关系和团队协作技能	学习者可以在有助于共同工作成果或任务的基础上互相帮助；人际交往能力和与团队相关的技能还不明显。学习者还没有表现出真正的同理心或共同的工作目标	学习者表现出对工作的集体归属感，并开始表现出与人际关系和团队协作相关的技能。他们的重点是实现一个共同的或联合的结果，包括产品、设计、响应或决策。关键决策可能由一两个成员做出或支配	学习者表现出较强的人际交往能力、对工作的集体主人翁精神和积极的共同责任感。从开始到结束，学习者都能有效地倾听，就工作的目标、内容、过程、设计和结论进行协商并达成一致	学习者可以清楚地表达出其对工作及其产品或结果的共同责任是如何遍及整个任务的。他们在倾听团队成员声音和促进有效的团队协作方面表现出很强的技能，确保所有的声音都得到重视，并反映在工作和产品中	学习者主动承担责任确保协作过程有效。他们确保每个人的想法和专业知识能最大限度地得到利用，确保每个工作产品或结果具有最高的质量或价值

① ［加］乔安妮·奎因等：《深度学习 2：重新定义未来教育的学习模式》，盛群力等译，机械工业出版社 2021 年版，第 81 页。

续表

维度	欠缺	形成	发展	加速	精通
社交、情感和跨文化技能	学习者有基本的自我认识，学习者往往只从自己的角度看问题。在某些情况下，这可能会抑制他们形成积极关系的能力	学习者正在了解自己，包括他们在世界上的位置，以及他们的行为如何影响他人。这种自我意识为更好地理解他人的观点与自己的不同提供基础	学习者了解自己，知道自己的观点从何而来。自我意识和倾听技能使学习者能够更好地理解与重视他人的情感和观点，真正重视与自己截然不同的观点	学习者具有很强的自我认识，能够理解自己的观点从何而来，与他人有何不同。学习者仔细倾听、理解他人的情感和观点，并以此来丰富自己的学习。作为团队成员，他们以支持、鼓励、挑战和进步的方式有效地工作	学习者具有高度发展的社会和情感技能，其基础是他们个人和文化身份的认同感。学习者能在不同文化和学科之间进行良好的沟通，在团队中有效地工作，并形成积极的关系。他们在理解他人观点、同理心和同情心方面发展起来的技能会影响团队的运作

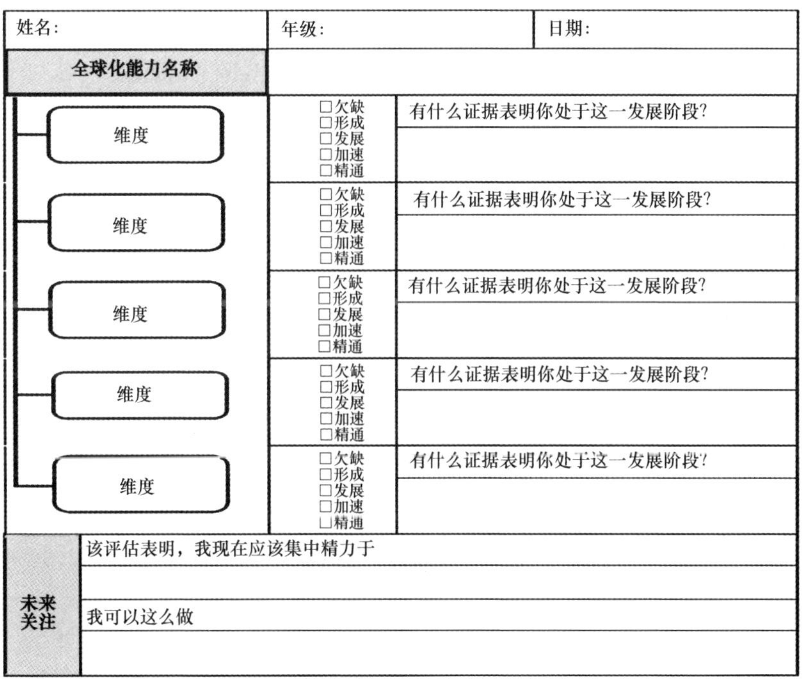

图 5－9　学生深度学习能力自我评估工具示例①

① ［加］乔安妮·奎因等：《深度学习 2：重新定义未来教育的学习模式》，盛群力等译，机械工业出版社 2021 年版，第 126—127 页。

四　面向学习体验的评价

学习科学认为，参与就是学习。不同的参与就会产生不同的学习体验，大体可理解为学生在学习环境和学习过程中的各种体验，即对学习环境、学习资源、学习方式等的感知响应和绩效表现。①

深度学习课堂不仅体现在一流的教学上，更体现在一流的学习体验上。因而，可以开发一些体验量表（如沉浸量表）来评估学生的内在参与和感知。比如，学习满意度、投入度、适应性等，集中反映学习者在课堂中所获得的对学习的愉悦感、自豪感、连接感。在这些美好学习体验中，最重要的是学习的意义感和价值感。

在技术支持的学习环境中，可参考学习体验的六个要素来开发相关学习体验评价量表。例如，通过“是否有趣，吸引学生注意力?”来评价合意性，通过“是否让学生感到舒适?”来评价舒适性，通过“是否易于使用?”来评价可用性，通过“是否具有灵活性，适应不同学生需要?”来评

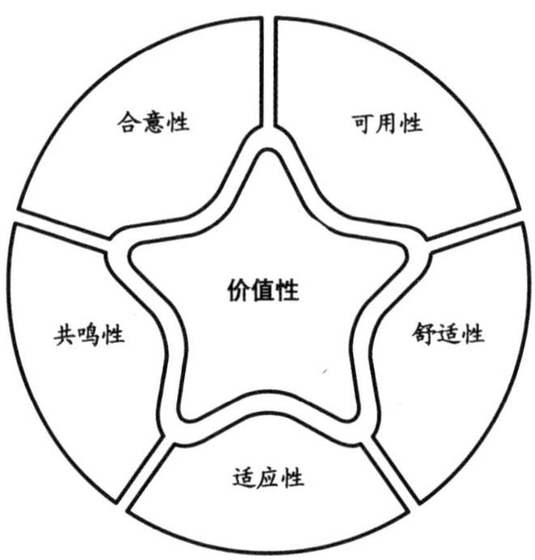

图 5－10　学习体验的六个要素②

---

① 黄荣怀等编:《教育技术学导论》(第 2 版)，高等教育出版社 2022 年版，第 39 页。

② 改编自黄荣怀等编《教育技术学导论》(第 2 版)，高等教育出版社 2022 年版，第 41 页。

价适应性，通过“是否在师生之间形成了积极的情感体验?”来评价共鸣性，通过“是否满足学生学习需求，对学习是否有效?”来评价价值性。

在学习过程中，学习体验评价可从学习者行为反应、自我察觉等方面来体现，可参照克拉斯沃尔（Krathwohl）的情感领域的分类维度①（注意、反应、价值评价、组织化、价值与价值体系个性化）来设计评价标准或评价题目等。在评价方法上，可以通过观察学习者对某个现象或问题的反应（如，积极还是消极、感兴趣还是无反应）来感知学习者的情感投入，也可以通过课后与学习者交流，使用学习者自评问卷（见表5－8）和沉浸量表（见附录二）来评估学习者的情感状态。

表5－8 **学习者情感投入自我评价**

学习小评价 （1★非常不符合；2★不符合；3★符合；4★非常符合）	
本堂课我觉得太有趣了	
我总能跟上老师的节奏	
我举手发言很多次	
我课堂练习完成得很好	
老师多次表扬了我	
……	

五 指向深度学习的情境化作业设计

如前所述，情境学习和逼真实践是学习科学的两个核心概念，也是深度学习的重要基础。如果课堂深度学习的核心要义是发展学生在真实情境中解决问题的可迁移能力，那么深度学习评价自然需要和知识应用的情境实践联系起来。理想的深度学习能力评价应是一种真实情境下的评价。然而，受教学时间以及场所的限制，对于学生来说，经常性地走出校门到完

① ［美］B. S. 布卢姆等编：《教育目标分类学》（第二分册 情感领域），施良方、张云高译，华东师范大学出版社1989年版，第198—209页。

全真实的情境下展示和评价学习成效并不现实。更多情况下，我们需要通过创建逼真的情境或模拟情境来开展深度学习能力评价。

(一) 问题情境与深度学习的匹配

深度学习的核心是问题解决能力，也就是要求学生具备将一个情境所学迁移到新情境的能力。因此，开发与设计一个有利于学生实现深度学习的问题情境尤为重要。罗日叶将学生在学习一定的课程内容后，用于整合和发展学生能力的情境称为“靶向情境”或“整合情境”。[①] 在整合的过程中，学生需要综合调用已有的知识、技能、情感以及生活经验，从而达到深度学习。我们知道，太简单的情境由于缺乏挑战性容易使学生丧失解决问题的兴趣，而过于复杂的情境会让学生望而却步。为了更好地激发学生的学习动机以及恰到好处地整合知识与技能，罗日叶从复杂性（complexity）和复杂化（complicated）两个维度分析复杂情境，并认为通过调节情境的复杂性和复杂化，可以设计出一个水平恰当的情境。其中，复杂性由调动知识、技能和态度的数量决定，而复杂化指的是学生未完全掌握或者新的内容。[②] 因此，我们在对问题情境设计时，要充分考虑情境的复杂性和复杂化，以更好地达到深度学习的目标。

我们可以据此建立问题情境复杂程度与深度学习评价设计关系图。如图 5－11 所示，浅层学习的评价往往剥离所谓的任务情境直奔结果，是一种超弱复杂性和超弱复杂化的情境；适合深度学习能力评价的整合情境往往处于复杂性和复杂化程度恰当的情境，是需要一定程度的挑战才能顺利解决问题的情境；评价情境不是越复杂越好，超强复杂化或者超强复杂性的情境，由于其复杂程度过大，对学生来说是不可能完成的任务情境，则不适合作为深度学习评价。

---

① ［比］易克萨维耶·罗日叶：《为了整合学业获得：情景的设计和开发》（第二版），汪凌译，华东师范大学出版社 2010 年版，第 2 页。

② ［比］易克萨维耶·罗日叶：《为了整合学业获得：情景的设计和开发》（第二版），汪凌译，华东师范大学出版社 2010 年版，第 104、121 页。

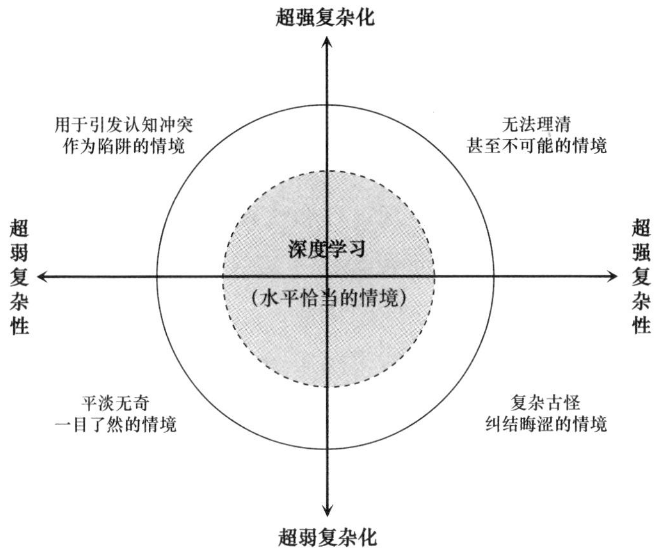

图 5－11 问题情境复杂程度与深度学习评价设计关系

（二）问题情境中的批判性和创造性思维

当前，纸笔测试仍是我国主要的教学评价方式。这要求我们，一方面要积极思考如何最大程度发挥纸笔测试的作用，另一方面也应该认识到纸笔测试的局限性。以富兰认为深度学习就是获得六项核心素养（批判性思维和问题解决、协作、沟通、创造、品格和公民意识）的过程为例①，其中，品格、公民意识、协作与沟通能力需要在与人或外部世界不断互动下才能体现出来，也就是说它们很大程度上依赖于真实环境；而创造和想象、批判性思维则可以通过学生对某个具体问题情境的解答来判断，情境可以是真实的或者模拟的，以纸质测试的形式呈现给学生。② 结合罗日叶对复杂情境的认识，笔者认为，复杂化情境主要应用

---

① ［加］迈克尔·富兰、乔安妮·奎因、［新西兰］乔安妮·J. 麦凯琴：《深度学习：参与世界，改变世界》，盛群力等译，机械工业出版社 2020 年版，第 49 页。

② Roegiers X. , *From Knowledge to Competency*: *An Original Study Assessing the Potential to Act Through Multiple-Choice Questions*, P. I. E-Peter Lang S. A. , Éditions Scientifiques Internationales, 2018, p. 53.

于测量创造性，而复杂性则主要用于测量批判性。也就是说，当学生面对一个问题情境的时候，他首先需要运用批判性思维对情境中的背景、目标以及信息进行解释、分析、判断、评价、推理，① 然后才能决定调用哪些知识、技能以及生活经验；而面对陌生情境中未完全掌握的新内容，则需要发挥创造力，在认真观察和比较的基础上，通过发散性思维来增强想象力以产生观点，实现类比迁移等目标。② 据此，我们可以从创造性和批判性两个维度认识问题情境。如图 5－12 所示，以情境 1 为基点，情境 2 和情境 3 的复杂性依次递增，需要学生调用的知识、技能以及生活经验的种类和数量会逐渐增多，对学生的批判性思维要求也更高。而情境 4 相对于情境 1 来说则更具复杂化，学生在情境 4 需要用到以前没有充分掌握或者新的知识，要求学生具备一定的创造力。情境 5 比情境 1 既更具复杂性，也更具复杂化，对学生的创造性和批判性思维都有较高要求。图 5－13 是基于这一原理提供的五个问题情境示范。

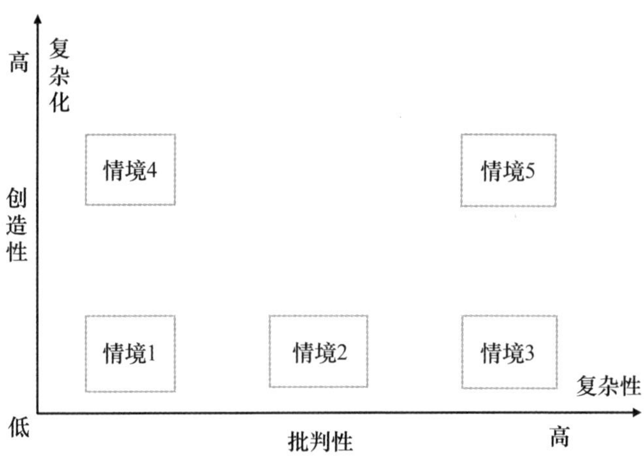

图 5－12　问题情境中的批判性和创造性思维

① 姜力铭、刘玉杰、骆方：《基于真实问题情境的批判性思维测评：现状与挑战》，《中国远程教育》2022 年第 12 期。

② 庞维国：《创造性心理学视角下的创造性培养：目标、原则与策略》，《华东师范大学学报》（教育科学版）2022 年第 11 期。

情境1：一名出租车司机6天的收入是1440元。如果他每天工作8小时，平均每小时的收入是多少？（人教版《小学数学》（三年级）第53页题目）
情境2：王师傅和李师傅都是出租车司机，上周王师傅上了5天班，收入是1280元，而李师傅上了6天班，收入是1440元。如果他们每天工作时间都是8小时，请问哪个师傅平均每小时的工资更高？
情境3：王师傅和李师傅都是出租车司机，上周王师傅上了5天班，收入是1280元，而李师傅上了6天班，收入是1440元，还额外获得了48元奖励。如果他们每天工作时间都是8小时，请问哪个师傅平均每小时的工资更高？
情境4：李师傅是一名出租车司机，他上周上班6天，收入是1440元。如果他每天工作8小时，平均每小时的收入是多少？现在李师傅家里需要钱来装修，请你帮李师傅想想办法，如何能够拉到更多乘客？
情境5：李师傅是一名出租车司机，他上周上班6天，收入是1440元，还额外获得了48元奖励。如果他每天工作8小时，平均每小时的收入是多少？现在李师傅家里需要钱来装修，请你帮李师傅想想办法，如何能够拉到更多乘客？

图5-13　五种问题情境示例

（三）问题情境的构成要素

一个问题情境应该具备哪些要素？古力可（Gulikers）等认为，真实性评估应该包含以下五种要素：评估任务、物理环境、社会环境、评估目标以及评估标准。[①] 其中，物理环境和社会环境在问题情境中体现为背景。罗日叶认为，问题情境由背景、信息、功能以及命令四个部分组成[②]，注重问题情境的教学意图。而刘徽认为，真实性问题情境应该具备情境、人物以及任务三要素[③]，关注人物在问题情境的作用。根据上述学者的观点，真实性问题情境应当由以下三个部分构成：背景、目标、信息（如表5-9所示），它们都属于情境或者任务的下一层级。此外，

---

① Gulikers J. T. M., Bastiaens T. J., Kirschner P. A., "A Five-dimensional Framework for Authentic Assessment", *Educational Technology Research and Development*, Vol. 52, No. 3, 2004, pp. 67-86.

② ［比］易克萨维耶·罗日叶：《为了整合学业获得：情景的设计和开发》（第二版），汪凌译，华东师范大学出版社2010年版，第62页。

③ 刘徽：《大概念教学：素养导向的单元整体设计》，教育科学出版社2022年版，第201页。

问题情境的表述方式也非常重要，问题情境的表述方式将决定学生问题解决方法的开放程度。[①] 问题情境的表述方式是将背景、目标以及信息按照一定的顺序联结或以某种方式呈现，以激发学生的动机，引导学生调动知识与技能。

表5－9　**问题情境的构成要素**

要素	内容
背景	选择一个对学生有意义且体现真实性的背景
目标	需要学生展示的成果，以及希望学生调用的知识、技能、生活经验的种类和数量
信息	包括资料信息、条件信息、干扰信息、推断信息等

以下文的情境 A 为例，该情境以跑步为背景，它的目标是让学生运用乘法运算解决问题，但这个问题情境中并未体现情境的真实性，且提供了没有必要的信息。作为三年级的学生，应该具备一周有七天的生活经验，而且每天都跑两圈的规律性设定在日常生活中会面临变化。笔者对情境 A 进行了改编，改编后的问题情境为学生解答提供了更多的开放性和可能性，不同认知水平的学生可能会做出不同的解答。当然，不可否认的是，改编后的题目更复杂，也更具挑战性。这里的改编并不是为了“等价替换”原题，而是为了说明在进行试题命制的时候，要深刻认识问题情境的构成要素，理解不同的表述方式会导致不同的解决方案。同时也要意识到，我们不能在学生学乘法的时候只考乘法，而应该适当联系学生已有的知识和生活经验，以达到更好的学习效果。

【情境 A】：（人教版《小学数学》（三年级下册）第 49 页题目）

田径场的跑道长 400 米，小红每天跑 2 圈。她一个星期（7 天）

① ［比］易克萨维耶·罗日叶：《为了整合学业获得：情景的设计和开发》（第二版），汪凌译，华东师范大学出版社 2010 年版，第 9 页。

共跑多少米？

【情境 A 改编】：

小红的学校有一条长 400 米的跑道，她上周打算每天跑 2 圈来锻炼，但由于下了三天的雨，导致那三天没跑成，那么她上周实际上一共跑了多少米？

（四）指向深度学习的情境设计原则

1. 选择一个对学生有意义且体现真实性的情境

日常学习过程中，我们设计的问题情境不仅是为了测评学生的认知水平，更多是为了帮助学生联结、运用已学过的知识、技能。因此，在设计问题情境时，首先要考虑的是我们设计的情境是否能引起学生的兴趣，是否具备一定的挑战性。也就是说，这个情境对学生来说有何意义？跟他的生活有何联系？以下文的情境 B 为例，水龙头漏水是一个真实性背景，我们应该让学生感受到节水是有意义的，而不是直接告诉学生“请注意节约用水”这样生硬的话语。为了引发学生情感上的共鸣，笔者对情境 B 进行了改编，将漏水与沙漠的缺水联系起来，通过提供的信息和问题解决让学生认识到每一滴水都是有意义的，并以此激发学生的动机。第二个问题对学生来说有一定的挑战，但又不至于无法完成。

【情境 B】：（人教版《小学数学》（三年级下册）第 41 页题目）

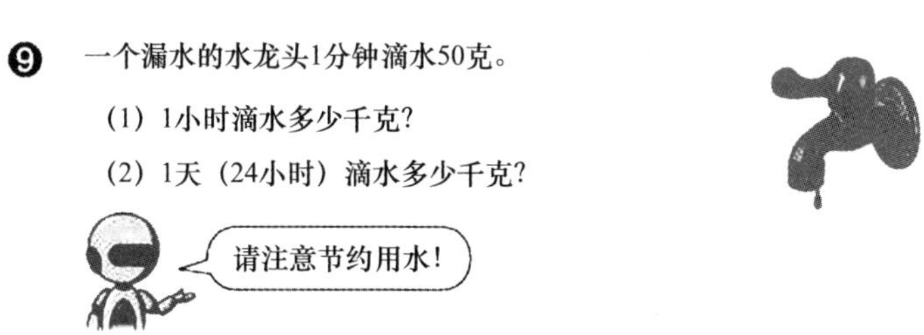
⑨ 一个漏水的水龙头1分钟滴水50克。

(1) 1小时滴水多少千克？

(2) 1天（24小时）滴水多少千克？

【情境 B 改编】：

我国新疆的塔克拉玛干沙漠平均一年的降雨量不超过 100 毫米，每一滴水对沙漠中的植物来说都非常重要，沙漠中的仙人掌每年大概需要 500 克的水便能存活。我们日常漏水的水龙头一分钟就会滴水 50 克，那么水龙头一个小时漏多少千克的水？能够满足多少棵仙人掌生长一年？

2. 明确问题情境的整合目标

在创设问题情境的时候不能简单地对每种知识或技能分别提出一个小问题，而是要将这些知识、技能联结起来，共同服务于某一个较为复杂的问题解决。以下文的情境 C 为例，该情境直接告诉学生要租 2 条四人船。虽然降低了题目的复杂程度，但也在一定程度上让学生失去了探索的机会，减少了很多乐趣，最终变成了单纯的数学运算。课本中的练习是允许学生犯错的，甚至要鼓励学生去积极探索。从这个意义上说，笔者认为，该问题情境的目标应该是学生学会运用数学知识进行合理选择，而不是单纯会数学运算。如果将其改编成更加开放的问题情境，会为学生提供更多综合应用知识解决问题的行动尝试。

【情境 C】:（人教版《小学数学》（三年级下册）第 51 页题目）

15

(1) 租1小时，平均每人要花多少钱?

(2) 还可以怎样租船?要花多少钱?

【情境 C 改编】:

(1) 我们一共七个人，有几种租船方案？选择哪一种租船方案最划算？请通过计算证明你的观点。(2) 如果选择最划算的租船方案，平均每个人需要花多少钱？

3. 尽量减少一目了然的情境，适当使用图表呈现信息

从前文问题情境与深度学习的关系图可以看出，平淡无奇、一目了然的问题情境处于浅层学习的水平，属于低通路迁移，对学生来说更多的是记忆与复制。下文的情境D便是这样的例子，题目只是换一种方式向学生提出他们已经熟悉的老问题，没有给学生的能力发展留足空间，本质上还是对基本概念和原理的单纯考察。此外，为了让情境更便于阅读以及更符合生活实际，可以适当以插图或表格的形式呈现部分信息，提升学生提取关键信息的能力。

【情境D】：（人教版《小学数学》（三年级下册）第23页题目）

一部8集儿童科普剧的播放时间共120分钟，平均每集播放多长时间？

（五）指向深度学习的情境化作业设计案例

根据前文关于深度学习的思维结构评价，我们可以知道，深度学习主要发生在SOLO水平层次中的关联结构以及抽象拓展结构水平，少部分发生在多点结构水平。根据情境的不同功能，我们可以将作业类型分为基础型、综合型、应用型以及创新型四种（如表5－10所示）。在每一种作业类型中，情境在深度学习中的功能有所不同。在基础型作业中，情境的主要功能是为了让学生认识到知识、技能的价值，激发学生的学习动机。这种问题情境大多属于浅层学习。在综合型作业中，情境的主要功能是为了引导学生调用多种知识、技能以及生活经验的能力，强调批判性思维的运用。而应用型则主要针对解决实际问题，它需要面对的问题更复杂，可能会用到本学科或者跨学科中的知识与技能。创新型作业则更多的是让学生学会运用创造性思维解决问题。下面分别对每种作业类型进行举例。

表 5－10　　指向深度学习的情境化单元作业类型①

作业类型		情境功能结构	问题情境功能描述	情境的SOLO水平层次
复杂性与复杂化递增↓	基础型		引导学生调用本单元中单一的知识、技能、态度解决问题，评估学生对基本的概念、事实、原理的掌握程度。	单点结构
	综合型	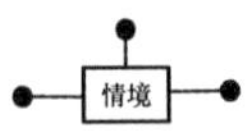	引导学生调用不同种类和数量的知识、技能、态度解决问题，评估学生综合运用知识和分析问题的能力。	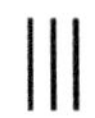 多点结构
	应用型	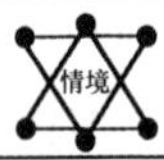	引导学生联结和合并调用不同种类和数量的知识、技能、态度解决问题，评估学生解决复杂问题的能力。	 关联结构
	创新型	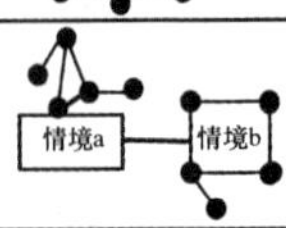	引导学生通过元认知控制和调整自己的认知活动，学生调用未完全掌握或者新的知识、技能、态度，评估学生迁移解决一些开放性和创造性问题的能力。	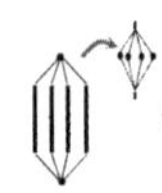 抽象拓展结构

1. 基础型作业

小红家附近有一个长 50 米的游泳池，她经常去游泳锻炼，有一次她游了 8 个来回，请问小红一共游了多少米？

2. 综合型作业

小红家附近有一个长 50 米的游泳池，她经常去游泳锻炼。小红游一个来回需要 3 分钟，但是由于长时间游泳会感到疲劳，于是她每游完 2 个来回就会休息 1 分钟。现在，小红游了 8 个来回，请问她一共花了多长时间？

3. 应用型作业

小明利用业余时间做了 5 件灯笼和 4 艘玩具船。这个周末学校准备进行一个义卖活动，他决定拿他的手工品进行义卖，并将所得的钱捐给山区学校。他打算定价在 20 元到 60 元，可他不知道如何定价收益最高。如果定价太低，获得的钱就会少一些，但定价太高，就可能卖不完。表 5－11 是小明灯笼和玩具船的定价与销售数量的关系，请你帮小明选择合适的定价，让他通过这次义卖获得最多的钱帮助山区学校。

① 其中，“情境功能结构”参考自罗强《苏州市义务教育学业质量监测——科学学科跨学科命题的探索》，指向素养的深度学习：跨学科融合教学云端论坛，2020 年。

表 5－11　　小明灯笼和玩具船的定价与销售数量的关系

灯笼的定价（元）	销售数量（个）
25	5
35	4
45	3
55	2
玩具船的定价（元）	销售数量（艘）
38	4
48	3
58	2

4. 创新型作业

小明在网上看到了一篇文章，讲述的是一种新型材料，它未来可能会被广泛用于制作纸袋，其基本信息如资料卡片所示。

请你结合资料卡片和相关知识思考：

（1）如果将这种纸袋应用于各种领域中，比如餐厅、超市、菜场等地方，可能会带来哪些具体的改变或者挑战？

（2）请你给这种纸袋的包装盒设计一个外观方案，以吸引消费者的注意力，并突出它的优点。

【资料卡片】：这种材料是由天然纤维素基材料制成的，可以代替我们日常使用的传统材料，如聚乙烯和聚丙烯塑料，但它的造价更高些。它利用了纤维素的细长特点，使得纸袋在采用和普通塑料袋相同厚度的情况下能够具备更大的强度和负载能力。同时，这种材料会吸收生产过程中产生的二氧化碳，它在土壤中也更容易被分解和降解。

六　数据驱动的学习评价

数据驱动的学习评价可借用“学习分析”一词来展现。学习分析是指，“测量、收集、分析和报告有关学习者及其学习情景的数据集，以理解和优化学习及其发生情景”[①]。学习分析可以使用传统的统计分析技术，也可以使用教育数据挖掘的方法和技术，还可借鉴教育学、心理学、社会学、传播学等领域中的方法和技术。[②] 虽然学习分析的技术手段多样，但其核心均在于通过收集和分析的数据来观察和理解学习，进而干预学习。运用学习分析来评价深度学习，不仅可以精准、全面地描绘出学习者的学习进展与结果，还可以促进教师和学生反思教与学的过程。例如，帮助教师衡量“什么样的教学能促进学生深度学习，如何改进自己的教学”，帮助学习者反思“在学习中自己的哪些行为会影响学习效果的好与坏，自己的问题出在哪里”等问题，提高课堂效果，促进深度学习的发生。

将学习分析用于深度学习，其总体思路与学习分析的一般模型相似，只是它以深度学习结果评估为基础，而非一般的学业成绩。[③] 学习分析运用多场景（如一卡通、摄像监控、穿戴设备、移动终端）、多空间（如学习数据、管理数据、生理数据、资源数据）采集的数据，可对学习者的认知、情感、社会互动等进行多模态的分析，构建学习者画像、预警模型等可视化的结果，揭示学习者的深度学习水平。

在认知层面，动态认知诊断评价方法对学习者的认知加工过程进行建模，既注重对高阶认知能力的诊断评价，又结合学习者在学习过程中学习与遗忘等认知规律[④]，从而实现对学习者的动态监测、反馈与预警。

此外，还可采用滞后序列分析（Lag Sequential Analysis，LSA），洞悉学习者的思维结构。滞后序列分析是学习分析的一种研究方法，主要分析出现在时间先后的事件（行为）之间是否在统计学上存在显著性，它的作用在于能够根据行为转换的频率来分析潜在的行为模式。

---

① 李艳燕、马韶茜、黄荣怀：《学习分析技术：服务学习过程设计和优化》，《开放教育研究》2012 年第 5 期。

② 尚俊杰主编：《学习科学导论》，北京大学出版社 2023 年版，第 575 页。

③ 杨现明、田雪松编：《互联网 + 教育：中国基础教育大数据》，电子工业出版社 2016 年版，第 122—126 页。

④ 黄涛、赵媛、耿晶等：《数据驱动的精准化学习评价机制与方法》，《现代远程教育研究》2021 年第 1 期。

案例：运用LSA分析学习者反思水平

依据相关反思编码框架与SOLO评价指标，笔者对66位学习者在混合课程的1882条在线反思回帖进行了反思话语编码框架，如表5－12所示。

表5－12 反思话语编码框架

一级维度	二级维度	维度说明	示例	编码
反思类型（认知水平）	描述层（单点结构）	重述事实，没有进一步阐述或解释事件（定义描述，复述、回忆课堂知识点）	“学习是通过阅读、听讲、观察研究、实践等途径而获得知识、技能或认知的过程。”	R1
	反思描述层（多点结构）	以报告或描述的方式对行为原因或观点进行解释；对观点的分析有限，且没有改变原有观点	“明白了课程不只是教材，更是知识、活动与经验过程。”	R2
	对话反思层（关联结构）	寻找经验或知识之间的关系，从不同的角度看待事物并考虑替代解释、假设和观点，如举身边的例子	“课程是知识、经验和活动。随着时代的不断进步，学生的主体性会越来越得到重视。”	R3
	批判性反思层（抽象拓展结构）	考虑背景以外的方面，例如，道德和伦理问题，以及更广泛的社会历史和政治文化背景	“随着社会的不断发展，学校空无课程的开发也是有必要的，会让学生更好地学会为人处世，更好地生活，是潜移默化影响学生身心发展的教育课程。”	R4
元认知策略	情感参与	对教师和学习伙伴的赞赏、羡慕、惊讶/惭愧/自我激励、期待等话语描述	“为上讲台去发言阐述logo的含义的同学点个赞，他们真的都很优秀，值得肯定。我相信我们一定会越来越好的。”	M1
	个人方法	个人学习方法的描述，如对于自我学习的计划、监控、调节	“在上课前，我认真地看过了老师发的视频，所以在课前对将要学的内容已经有了些许概念。”	M2
	总结性反思	在学习活动过程中的经验、收获，或是反思存在的不足	“这一节课为我们把握这门课打下了良好的基础，能更好地促进我们今后的学习，收获很多。”	M3

编码后的数据采用 k-means 聚类，发现了四类学习者，并将聚类组 1、2、3、4 的学习者分别定义为主动型深度反思者、主动型浅层反思者、批判型深度反思者、被动型浅层反思者。按照先后顺序将聚类结果的行为序列分组输入 GSEQ 软件，分别得到四组学习者的行为转换频率表和调整后的残差表，绘制得到达到显著意义（Z-score > 1.96）的反思行为转换图。如图 5－14 所示，四类学习者均存在反思认知维度四个层次上的转换，即 R1→R2→R3→R4 都达到了显著水平，形成了“反思思维链”。深度反思者和浅层学习者主要区别在于元认知策略的转换频次，深度反思者整体的序列转换也比浅层反思者复杂得多。

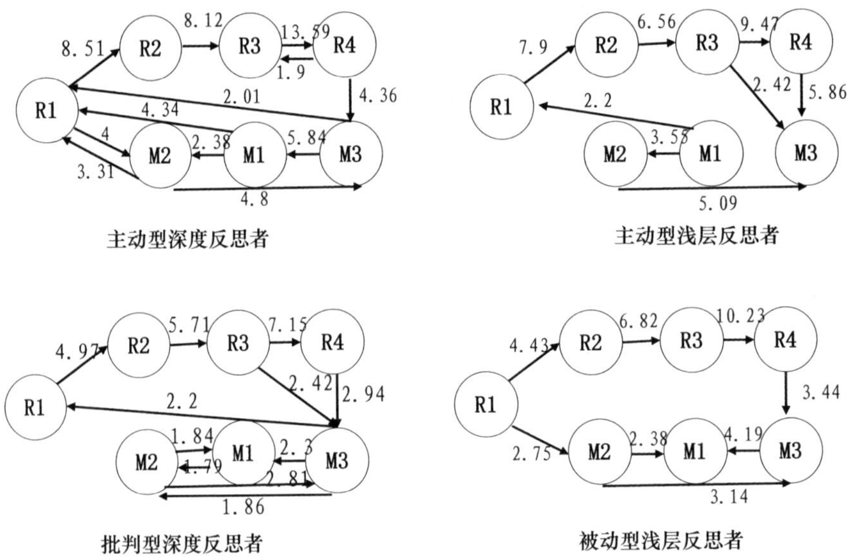

图 5－14 学习者反思行为转换图

主动型深度反思者的反思转换最为复杂，在反思时会在认知与元认知策略维度频繁转换。描述反思行为和个人方法总结反思互相引发，在抒发个人感受、分析学习方法和总结学习过程之后又对学习中发生的关键事件回溯重现，说明他们能够用事实对认知加以佐证，思维过程循序渐进发展，反思认知链呈现出螺旋上升的态势。

主动型浅层反思者元认知策略的序列转换最少，可推断此类学习者在反思回帖中倾向于回复知识类的定义、描述帖后进一步的解释与比较，情感参与与其他转换不频繁。

批判型深度反思者与主动型深度反思者都达到了反思的深度层次，两类深度反思者的主要区别在于，主动型深度反思者在反思认知层面与元认知策略转换的联系更加紧密，而批判型深度反思者仅在元认知方面转换频繁。

被动型浅层反思者行为转换最为简单，结合发帖平均数位于末次的情况来看，反思回帖中缺乏积极性，由此判断此类学习者发帖行为主要来自外部动机①。

在情绪情感方面，可通过识别学生的面部表情、眼动、心率、血压、皮肤电传导、手势和身体姿势来分析教室中学生的专注度、情绪状态，进而评估学习者的课堂学习参与和效果。

在社会互动方面，可以通过对群体层次结构的分析，帮助我们了解群体内部凝聚力的高低，比较不同学习者群体的互动内容和深度，发现学习者群体之间互动模式的差异等。② 社会网络分析（Social Network Analysis，SNA）、认知网络分析（Epistemic Network Analysis，ENA）便属于这类方法。

① 徐瑾、刘晓艳、杨南昌：《SPOC 深度学习者的反思特征及思维转换研究——基于在线反思话语的分析》，载《中国高等教育学会学习科学研究分会 2022 学术年会论文集》，第 384—388 页。

② 黄涛、赵媛、耿晶等：《数据驱动的精准化学习评价机制与方法》，《现代远程教育研究》2021 年第 1 期。

第六章

课堂深度学习设计的实践案例

本书将课堂深度学习的设计实践置于大学与中小学“双主体—双课堂”联动革新的视野中。本章分别选取一个小学数学的深度学习单元教学案例，以及一门大学课程“五维一体”的深度学习课堂教学系统革新案例，以展现如何运用前文提供的行动框架进行实践产出。

第一节　小学数学深度学习单元教学案例

一　设计理念

（一）像日常实践者（专家）一样思考

这一理念来自学习科学所提倡的“像专家一样思考”。如前所述，专家与新手的重要区别在于，专家围绕核心概念或大概念来组织知识，引导他们思考自己的领域，而不仅是对相关领域事实和公式的罗列。对于小学生来说，要形成这种专家思维离不开情境的指引，只有浸润在真实的现实境脉中，深度学习才有可能发生。利用单元大情境，为学生提供一种模拟日常实践者的身份，建立起知识与真实世界的连接，在完成真实性工作任务的过程中，学会解决数学问题。

（二）单元大情境引领下的方法进阶

设计的第二个重点就是对学习方法的掌握。方法的习得不是一蹴而就的，特别是对于小学阶段的学生，需要循序渐进的过程，且离不开教师的引导。单元大情境的设置提供了方法进阶的路径。大情境是在整合单元的角度上，统领整个单元的教学，是学生进行单元学习活动的载体，是伴随整个单元学习主题、贯穿整个单元、真实且富有意义的情境。区别于原有课堂中的单一情境或分散情境，大情境是整合的、递进的，具有过程性和发展性的特点。在单元大情境的主题下，各个课时关联的子任务情境为学生理解抽象的方法提供了具象的支撑，通过新任务情境，让学生经历使用方法探究新知识的过程，最终获得深层知识。在整个单元学习中，学生不仅要掌握相应的学科内容，也要获得学习的方法。遇到相似的新的情境时，能够主动运用方法进行学习，从而形成相对应的思考问题的方法链。

二　设计框架

本案例基于威金斯和麦克泰格的逆向教学设计理论，结合第五章的课堂深度学习设计框架和本单元内容，建构了基于大情境的小学数学单元教学设计框架。整个框架分为三大部分（见图6－1）。

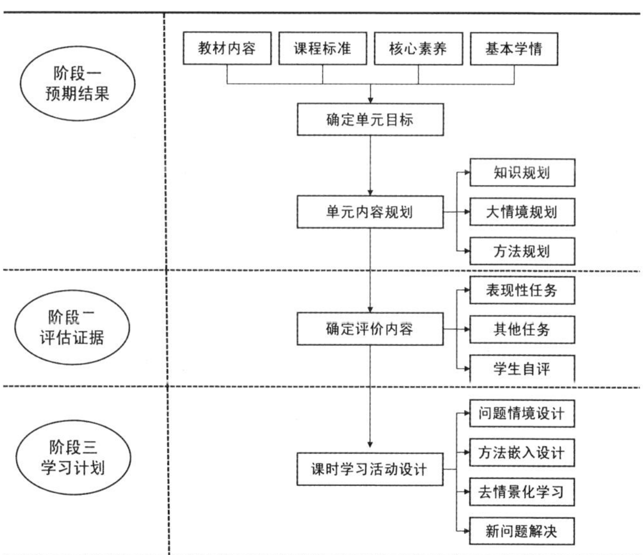

图6－1　基于大情境的小学数学单元教学设计框架

以逆向教学设计的三个阶段为指导思路，结合单元知识内容及基本学情创建单元大情境，确定方法进阶的路径。在课时学习活动设计中，以情境任务为驱动，让学习者置身其中，像日常实践者一样思考，使所学知识与真实世界建立意义关联，在解决问题的过程中获得学习的一般方法，并能运用这些方法解决新情境中的问题。

三　设计案例

本案例主题为人教版《小学数学》（四年级下册）第三单元《运算定律》，采用单元逆向教学设计，展示单元教学整体规划，同时选取其中一节课时进行示例。

单元主题/名称	**运算定律**		
科目	小学数学	**教学对象**	四年级（第二学期）
课时	7 课时	**设计者**	杨南昌、章明、罗炉枝、谢寅、易通、何珊珊、江名龙、刘云帆、周红娟、薛素桐
阶段一：预期结果			
一、单元内容分析			
（一）从横向内容来看。本单元的核心知识是运算定律，聚焦交换律、结合律和分配律三大部分。交换律和结合律对于学生来说，难点在于运算符号、运算角色、数的位置以及运算顺序的“变与不变”。 1. 交换律包括加法和乘法交换律以及相对应的减法和除法的运算性质。在这一部分的运算模型中，加数和乘数的角色是不变的，运算符号也是不变的，改变的是数的位置。 2. 结合律包括加法和乘法结合律以及相对应的减法和除法的运算性质。在这一部分的运算模型中，用到“小括号”。在加法和乘法结合律中，加数和乘数的角色以及运算符号都没有发生变化，改变的是运算的顺序。而在减法和除法的运算性质对应的部分，数的角色、运算符号及运算顺序都发生了改变。在这部分内容的教学中，要帮助学生理解“小括号”的加入对算式运算带来的影响。 3. 分配律和其他两类运算定律最大的区别在于模型中包含了两级运算，可用几何图形直观帮助学生完成对运算模型的建构。整个单元，除对知识内容的掌握之外，重点发展学生的推理能力、模型思想和应用意识，特别是从运算定律到简便运算的灵活运用。 **（二）从纵向内容来看**。在《运算定律》这一单元之前，学生已经积累了大量的运算实例，掌握了运算的基本规则，且在乘法和除法的学习中，也知道了积的变化规律以及商不变规律。简单来说，以往关于数的运算的学习如同一个个知识碎片，而本单元的学习则是让学生找到这些知识碎片的联系，在解决数学问题的过程中建立起运算定律的模型，并能够借助这些模型简便灵活地完成以往的计算，培养学生合理选择算法的能力，构建完整的知识结构，进而为之后在其他运算模型的探索以及数系拓展中应用运算定律打下基础。			

续表

下图是本单元将要学习的核心知识结构与关系。

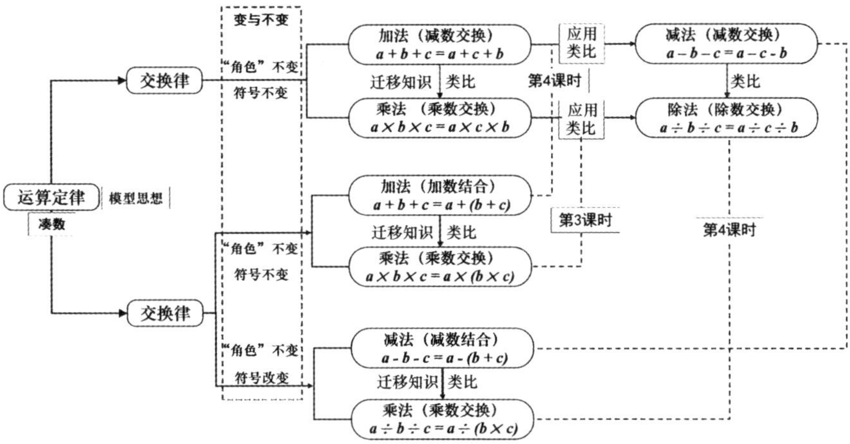

二、基本学情分析

学生在第一学段中已经积累了一定的知识与活动经验，经历了大量的计算实例，并且通过验算、两位数乘法笔算等的学习，初步感受到运算定律的应用。比如，在检验"12+13"是否计算正确时，会通过交换两个加数的位置，即计算"13+12"的结果来比较，这其实就是对加法交换律的实际运用。但是，四年级学生对于运算定律还处于会简单使用，却无法上升到规律的发现与归纳的阶段，所以需要教师给予一定的引导，借助生活情境、几何直观以及方法归纳等策略帮助学生理解算理，最终形成相应的数学模型。

三、单元总体目标设计

单元目标序列	单元目标描述	学习水平	深度学习能力
1	知道并理解四种运算定律	知道	核心知识
2	能初步运用运算定律进行简便运算	理解	数学技能
3	在单元结构化探究运算定律的经历中，积累探究推理的经验，习得运算定律探究的一般方法	理解	抽象推理
4	发展自主学习、独立思考、合作交流的能力，能尝试运用单元学习经验和方法解决新问题	运用（初级）	学会学习
5	感悟数学与生活的切实联系，激发爱国情怀，激活数学学习的内在动力	运用（高级）	学会学习
6	在问题解决中灵活运用定律，形成简算意识，发展数感	分析	问题解决
7	学会提出新问题，并能尝试解决	综合	想象与创造
8	能回顾和审视学习过程，分析学习结果，自主调节巩固	评价	数学元能力

续表

四、单元学习规划设计

（一）单元学习整体设计

课时	学习目标	学习内容 （核心知识）	学习活动
1　加法运算定律	1. 探究、理解并掌握加法交换律和加法结合律，发展抽象概括能力，培养符号意识和模型意识 2. 经历加法运算定律的探究过程，积累探究运算定律的方法，学会如何科学严谨地探究规律 3. 逐渐有意识地运用加法运算定律解决实际问题，发展数感和简算意识	1. 加法交换律和加法结合律 2. 探究运算规律的方法，重点掌握“是什么”的探究过程	在小小志愿者大情境和具体的志愿者任务中： 1. 解决简单的“高斯问题”，关注运算顺序和加数的位置，探究加法交换律 2. 迁移探究方法、自主探究加法结合律 3. 对比加法交换律和结合律
2　减法的性质	1. 识记连减运算的三种运算方法，结合数据特点灵活选择合理算法，提高运算能力，形成推理意识 2. 经历用减法的性质解决实际问题，提高分析、解决实际问题的能力，形成模型观念和应用意识 3. 理解减法的性质，获得数学探索的乐趣和探索的方法，形成理性思维	1. 连减运算的三种运算方法 2. 用减法的性质解决实际问题 3. 迁移运用探究方法，重点掌握对“为什么”的探究过程	1. 交流连减运算的三种运算方法，归纳减法的性质 2. 用减法的性质解决实际问题，归纳运算方法 3. 借助探究加法运算定律的方法探究减法的性质、加减混合运算的规律
3　乘法交换律与结合律	1. 经历观察、验证、比较、说理等活动，能自主概括出乘法交换律和乘法结合律，会用字母表示规律，积累探究推理的经验 2. 通过观察与计算，灵活应用乘法交换律和结合律进行简便计算，形成数感 3. 尝试从具体情境中发现和提出数学问题，经历独立思考并与他人合作交流解决问题的过程，养成良好的创新意识和表达能力 4. 在“小小志愿者”大情境下，感悟数学与生活的切实联系，激发爱国情怀，感受数学与生活的联系	1. 乘法交换律和结合律的意义 2. 使用乘法交换律和结合律解决实际生活情境中的问题 3. 迁移运用探究方法，重点掌握对“怎么用”的探究过程	1. 借助加法运算定律迁移得出乘法运算定律 2. 多元表征清晰表达乘法运算定律的本质内涵 3. 根据数据特点灵活应用乘法运算定律简便计算

续表

课时	学习目标	学习内容（核心知识）	学习活动
4 除法的性质	1. 掌握连除的性质，能灵活选择合理算法，提高运算能力 2. 利用数的“交换”和“结合”解释连除的性质 3. 借助现实情境、画图等方法能表达运算的道理，发展几何直观意识，提高分析、说理能力 4. 培养“迁移”学习的能力，体会学习的乐趣	1. 掌握连除的性质，能灵活选择合理算法，提高运算能力 2. 利用数的“交换”和“合并”进行总结	1. 复习整理和回忆“交换律”和“结合律” 2. 作为小小志愿者，帮助计算运送抗疫物资 3. 连除常规和变式练习
5 乘法分配律	1. 经历乘法分配律模型的探索过程，用多元表征理解规律 2. 辨析乘法分配律与其他运算定律结构上的不同，感悟数形结合的数学思想，体验乘法分配律的价值	1. 乘法分配律模型及其应用 2. 完整使用“是什么、为什么、怎么用”的方法来完成对乘法分配律的探究	1. 格子纸上探究乘法分配律 2. 辨析乘法分配律与其他几个运算定律间结构的不同 3. 多元表征理解乘法分配律 4. 乘法分配律的应用
6 运算定律的灵活运用	1. 借助数的拆分、重组感受凑整思想在简便运算中的重要性 2. 在多样方法中选择最符合自身特点的解决办法	1. 什么是运算定律、为什么用运算定律、怎样用运算定律 2. 拆分、重组进行凑整，运用多样算法解决问题，分析算式特点，辨析解题策略	1. 依据算式特点，选择合理的运算策略解决问题 2. 根据算式中的数量关系与规律归纳总结简算核心思想：凑整 3. 探索一些开放性的数学问题，初步形成简算意识，发展创新意识
7 运算定律整理与复习	1. 按照不同的分类标准对单元知识进行分类整理，单元知识系统化和结构化 2. 回顾单元学习的定律内容，探究方法，能将探究方法进行迁移，提出新的猜想 3. 初步学会单元内容的整理方法，培养数学表达能力、反思能力，逐步形成批判性思维，发展元认识能力	1. 运算定律的深度理解、建构模型，理解运算定律的本质内涵 2. 将探究运算定律的方法进行迁移，提出猜想	1. 课前分类整理运算定律，思考对单元学习内容存在的疑问和好奇之处 2. 课中针对课前分类整理，突出不同分类中定律需要关注的点 3. 课后运用探索规律的方法，提出猜想，验证猜想

（二）单元大情境规划

本单元案例实施正好处在新冠疫情时期，所以结合本单元的教学内容，将单元大情境主题确定为“小小志愿者”。学生以抗疫志愿者的工作内容为问题情境，在现实问题解决过程中学

续表

课时	学习目标	学习内容（核心知识）	学习活动

习运算定律的运用。学生用数学的眼光重新审视疫情下的奉献与付出，充分体会数学在生活中的应用价值，并且在潜移默化中升华数学知识的育人价值。

在单元学习中，以统计参与志愿工作的教师数量（课时1）、计算小区中未进行核酸检测的人数（课时2）、统计爱心企业为封控小区捐赠的物资情况（课时3）、根据车辆情况出具运送爱心物资的方案（课时4）、根据要求计算需要再次招募的志愿者人数（课时5）作为5节新知探究课的任务情境，学生在解决情境任务的过程中开启对相应的运算规律的探究。

（三）单元方法进阶规划

本单元教学目标重在习得探究规律的方法。在运算定律课程模块中，对于比较易于理解的加法运算定律，以教师引导为主，学生重在获得科学有效的研究方法，后续的运算定律和性质探究在学习方式上，教师适当放手，学生借助方法自主探究乘法交换律、结合律和除法的运算性质。传统上，乘法分配律最易掌握却最易混淆，可放手让学生独立自主探究，运用多元表征，让学生充分交流和表达，也充分犯错，突破认知和理解模糊点。最后通过其他运算规律的主题式探究活动实现方法的再建构。长久受用的数学思想方法的渗透不是在一节课上就能实现的，而是贯穿整个单元教学过程的始终。因此，将本单元的课型根据方法进阶安排为起始建构课、迁移探究课以及练习拓展课。

· 起始建构课：包括课时1加法运算定律与课时2减法的性质，目的在于使学生了解探究运算规律的过程。

· 迁移探究课：包括课时3乘法交换律和结合律、课时4除法的性质以及课时5乘法分配律，目的在于让学生借助结构的相似性，将前序课程中获得的探究规律的方法运用在新的学习当中，并进行适当的拓展。

· 练习拓展课：包括课时6单元练习课以及课时7整理复习课，目的在于让学生从问题情境回归到符号运算本身（去情境化），巩固相关知识，整理易错点，最终完成运算定律模型的建构，并尝试使用运算定律模型探索新的规律。

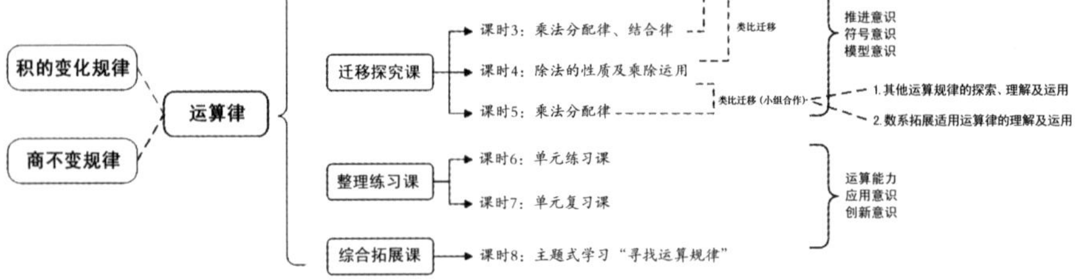

续表

阶段二：评估证据
根据预期结果，确定评价内容，包括表现性任务、根据预期结果需要收集的其他证据以及学生的自我评价与反馈。 1. 表现性任务 表现性任务的设计可以借助 GRASPS 来架构，每个字母分别对应一个任务元素。G—目标（Goal），R—角色（Role），A—对象（Audience），S—情境（Situation），P—表现或产品（Performance/Product），S—标准（Standards）。本单元的表现性任务可以描述为：作为小小志愿者的你（角色 R），需要协助社区工作人员组织核酸检测及爱心物资的发放工作（情境 S 与对象 A）。在完成任务的过程中，需要使用到合适的运算定律或运算性质（标准 S）来帮助你更加简便地计算。具体任务如下（目标 G）： · 计算全市参与核酸检测的志愿者人数； · 统计社区核酸检测工作进程； · 统计爱心物资的数量； · 制定爱心物资的配送计划； · 计算需要参与物资发放的志愿者人数。(表现或产品 P)
2. 根据预期结果需要收集的其他证据 · 课堂对话。课堂对话是教师与学生交流的最主要也是最普遍的方式，学生的思考过程可以借由课堂中的问答得以体现。因此，可以通过记录到的课堂对话来评估学生对预期结果的实现程度。具体的证据分析将在后续进行阐述。 · 课堂探究过程。学生是否习得探究运算规律的一般方法？能否完成从教师引导到小组合作再到独立探究的提升？这些都需要对应的课堂探究过程实录来反映学生的真实表现。所以，对本单元的 7 节课都进行了全程录像，用以提取关键事件，评估预期结果的实现情况。 · 随堂测验或课后作业完成情况。这属于传统的评估手段，可以用来评定学生的基本知识和技能。因此，在本单元每节课中都设计了相应的练习题以及课后作业单，在单元结束后设置了以纸笔测验形式进行的单元检测。 3. 学生的自我评价与反馈 · 单元知识整理情况——思维导图。思维导图能够帮助学生整理知识间的内在联系，形成自己的知识结构，促进意义学习的发生。在最后一课时的课前作业单中设置任务，让学生用思维导图整理在本单元的学习收获。考虑到学生之前的学习中已经有绘制思维导图的相关经验，因此，评价侧重点放在内容上，从是否符合主题、逻辑是否顺畅、顺序是否合适、是否有体现个人的见解等方面进行评判，教师提前筛选有代表性的思维导图，在课时 7 中开展学生互评。 · 课后自评量表。学生对自己的学习表现、知识掌握进行自我评估非常重要。通过自我评估，学生能够主动回忆并反思自己的学习行为，对要掌握的任务和标准才会有自己的看法。教师也才能以此为基础了解学生理解的复杂和准确程度。在本次设计中，参照克拉斯沃的情感领域目标分类、FSS 沉浸体验量表以及学习过程问卷（SPQ 量表），结合学生的实际情况，设计课后自评量表。

续表

阶段三：学习计划
以课时2《减法的性质》为例，展示课时学习活动设计
一、课时内容分析
减法的性质，安排在加法运算定律之后，突出了加减运算间的联系。课前预习单中编排现实情境，不同的学生会出现不同的解决问题方法。通过呈现“连减”多种计算方法，重点交流这样算的道理是什么，归纳出减法的性质。
二、课时目标
1. 识记连减运算的三种运算方法，结合数据的特点灵活选择合理算法，提高运算能力，形成推理意识。 2. 经历用减法的性质解决实际问题，提高分析、解决实际问题的能力，形成模型观念和应用意识。 3. 体会简便运算的魅力，获得探究的乐趣和学习的方法。
三、传统浅层学习改进分析
学生浅层学习问题：过多关注算式的结构，导致学生即便是对各种类型算式进行了分类，也是在机械地计算。另外，学生没有充分经历对算理的探究，理解不够深入。 在探究方法方面，没有引导学生迁移运用加法的探究方法，导致学生在知识、方法方面的联系断裂，只关注单个知识点的学习，没有形成知识结构的系统化。
四、深度学习方式设计
在单元大情境的引领下，设置课时情境任务，以运用不同的减法计算方法解决实际问题为切入点，以“是什么”“为什么”“怎么用”为核心探究问题，培养学生简便算法的意识，明晰计算的道理，适时选择合适的算法，提高运算能力。通过加减混合运算，适时小结加减运算规律，逐步建构知识系统，形成推理意识、模型意识和应用意识。

五、深度教学过程

教学过程	教师活动	学生活动	设计意图（发展的深度学习能力）
一、回顾加法，关联减法	1. 情境任务导入：介绍“小志愿者”任务地图，学生以“小志愿者”身份解决有关“抗疫”的问题 2. 回顾加法：PPT出示加法交换律和加法结合律的字母表达式。提示：“关注：数据的特点—凑整—简便” 3. 复习方法：探究加法运算定律是用了什么方法。教师相应板书：“是什么”“为什么”“怎么用” 4. 关联减法：今天我们将研究什么呢？有什么规律呢？	1. 学生感受以“小志愿者”身份学习本单元知识 2. 学生在教师的引导下回顾加法运算定律是什么、为什么、怎么用 3. 学生汇报探究加法运算定律的方法——“是什么”“为什么”“怎么用” 4. 学生明确研究减法	1. 单元整体建构设计，以学生真实的、数学的情境为背景，将数学知识和实际生活融合，既有利于学生整体建构知识，又激发学生学习的动机，提高学习兴趣 2. 温故而知新，回顾加法的运算定律是什么、探索的方法等，为学习减法做好迁移的铺垫

续表

<table>
<tr><th>教学过程</th><th>教师活动</th><th>学生活动</th><th>设计意图
（发展的深度学习能力）</th></tr>
<tr><td>二、解决问题，探究减法</td><td>1. 播放视频：播放“疫情下的南昌的一天”视频
2. 交流问题：出示课前布置的问题：“小区进行‘全员核酸检测’，需了解进程。小区一共有561人，共设置了2个采样点，截至上午11时，第1个采样点做了239人，第2个采样点做了261人。作为小志愿者的你，能计算出还有多少人没有做吗？”从中知道了哪些信息，引导学生举例验证
3. 汇报方法：怎么列式解决？教师相应板书
4. 理解方法：这些方法都可以吗？板书：561 − 239 − 261 = 561 − （239 + 261）；561 − 239 − 261 = 561 − 261 − 239
5. 深入研究：按照“是什么”“为什么”“怎么用”的方法，引导用学习单自主合作探究减法的性质
6. 汇报成果：教师相应板书学生的汇报成果，重点引导学生关注数据的特点。小结规律板书：减法的性质：a − b − c = a − （b + c）
7. 理解原因：为什么连续减去两个数等于减去两个数的和，再次小结减法的性质</td><td>1. 学生观看视频，感受疫情下医务人员、志愿者等人的努力
2. 学生根据问题，交流获得的信息
3. 学生汇报解决问题的方法
4. 学生结合加法研究的经验感知算式相等
5. 学生在任务单上自主合作探究减法的性质
6. 学生汇报探究成果，师生交流小结出减法的性质
7. 学生交流“为什么连续减去两个数等于减去两个数的和”</td><td>1. 播放实事视频，学生感受国家的强大、人民的团结
2. 创设真实情境，在真实情境中提出引发学生思考的数学问题，增强认识真实世界、解决真实问题的能力，为探究减法的性质提供学习素材
3. 以学定教，由学生的汇报出发，引导学生深入研究。学生迁移加法的研究方法自主研究减法，发展学生分析、解决问题的能力</td></tr>
<tr><td>三、运用规律，解决问题</td><td>1. 解决问题，汇报方法
怎么用 ⟹ 4月11日新一轮核酸检测，某小区共有997人，这是某些时段核酸检测人数统计，作为志愿者你能快速准确地计算出未测核酸的人数吗？<table><tr><th>采样点
时段</th><th>第1采样点</th><th>第2采样点</th><th>第1采样点（上门采样）</th><th>还剩</th></tr><tr><td>7—8时</td><td>53</td><td>47</td><td></td><td></td></tr><tr><td>8—9时</td><td>89</td><td>97</td><td></td><td></td></tr><tr><td>9—10时</td><td>211</td><td>239</td><td>61</td><td></td></tr><tr><td>10—11时</td><td>88</td><td>92</td><td>10</td><td></td></tr></table>2. 又快又对，回归符号运算：672 −（72 + 58）；672 − 72 − 58
小结：关注数据的特点，运用规律让运算更简便</td><td>学生交流解决问题的方法和问题的结果</td><td>相比上一个问题，这个问题高了一个层次，逐步培养学生解决问题的能力，巩固了减法的性质运用。针对容易混淆的问题，学生在辨析中理解透彻</td></tr>
</table>

续表

教学过程	教师活动	学生活动	设计意图（发展的深度学习能力）
三、运用规律，解决问题	3. 计算：354 − (36 + 64)；354 − 36 + 64 4. 计算对比： 172 − (72 + 28) = 172 − 72 − 28 172 + (72 − 28) = 172 + 72 − 28 172 + (72 + 28) = 172 + 72 + 28 小结：适当发现总结运用规律的小技巧，能更迅速运算		
四、关联旧知，感受算法的一致性	回顾 15 − 8 的计算的方法 方法 1：15 − 8 = (10 + 5) − 8 = 10 − 8 + 5 = 7 方法 2：15 − 8 = 15 − (5 + 3) = 15 − 5 − 3 = 7	学生交流算法，感受算法的一致性	感受算法的一致性
五、布置作业，课后挑战	挑战，让方法更深刻 ① 1 + 2 + 3 + 4 + …… + 19 + 20 = ② 20 − 19 + 18 − 17 + …… + 4 − 3 + 2 − 1 =	学生记录问题，课后挑战研究	加法运算定律和减法性质的综合运用，有利于学生对知识结构化。适当难度的问题更易激发学生探究的兴趣

四　实施效果

为了检验案例的实施效果，选择了同一老师执教的两个班进行对比，实验班 41 名学生，实施单元教学设计，对照班 40 名学生，沿用以往的教学设计。在实验开始之前，对两个班学生的知识水平和思维水平进行检测，检测结果显示，两个班学生的知识水平和思维水平无明显差异，初始水平相似。

1. 检测法

（1）知识水平检测

本研究采用传统纸笔测验的形式，来了解学习者对本单元知识的掌握情况。单元测试卷由区教研室专家、小学数学教师和研究者共同编制（百分制），包括填空题（5 道）、判断题（2 道）、选择题（2 道）、计算题（4 道）、解决问题（2 道）共 15 题，20 道小题。

在案例实施前，针对以往学过的四则混合运算相关知识，对两个班进行单元知识水平检测。结果显示，两个班成绩差异不显著，初始知识水平相似。

在《运算定律》单元实施后的知识检测中，实验班的平均分为74.56，对照班的平均分为72.39，实验班的成绩略微高于对照班，差值为2.17。但是，对比两个班在案例实施前后的成绩标准误差平均值可以发现，实验班学生前测成绩的标准误差平均值为2.919，后测成绩的标准误差平均值为2.263，前后标准误差平均值降低了0.656，说明学生间的成绩差异性明显缩小。而对照班学生前测成绩的标准误差平均值为3.191，后测成绩的标准误差平均值为3.104，前后标准误差平均值仅降低了0.087。由此可以表明，基于大情境的单元教学设计能够使不同基础水平的学生都可以获得有效的知识。

（2）迁移能力检测

传统的纸笔测验能够快速得到结果，但是不足以显示学习者对知识的理解力。本研究中还采用了学习科学中两种测量学习结果的经典方法：保持测验和迁移测验，包括6道保持性测验题，11道近迁移测验题，3道远迁移测验题，下图为三种类型题目的示例。

保持性测验

1. $125\times9\times4=9\times(125\times4)$，运用了（　　）。

2. 在□里填上合适的运算符号，在【　】里填上合适的数。

908－59＋92＝908＋【　】□59

近迁移测验

1. 与25×44计算结果不相等的是（　　）。

A. 25×40＋4　　B. 25×40＋25×4　　C. 25×4×11

2. 计算540÷18时，较简便的一种算法是（　　）。

A. 540÷9÷2　　B. 540÷9×2　　C. 2×270÷18

远迁移测验

1. 某教育部门要举行“小小讲解员”培训活动，计划用网络直播的方式在两个会场同时进行，两个会场的座位示意图如下，全区共有45所小学，平均每所小学有8名学生参加活动。这两个会场能坐下吗？请你做出判断并说明理由。

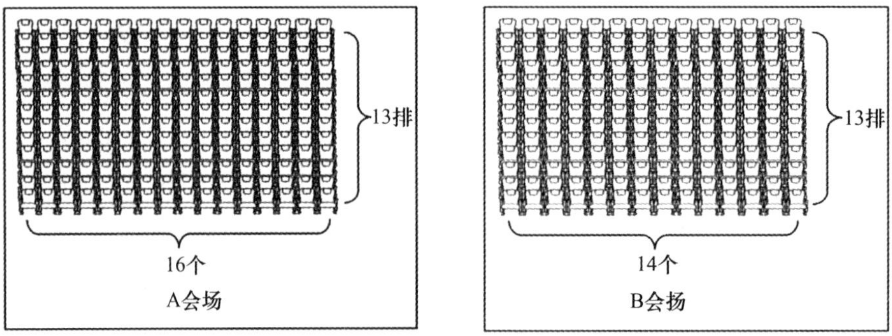

图6－2　各类型题目示例

通过对比学生在案例实施后的保持性测验、近迁移测验和远迁移测验题目中的正确率，来比较两个班学生对知识的理解程度。

结果显示，在保持性测验题目中，对照班的正确率为81%，略高于实验班80%，而在近迁移测验和远迁移测验题目中，实验班的正确率（分别是80%和48%）都高于对照班（分别是78%和40%），说明传统教学方式，对机械性知识的掌握较好，但对知识理解力的提升作用乏力。对比之下，基于大情境的单元教学设计更能够激发学生的主动迁移，增加深度学习发生的可能性。

（3）思维水平检测

本案例借鉴SOLO分类理论来分析学习者在思维结构上的复杂性。结合本单元的教学内容，在前测和后测中分别设置两道题目来测试学生的思维水平，各个水平的关键证据由3名研究者分别制定并进行讨论统整，具体如表6－1。

表 6－1　　思维水平对应关键证据

<table>
<tr><td rowspan="14">前测</td><td colspan="2">题目 1：小学部 115 名同学下午要参加区级文艺会演，学校租车先把这些同学送回学校。现有两种可以租用的车型，怎样租车最省钱？请你写出租车方案，并用你喜欢的方式表示出你的思考过程
大巴车：限乘客 40 人，每辆租金 1000 元
中巴车：限乘客 25 人，每辆租金 650 元</td></tr>
<tr><td>水平 1：不会写、空白或答案与题目无关</td><td>前结构</td></tr>
<tr><td>水平 2：解题逻辑错误，只涉及解题中的某一个步骤</td><td>单点结构</td></tr>
<tr><td>水平 3：（1）分别计算两种车型的单人价格并比较
（2）单独租一种车型，并给出租车方案</td><td>多点结构</td></tr>
<tr><td>水平 4：租车方案中能体现两种车型组合，并计算正确</td><td>关联结构</td></tr>
<tr><td>水平 5：能提供两种车型组合且最低价格的租车方案，思考过程有拓展</td><td>抽象拓展</td></tr>
<tr><td colspan="2">题目 2：学校“红领巾”小剧场是一个长方形，原来每排有 30 个座位，共有 16 排。现在要把它扩建成每排 45 个座位，共 24 排。扩建后一共增加了多少个座位？请画出草图再计算，你能想到几种算法就写出几种算法</td></tr>
<tr><td>水平 1：不会写、空白或答案与题目无关</td><td>前结构</td></tr>
<tr><td>水平 2：解题逻辑错误，只涉及解题中的某一个步骤</td><td>单点结构</td></tr>
<tr><td>水平 3：分步骤列式，且计算正确</td><td>多点结构</td></tr>
<tr><td>水平 4：能够列出综合算式，且计算正确，有简单草图</td><td>关联结构</td></tr>
<tr><td>水平 5：能够用多种方式解答，且计算正确，草图明晰</td><td>抽象拓展</td></tr>
<tr><td rowspan="9">后测</td><td colspan="2">题目 1：王老师的计算器的数字键“6”坏了，如果用这个计算器计算 320 × 36 时，你有几种不同的方法？请你分别列出用计算器计算的算式，并试着总结你用到的方法（有几个就写几个，不用计算）</td></tr>
<tr><td>水平 1：不会写、空白或答案与题目无关</td><td>前结构</td></tr>
<tr><td>水平 2：解题逻辑错误，只涉及解题中的某一个步骤</td><td>单点结构</td></tr>
<tr><td>水平 3：用一种方法来拆分数字</td><td>多点结构</td></tr>
<tr><td>水平 4：用两种方法来解决问题</td><td>关联结构</td></tr>
<tr><td>水平 5：用到多种运算定律配合来解决问题，并有总结性的话语</td><td>抽象拓展</td></tr>
<tr><td colspan="2">题目 2：求出下面等式中 ☆ = ?
（72 ÷ 36） × 9 = （72 × 9） ÷ （☆ × 9）
做题要求：可以用语言文字、绘图、图表等其他形式详细地解释你的思考过程</td></tr>
<tr><td>水平 1：不会写、空白或答案与题目无关</td><td>前结构</td></tr>
<tr><td>水平 2：思考过程只是简单的猜测，或只涉及某一个步骤，答案错误</td><td>单点结构</td></tr>
</table>

续表

后测	水平3：有明显思考过程，列出多个解题步骤，但出现错误联系导致答案错误	多点结构
	水平4：解题过程完整，能综合应用几种运算定律，思考过程清晰，答案正确	关联结构
	水平5：能综合应用几种运算定律，体现出“分配律”的迁移和创新思考，答案正确	抽象拓展

经分析，在案例实施前的思维水平测试中，实验班的平均分为6.07，对照班的平均分为5.81，实验班的成绩略微高于对照班，但没有显著性差异（$P=0.594>0.05$），初始水平相似。

在《运算定律》单元案例实施之后，对两个班再次进行思维水平测试。实验班的平均分（6.41）高于对照班（5.44），且差异性显著（$P=0.027<0.05$），说明实验班采用基于大情境的单元教学设计对学生思维水平的发展更有帮助。

2. 调查法

本研究采用问卷法和访谈法来收集学生和教师对此单元教学设计的感知情况。

（1）问卷调查（包括三个模块）

• 学生自我感知调查。包括学生个人情感、学生对教学的感知以及学生对单元设计理念的感知。

• 学生课堂状态调查。参考《沉浸体验量表》（FSS）（详见附录二），并结合本单元的教学目标和学生的实际情况，确定任务、忘我以及自我提升三个维度。

• 学生深度学习水平调查。使用《学习过程问卷》（SPQ）测量实验班与对照班的深度学习水平。

（2）访谈调查

对实验班学生和执教老师分别进行访谈，了解他们对此次单元教学的感受。访谈与问卷调查结果形成对照。

（3）调查结果分析

通过对问卷和访谈结果的综合分析，得到以下结果。

一是学生对基于大情境的单元教学表现出积极的学习兴趣。关于学生个人情感的题目显示，学生“同意和非常同意”对本单元授课方式和对本单元数学课感到很有趣的比例分别为94.74%和92.11%，而课后学生访谈也印证了这一结果。

二是单元整体教学能够提高学生的课堂专注度。在沉浸体验调查中，实验班学生的注意力集中度高于对照班，以“在这个单元的数学课上，我的注意力完全集中在我正在做的事情上”题项为例，实验组选择“同意”和“非常同意”的人数比例之和为57.05%，而对照组的比例和仅为27.27%。学生访谈也呈现了这一结果。例如：

> 学生12：注意力会集中一点，还有效率会更高一点。因为就是这个小小志愿者地图它会（起作用），反正说来说去就是小小志愿者地图更有趣，效率会高一点。然后大家积极力、专注力会更高一些。

三是此模式能够在方法的关联、迁移和进阶中培养学生学会学习。学生对于方法和规律的真正理解，很难简单通过纸笔测验来检验。但在课后访谈和课堂观察的很多教学片段中，体现了学生对本单元所探究的运算规律“是什么—为什么—怎么用”的深度理解。例如：

> 师：在对问题的收集中，有同学提到，为什么减法没有运算定律。你会用什么方法来解决这个问题？
>
> 生：我们可以先自己举个例子看下它能不能用交换律或者结合律，再来想想为什么，应该怎么解释。如果有这个规律的话，又应该怎么去用这个规律？

而在教师的跟踪访谈中，对此给予了积极评价：

比如说，这次五年级一开学，进入小数乘除法的学习，将整数乘法的运算定律推广到小数，我在两个班上课的结构、过程、教学环节就有很大的差别。我在对照班唤醒孩子对运算定律的记忆的时候，孩子马上就蒙了。只有一两个孩子有回应，还不能完整、清晰、准确地表达出这个公式来。等到很久很久，给够了他时间，三分钟、四分钟还是想不出来，或者是不完整的、零零散散的、显得极其陌生的，导致这个回忆的过程就花了差不多20分钟。我又带着他们重新梳理了一遍。实验班就不一样。当我抛出这个问题，请他们回忆一下运算定律，马上孩子小手林立。班上有四十多个人，至少有二三十个人参与进来。极少数不发言的，也许是因为他的习惯，平时也是不回答问题的，也许是因为他没想起来那么多。他们的表达很顺畅，而且是分类的。说加法就说加法，说完加法说减法。要么说乘法，说除法，要么就按运算定律的种类，交换律有哪些，结合律有哪些。这完全就契合了我们在整理复习课上深度地建立模型的过程。这个唤醒、提取的过程，我才用了五分钟不到。所以直到那一刻，对比我们的评价结果，我才知道原来是有改变的，只是需要时间。

3. 课堂观察法

通过课堂录像记录教师与学生的表现对本单元教学课例进行分析。同时，由三名研究者使用“基于深度学习的课堂评分系统”① 对课堂录像进行打分。综合两种途径收集的相关证据，对课堂教学效果进行评价，结果显示：

（1）引导探索成效明显

表6－2的教学片段来自“课时2：减法的性质”。之所以选择这个片段，是因为三名研究者在对上课视频的打分中都着重标出这一片段作为实

① 夏雪梅：《以学习者为中心的课堂观察》，教育科学出版社2012年版，第122—126页。

施维度第六个子维度“教师的质疑策略能够增强学生的概念性的理解或促进学生对问题的解决（如强化高水平的质疑、合理运用等待时间、确认学生以前的概念和一些错误概念）”的关键证据。

表 6－2　　减法的性质教学片段

<table>
<tr><td colspan="2">课时 2：减法的性质</td></tr>
<tr><td>教学片段</td><td>40 分 45 秒—43 分 50 秒</td></tr>
<tr><td colspan="2">教学实录</td></tr>
<tr><td colspan="2">题目：354 －（36＋64）＝　和 354－36＋64＝
师：两个式子的数字不是都一样吗？那为什么结果不是一样的？
生：因为没有了括号。
师：哪里？
（学生踊跃举手，老师挑了一名学生 A 来回答）
生 A：因为前面一个式子有小括号，后面式子没有小括号，所以不是整体……（没有回答完整）
师：不都是一个减法，一个加法，不是一样算的吗？
生 B：因为少了小括号。
师追问：少了小括号就少了什么？
生 B：运算顺序就变了。
师追问：运算顺序变了也就是什么变了？
生：结果就变了。
师：我们看左边的式子，是 354 里减去了 36 和 64 的和，而右边的式子是 354 只减去了一个 36，又合并了 64。所以，我们在看到规律时，要关注规律背后的道理，要知道我算的到底是什么，才能让运用更准确。不能只图快，看这两个数字一样，符号一样就直接写一样的了。
师：请大家现在算一算右边式子的答案是多少？
（请一名同学来说他的算法）
生 C：先用 64 减去 36，再加上 354
师：来，掌声给他。同学们，你们知道为什么 C 可以先用 64 减去 35 吗？这样做行不行？
（生在下面开始思考，并跟师有集体问答互动）
师：如果先把 64 换过来，先算 64－36，变成两位数减两位数，是不是更简单一点？所以时刻要记得，加法是合并，先合后合、派谁去减掉那个减数都可以，谁好用就可以先用谁。所以，运用规律要关注背后的道理，不是盲目地去用。</td></tr>
</table>

从表 6－2 的教学片段可以看到，教师在学生使用新学的减法的性质进行简便运算之后，给出了一个非常相似的算式，上课过程中，很多同学看到第二个式子下意识地就说了同样的答案，这也是这部分知识中容易出现

错误的地方。教师利用学生的“找错”心理，通过一连串的反问，促使学生开始思考算式背后的算理，最终回到加法和减法的意义上，让学生对这个运算模型的算理部分有了更深的认识。并且，在学生答案中出现了新的迁移时，教师能快速抓住，顺势引导班级其他学生，进一步强调了算理在运算模型中的重要性。

（2）学生能够主动使用本单元已积累的学习方法

教学片段来自“课时5：乘法分配律”，这节课在整个单元设计中属于迁移探究课，要求学生将前4节课获得的探索运算规律的一般方法用于本节课的自主探究中。因此，选择此片段用以分析课堂学习结果维度中的“学生自己开展探究的能力”。具体教学片段见表6－3。

表6－3　**乘法分配律教学片段**

<table>
<tr><td colspan="2">课时5：乘法分配律</td></tr>
<tr><td>教学片段</td><td>23分46秒—27分</td></tr>
<tr><td colspan="2">教学实录</td></tr>
<tr><td colspan="2">（小组讨论过后）
师：刚刚大家讨论都很激烈，那么接下来就看你们能不能自己试着用之前学习过的方法去解释乘法分配律。如果你们自己都能解释清楚，那就太棒了。
（生举手，师挑选一人）
生A（台前讲解，边板书边讲解）：防护服就用三角形代替，面罩就用正方形代替。为了方便理解，我先写出算式。16和4的和乘以50等于4乘以50加上16乘以50（写出算式）。首先，来讲分配律的这个算式，16加4表示的是小部分的一个整体，再乘以50，就得出了50套防护服和面罩的价钱。等号右边的这个式子是把防护服和面罩区分开来，先算出面罩的价钱，再算出防护服的价钱。对比两个算式，虽然思路不同，但是最后求出来的结果是相同的。
师：好，掌声送给他。A是用了什么方法？
生：结合例子。</td></tr>
</table>

表6－3的教学片段是教师在提出“乘法分配律为什么是成立的”这一问题之后，学生通过小组讨论，再来主动展示的记录。可以看出，在任务情境的帮助下，学生能够快速找到乘法分配律等式两边的共通之处，并且能够使用情境中的例子来解释算式中数字的含义，把抽象的符号运算变成具体形象的事物，这一过程仅由学生之间讨论得出，并能够清晰地表

达，说明学生是具有自己开展探究的能力。

（3）学生能够主动在数学内容之间构建联系并进行探究

表 6－4 教学片段来自“课时 5：除法的性质”，明显体现了学生知识结构中的联结，同时也验证了数学内容维度中“数学被描述为动态的知识体，通过猜想、探究性的分析以及证据/证明等不断予以丰富”。

表 6－4　　　　除法的性质教学片段

课时 4：除法的性质	
教学片段	7 分 50 秒—10 分 16
教学实录	
42 ÷（2 × 3）= 7（次） 42 ÷ 2 ÷ 3 = 7（次） 师：孩子们，通过一个问题我们列出这两种算式而且它们的……（生：结果是一样的）依据前面的探究经验，你们知道接下来我们要做什么吗？你们发现了什么？ 生 A：这个算式和减法……（师鼓励学生上台表达）和减法的交换律和结合律一样。 师 & 生：嗯？是减法的交换律和结合律吗？ 生 A：是减法的性质。 师：你看到哪里好像似曾相识的感觉？ 生 A：上面的这个 2 乘 3 就相当于是减法的性质中的 2 加 3，42 除以就相当于是 42 减。 师：有和生 A 一样感觉的举手。 （生纷纷举手） 师：看到了这两个式子，就想到了我们探究减法的性质，老师为大家点赞。 师：那么接下来我们会干什么？按照我们之前探究的经验。 （生齐答：用等号连接。师板书） 师：只举一个例子够吗？ 生：不够，要多个。 师：那你能不能迅速地再举出两个例子？ 生 B：200 ÷ 25 ÷ 4 = 200 ÷（25 × 4）（老师板书） 师：同意吗？ （生齐答：同意）	

表 6－4 的教学片段在课时 4 中的较前部分，学生在由问题情境得到算式之后，能够主动联想到和除法运算性质相类似的减法的运算规律模型，说明学生对于减法的运算性质已经有了深度的理解，并且能将这种理解迁移应用到新的情境中，学生在完成这一迁移的过程中，也感受到了运算规律的多样性。

第二节　大学课堂深度学习设计案例

课堂教学是提升高校教学质量的关键所在。当下，高校混合式教学已日渐成为常态。高等教育数字化转型加速了技术赋能课堂混合式教学的发展趋势。然而，受传统“授受式教学”根深蒂固的影响，不少混合式教学还停留在“有技术形式，无混合实质”的低水平“形式翻转”，学生“浅层学习”的痼疾并未得到根本改变。

一　现实痛点

（一）学用脱节的“脱境课堂”问题

受传统“授受式”思想根深蒂固的影响，教育类理论性课程教学大多沿袭讲授为主，常常脱离中小学教学情境。这一难题并未在混合式教学课堂中得到根本改变。“脱境课堂”不仅易使学生形成先入为主的“考考背背枯燥无味”的课程刻板印象，更易导致学生陷入学用脱节的、囿于“惰性知识”的浅层学习。

同时，笔者发现，教育类的理论性课程，大多为大学前三个学期开设的基础性课程。学生刚从高中进入大学，学生听课—记笔记—考试—拿学分的“应试思维”明显，这种考试驱动的“学生学习思维”加剧了专业知识学习的浅层化。用学生思维往往记住的是专家撰写在书本上的“结论性知识”，很难触及教师在现实教学中如何“教”的“专家思维”。

（二）线上线下的“双灌课堂”问题

仅仅从形式上采用混合技术的单维变革，忽视从目标、内容、模式、评价和环境等方面进行整体的课堂教学革新，不但对解决传统课堂中的浅层学习问题收效甚微，且易出现“有技术形式，无混合实质”的低水平“表面翻转”，更易产生线上视频投喂、线下重复填鸭的“双灌”浅层学习新问题。

二　系统创新

（一）课堂深度学习“五维一体”的混合式教学创新

针对以上两大现实痛点，本课程团队采用课堂深度学习“五维一体”的系统革新设计思维（见第四章），以情境认知、真实性学习等学习科学理念为指导，在师范类小学教育专业（本科）的一门主干课程《小学课程与教学论》中，开始探索面向深度学习的“一核两境五维”的混合式教学创新。即以学生深度学习能力发展为“核心”，通过创设“任务实境”与“思政融境”两大“情境”，从目标、内容、方式、评价、环境“五维一体”整体协同推进混合式教学革新。

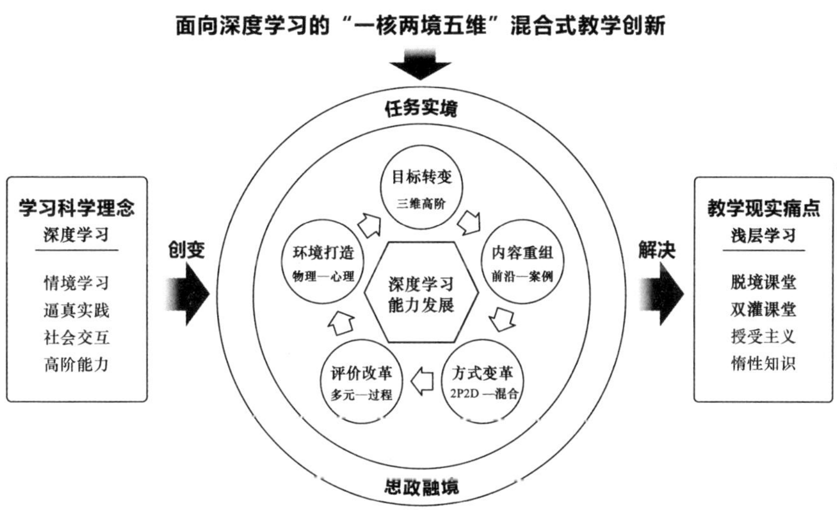

图6－3　面向深度学习“一核两境五维”模式的混合式教学框架

课程教学的创新实践采用“理念—设计—实施—迭代”一以贯之的变革路线（见表6－5），让传统的“脱境”“双灌”课堂实起来、活起来，包括课程目标升维、线上线下内容重组、学习方式转变、教学评价变革、学习环境重塑以及线上课程建设等多方面的整体改革，实现深度学习。

表6－5 基于学习科学“理念—设计—实施—迭代”的混合式教学变革路线

学习科学理念	设计策略	针对性解决
真实性学习 创设任务实境 参与拟真实践	创建小学真实任务驱动的学习情境、增加小学的案例教学	教学内容与过程的**脱境问题**
贯穿“学为中心”	基于学生课前线上难题诊断的课程创生	线上线下重复讲授的**双灌问题**
面向深度理解 促进社会交互	基于反思的学习、问题驱动的研讨、小组协作的项目设计等	在双灌与脱境课堂中，产生惰性知识、低阶能力倾向的**浅层学习问题**
发展高阶能力 培育专家思维 厚植必备品格	1. “大学＋行业”教师团队、课堂视频连线一线名师、鼓励**像专家一样思考** 2. 创设教育名家故事、真实教学案例和视频等情境，有机融合课程思政	1. 教学内容与过程**脱境问题** 2. 说教式**浅表化课程思政问题**

（二）“五维一体”教学创新的具体设计

1. 目标转变：聚焦深度学习能力发展的三维高阶目标

深度学习与浅层学习相对应，是一种面向高阶思维发展的积极学习，关注以更具挑战性和创新性的方式重构学生对课程内容的学习，帮助他们获得在真实世界使用和创造知识的能力与素养。因此，本课程教学首先从传统以掌握小学课程与教学论基本知识和基本技能为主的两维目标，向“核心知识与技能、高阶思维与能力、情感态度与价值观”的三维高阶目标转变，侧重发展学生基于小学真实教学任务的问题解决、交流合作、创新设计等深度学习能力，并贯穿在每一讲的目标描述中。

《第十讲 小学课程教学实施的学习环境设计》三维目标描述

（1）核心知识与技能

·认识社会心理环境设计的内涵及其潜在影响学习的重要性，能描述社会心理环境设计的基本要求。

·能列举小组组建和小组合作活动的设计要点。

（2）高阶思维与能力

·小组协作研讨，联系小学实际，学会用所学进行初步的学习环境设计。

·能借用评价量规对小组学习环境设计作品进行反思和评价。

（3）情感态度与价值观

·能分析我国 AI 赋能学习环境设计的实践案例，并分享自己作为未来小学老师的教育强国使命与担当。

·在小组真实性问题研讨过程中，体验“人人参与、尊重协同”的行动理念与价值观。

2. 内容创新：融入学习创新和任务实境的内容重组

根据一流课程“两性一度”的建设要求，一是在经典课程与教学论的知识体系上，融合学习科学、深度学习和技术赋能学习等前沿理念，形成基于学习创新的《小学课程与教学论》内容新体系（创新性）。同时，融入微课、说课等小学教学任务，增加学习的真实性和挑战度，解决“内容脱境”问题，形成理论学习和设计实践各半的内容重组（高阶性）。

二是紧扣混合学习特点，结合自建省级精品在线开放课程，通过组建“大学 + 小学”的教学团队，形成 8 位大学专业教师“理论精讲”和 4 位小学优秀教师案例展示的线上线下内容重组。

3. 方式变革：基于“2P2D”小组协作的混合式教学

（1）贯穿学习者中心课程创生理念，解决“双灌课堂”问题

本课程结合自建中国大学 MOOC，以 SPOC 形式，总体采用基于小组协作的混合式教学，对课前、课中和课后的线上线下学习都进行了相应的模式设计，整个学习过程贯穿问题驱动的“学为中心”的课程创生理念（见图 6 - 4），以实现深度学习课堂的创建。

具体来说，首先要求学生进行课前线上为主的前置预学。虽然是线上 MOOC 学习，但学生不是单纯地观看视频，而是为其设计了“问题情境导入—核心知识点精讲（微视频）—结构化知识—共同体研讨—新知疑问与反思回帖”的线上预学模式，即在 SPOC 的每一讲课程开头，通过微视频或文字故事创设一个问题情境，由问题驱动学生开启新课学习，引入教师微视频的核心知识精讲。其次，在讨论区开展线上线下共同体研讨，章节

结束时再提供思维导图帮助学生形成结构化知识。最后，以小组为单位，在课前讨论区提出本组同学的预学难点问题。在此基础上，教师对各小组提出的问题进行词频工具汇总，提取形成共同的难点问题。

到了线下课堂，教师则不再像先前传统的课堂一样进行讲授，而是根据课前汇总的难点问题，诊断学情，靶向设计教学，有针对性地引导翻转课堂开展答疑解惑、互动研讨和项目协作等深度学习活动，有效避免混合式教学的“双灌”问题。课中也会进行一些小组协作任务，如学习环境设计、校本课程开发等。课中完成不了的，再延伸到课后。同时，要求学生完成本章的反思回帖，并开启下一章节的新知预学的学习新循环。

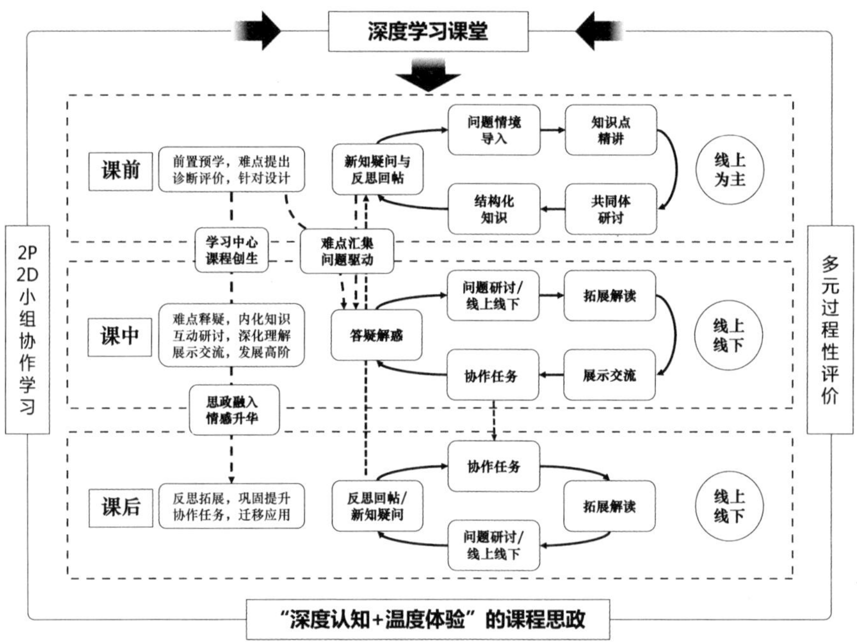

图6-4 “学习者中心”课程创生理念下的混合式教学总体模式

（2）融入小学真实任务情境，解决“过程脱境”的问题

师范生是未来的中小学教师，为帮助他们更好地“学会教学”，本课程采用“像教师一样认知（know like，新教师必备知识）、像教师一样感觉（feel like，发展初始教师身份）、像教师一样思考（think like，成长型思维和对教学工作的批判性反思）和像教师一样行动（act like，掌握开始教学的全部技能）”的“四像学习”① 框架来设计课程（如图6－5）。即，从课程一开始就要求他们建立起“拟教师”的角色，鼓励师范生像专家教师一样思考和学习课程，而不是以成绩或学分驱动的“上课—记笔记—做作业—考试”的“学生思维”进行学习。在“知识—感觉—思维—行动”四层面逐渐深入，像真正的教师一样学习掌握教学知识，感知思考教学问题，设计展示教学方案等，一步步培养学生“像专家教师一样的教学思维”，由此获得贴近真实工作角色的意义学习体验。比如，第一节课通过设计“一个小学老师的一天”的短视频观看和讨论活动，帮助学生从一开始就进入未来教师工作角色来思考本课程的学习。

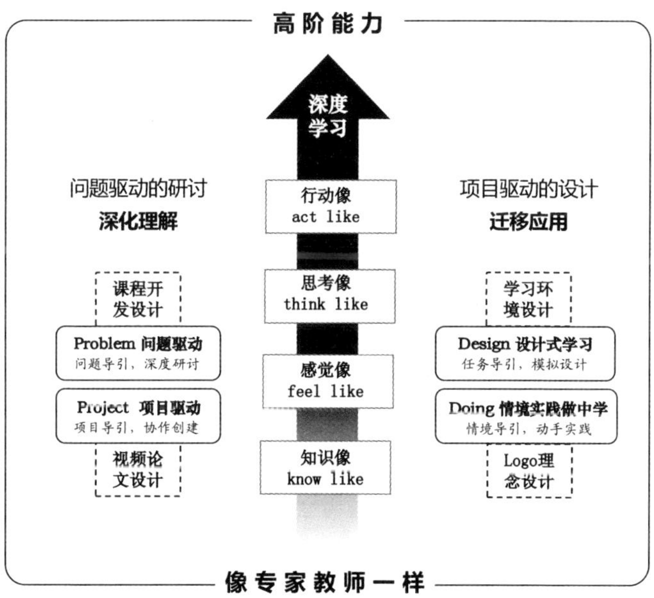

图6－5　发展专家思维：基于真实任务的“2P2D”协作学习

① ［美］玛丽莲·科克伦·史密斯、沙伦·费曼·尼姆塞尔、D. 约翰·麦金太尔主编：《教师教育研究手册：变革世界中的永恒问题》（第三版）（下卷），范国睿等译，华东师范大学出版社2017年版，第710页。

像教师一样学习如何教学的核心是将师范生置于真实的教学情境中。本课程围绕小学课程教学的真实任务，进行“2P2D”的协作学习。“2P2D”是深度学习的典型模式，在具体实施中应进行灵活组合应用：要么开展问题驱动的研讨（问题式学习，PBL）来深化理解，要么进行项目驱动的设计（项目式学习，PBL）来迁移应用，都是在做中学（LBD）和基于设计（设计式学习，DBL）的实践情境中，发展学生的高阶思维能力。

比如，本课程探索实施了基于视频论文创作的深度学习，分两部分进行：一是小组从学期开始，聚焦感兴趣的同一小学课程教学主题，线上线下开展问题探究与研讨（问题式学习），形成个人学期文字论文。二是小组需要对成员观点系统集合，协作完成视频创作，可视化表达小组集体探

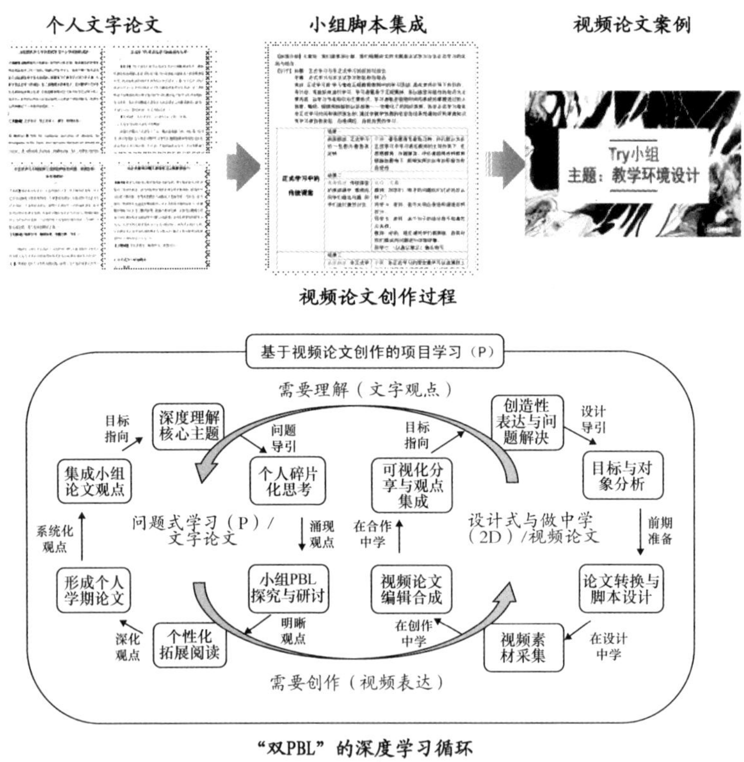

图6-6　基于视频论文创作的深度学习及作品范例

究观点（项目式/设计式学习），形成一个“双 PBL”的深度学习循环。

课程还通过“大学—小学”视频连线的方式，开展“小学校长带我们逛校园”“与小学名师面对面”等活动，将小学一线名师和小学教学现场机动灵巧地引入课堂，进行情境互动，解决了传统课堂“过程脱境”的问题。

（3）从个人带走的“领悟观点”到集体分享的“智慧亮点”，让学生成为反思性的学习者

反思对于学习非常重要。为了改变传统课堂学生“只带耳朵来，空着脑袋走”的被动学习，本课程尝试一种新做法。在每一讲课程结束后，要求学生在线上讨论区发表自己的反思回帖，问问自己在本堂课中，学会了

讨论区 › 课堂交流区 › 主题详情

第三章03 学习科学：小学课程与教学的创新基础take-away　　老师参与

"是故学然后知不足，知不足然后能自反。" 学员们，在本章学习的过程中你对自己的学习状态或效果有什么想说的吗？

反思是成长的重要源泉和动力。反思能力也是教师成长的重要能力。为锻炼大家的反思能力，并收获课堂学习体验，定期的反思是很有帮助的，我们把这种学习方式叫做基于写take-away的学习。

欢迎学员们在每章学习结束后，基于自己的课程学习（学习内容或学习方式）的所获，所感，所想，在这里及时分享你的课程体验或课程教学的建议。加油！

来自课件""4.2【学习反思】take-away"

✔已关注　回复　0　举报　管理

共 46 个回复　　排序方式：回复时间　投票数

通过这堂课的学习我了解到了广博的学习就是把学习概念与人的学习如何经历一生（终生），跨越各种社会环境（宽生），并与主流文化影响发生关联（深生）紧密连接起来。而且通过习题更加了解了学习的概念，学习是持久的、知识的变化。

2022-9-14　　0　评论(0)　举报　管理

1、对我来说，很重要的一点是：在经过一天的学习之后我们要进行回忆以对知识进行复习，而非边学边忘无效率学；

2、"学生中心论"并非抛开教师，更不是放纵学生，而是根据学生的年龄、兴趣爱好、家庭背景、思维方式等方面入手进行教学设计；

3、隐形课程是无处不在的，它并非总是独立于显性课程之外，而是与它和谐统一。教师是学生的标杆，我们的一举一动都在无形之中影响着学生，因此，教师不仅要在正式课堂教学中认真负责，还要时刻注意自己的仪容仪表、行为举止，为学生做好榜样；

4、学习科学是一个大脑与身体共同参与、协调配合的过程，我们不能为了学生表面的乖巧、课堂表面的有序而压抑学生；

5、要带领学生进行"广博的学习"，让他们始终坚持 "life-long\life-wide\life-deep learning"；

6、反思：在自主进行了慕课学习之后，思考第三章单元作业时错误地将学习的定义狭隘化，忽略了除课堂学习之外的其他学习形式，误判安迪的游戏学习行为不属于学习。

2022-9-14　　1　评论(1)　举报　管理

收获满满，继续

图 6－7　学生线上的反思回帖

什么、体验了什么、引发了什么思考、能带走（take-away）什么有价值的观点（乃至大概念）等。回帖没有字数要求，只需描述自己在课堂上习得感触最深的一点真实体验。如果每个同学都能在每堂课贡献一点有价值的习得体验，大家就能在讨论区集体分享（get it together）来自全班同学集体的“智慧亮点”。教师也会在下一讲的线下课堂中，用词频工具可视化形式，进一步分享全班同学的反思观点。这一学习方式帮助学生逐渐养成反思学习的习惯，变被动学习为主动思考，每堂课程都学有所获。

4. 评价改革：整合适应混合式教学的多元评价

课程考核整合了基于档案袋的多元过程性评价，将小组与个人、线上与线下、常规测试与奖励评价相结合，包括教师评价、小组互评、个人自评、课堂表现性评价、线上参与（回帖、测试）、项目设计以及深度回帖、深度笔记、学习之星系列奖励性评分等，从多维表现来评价学生的学习结果以及深度学习能力。在教务登分系统中采取平时成绩（线上线下课程参与 20%）、实践成绩（线上线下作业设计 50%）、理论成绩（学期论文 30%）的“2∶5∶3”模式，综合检测学生的知识、能力与素养。

（1）小组评价。小组评价分为两个部分。一是教师评价：对小组任务按照事先制定的评价量规进行评分。本课程设计和采用的小组任务评价工具主要包括小组 logo 设计、校本课程开发、学习环境设计以及视频论文制作等小组任务评价量规。二是小组互评：利用混合教学配套 App 工具，采用问卷投票的形式依据评价量规开展组间互评。此项评价主要应用在线下课堂小组作业或项目作品展示之后，组与组之间开展互评打分，评选出最佳表现小组。此结果为教师评价提供参考。

（2）线上评价。学生线上课程评价，结合平台功能制定相应的评价标准：课程讨论区及活动参与（20%）、单元测验（30%）、课程作业（25%）和期末考试（25%）。

（3）奖励性评分。为了提高学生课堂参与度和积极性，增强其学习成

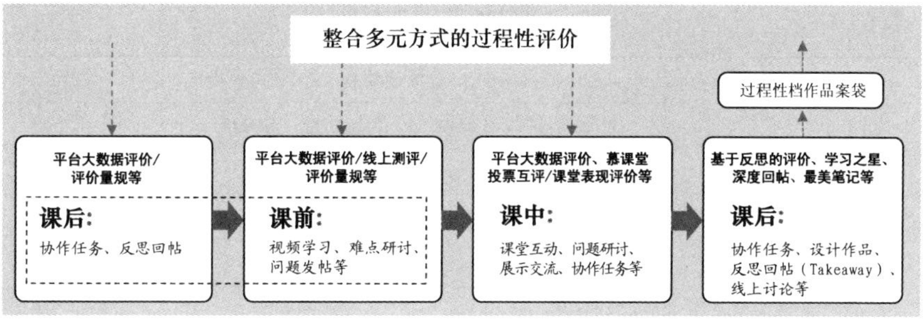

类型与权重	评分项目	分值
平时成绩（20%）	出勤	5%
	课堂互动、在线课程平台参与（线上测试、视频学习等）	15%
设计类作业（小组协作）50%	Logo设计、校本课程设计（计划思路）、学习环境设计等	20%
	小组中的个人参与和贡献	10%
	视频论文	20%
理论考核/学期论文（30%）	小组商议确定一个课程与教学的主题或问题、个人围绕这一主题各自进行论述	30%
激励性评价	半程/全程学习之星、最佳小组、深度回帖、深度学习笔记等评选	酌情加分

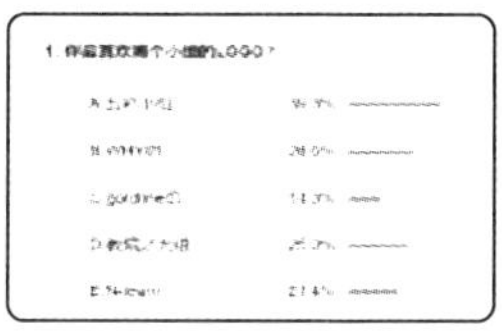
小组互评

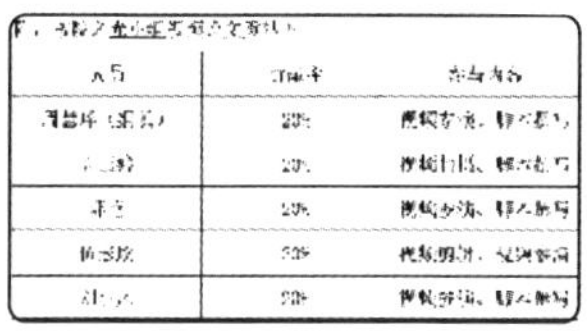
个人自评

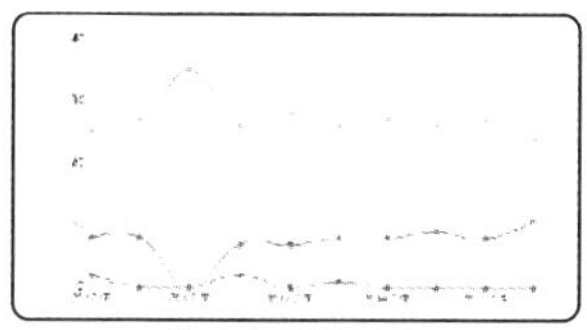
线上大数据评价

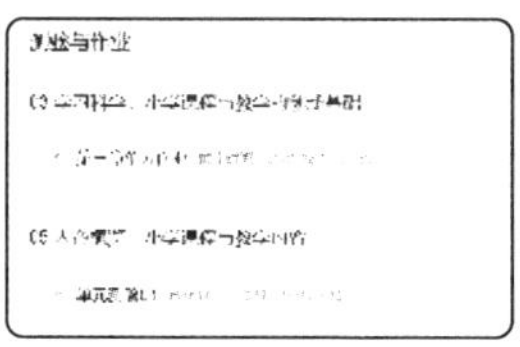
常规测试评价

线下表现性评价

奖励性附加评分

图 6－8　整合适应混合式教学的多元过程性评价

就感和体验感，本课程在学习过程中开展全程/半程学习之星、最佳学习小组、深度学习者（含深度回帖、深度笔记）等奖励评选，并举行专门设计的颁奖仪式。各项评选设置相应的评价标准，获得奖励性评分的学生，其最终课程成绩将酌情加分。

表 6－6　　奖励性评价设计

	评分项目	占比（%）
半程（期中）/ 全程（期末）学习之星 （1—2 人）	SPOC 回帖时效与数量、深度与质量（SOLO）	30
	平时课堂表现与参与度	20
	慕课总成绩	30
	平时作业贡献率	10
	深度笔记	10
最佳小组 （1 组）	小组课前答疑帖的数量与质量	25
	小组校本课程设计作品	25
	小组学习环境设计作品	25
	组员发言	25
深度学习者（深度笔记＋ 深度回帖）（3—4 人）	深度笔记（SOLO 等级＋美观）	50
	深度回帖（SOLO 等级）	50

表 6－7　　基于 SOLO 的深度回帖与深度笔记评价标准

SOLO 结构	深度回帖表现	深度笔记表现	理解层次
前结构水平	回答无聚焦，没有对应讨论区回帖要求	记录凌乱、无要点	无
单点结构水平	对应课程学习，给出一个方面的回答	简单记录教师话语，能看出个别知识要点	浅层
多点结构水平	对应课程学习，给出多个方面的回答，但是知识间关联性弱	能抓取教师的关键话语，记录多个知识要点	浅层
关联结构水平	能将课程内容多个观点整合，给出基于自己思考的整合理解和观点	能记录教师的多个重要观点，并有一定的整合理解	深层
抽象拓展结构水平	能将课程理解与课程之外的知识建立联系，形成拓展知识观点，或者提取出一个整合的课程内容大概念	在教师多个重要观点理解基础上，能与课程之外其他知识形成整合性的图示表达	深层

5. 环境重塑：技术赋能物理与心理环境的双重设计

一是在小组互动教室环境打造的基础上，构建由自建“中国大学 MOOC＋SPOC＋慕课堂＋配套微信公众号＋线下教材”组成的多重学习空间。与学生共建共创的课程配套微信公众号，同步推送相应的学习资源或展示学生课程作品，极大地激发学生参与学习的主体性和能动性。

二是从学习科学的活动理论视角，从小组规则、共同体认同与分工、工具支架与评价等方面整体设计小组的社会心理环境，以实现真正的共同体学习。

（1）任务推进机制设计：建立从主讲教师、研究生助教、学习委员、小组组长到组员的任务推进机制，并通过班级微信群、线上学习公告等多途径确保任务的顺利落实。

（2）小组认同设计：通过设计小组 logo、协商团队的学习理念、制作印有 logo 标识和组员名字的组牌（每次上课组员轮流携带组牌置于本组课桌中心，组牌之于小组犹如战旗之于连队）、作业打上 logo 烙印等方式来增加团队的认同。

图 6－9　团队认同设计示例

（3）协作支架与评价设计：通过设计小组协作任务工作单和评价量规、明确分工、建立人人参与的共同体规范等方式支架小组协作；通过标注小组成员对小组协作任务的贡献率、结合小组互评以及项目汇报表现综合评价小组和个人得分，以避免虚假的小组学习。

三　思政融境

为解决传统课堂课程思政浅表化的问题，本课程围绕争做新时代的

"大先生"，从大国良师品格、教育强国自信和人文关怀育人三个方面深挖课程思政元素，从内容的"深度认知"和方式的"温度体验"两个方面探索课程思政育人新模式。

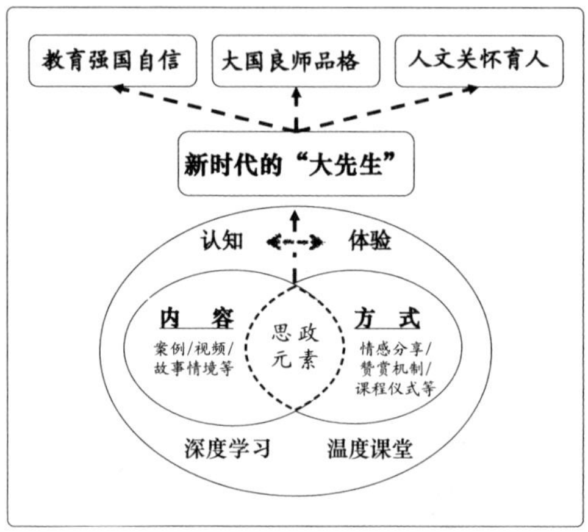

图 6-10 "深度认知+温度体验"的课程思政模式

（一）内容上的深度认知

在每章节对应内容中，通过教育名家人物故事、课程案例、视频等载体创设 1—2 个思政融入情境，包括：一个小学班主任平凡的一天、李吉林与情境教育、钱学森之问、人民教育家于漪、孔子因材施教、人工智能教育应用、我在山头上网课等系列视频案例。教师引导学生在故事情境中走近案例人物、激发情感交互与分享，借此在认知层面增强学生与课程知识关联的大国良师情感与价值认同。比如，在学习第十讲有关"技术赋能的学习环境设计"内容时，通过观看一组 AI 赋能教育的视频和案例，展开讨论分享，有机融入"教育强国自信"的思政元素。

（二）方式上的温度体验

通过小组共同体创建（如团队亮相、logo 理念表达、组牌设计、团队协作等），举行特定的课程仪式（如结课仪式、录制和播放课程花絮等），定制精美奖品（奖状、刻有课程名称和获奖者姓名的励志书签、笔记本、奖杯、书袋等），设立学习之星、最佳小组等奖励，并专门设计颁奖仪式，鼓励学生在小组协作、汇报分享、深度回帖、深度笔记等方面的优异表现，打造有温度的课堂，激发学生在参与高挑战度的一流课程学习中，获得爱学习、爱参与、爱奉献、爱团队、爱教师、爱课堂、爱教育的“七爱”学习体验，最终实现“深度认知 + 温度体验”的课程思政育人效果。

四　实施效果

本案例运用准实验、问卷、访谈、学习者反思话语分析等方法，多渠道收集数据检验本课程面向深度学习“五维一体”系统革新的实施效果。

（一）实验数据对比分析

在本案例设计研究的第二轮，开展了两个自然班级的准实验研究。研究采用独立样本 T 检验，对实验组班级与对照组班级的深度学习体验、学习方式、学习结果进行了差异比较分析。

表 6 – 11　　实验组与对照组的对比分析

维度	检验变量	实验组	对照组	独立样本 T 检验	
		Mean（S. D.）	Mean（S. D.）	t 值	Sig（双侧）
学习体验	挑战度	3.984（0.553）	2.909（0.879）	6.393	0.000
	投入度	3.794（0.901）	2.909（0.723）	4.874	0.000
	成就感	3.746（1.062）	3.152（0.755）	3.170	0.002
学习方式	深度学习	4.059（0.574）	3.498（0.548）	4.623	0.000
	浅层学习	3.671（0.779）	3.962（0.593）	–1.881	0.063
学习结果（主观自评）	创造力	3.90（0.530）	3.45（0.564）	3.791	0.000
	沟通能力	4.13（0.684）	3.73（0.517）	2.944	0.004
	问题解决	4.03（0.621）	3.85（0.442）	1.505	0.136
	批判思维	3.98（0.582）	3.76（0.435）	1.966	0.052
	反思能力	4.14（0.669）	3.76（0.663）	2.690	0.008
	合作能力	4.32（0.668）	3.73（0.626）	4.200	0.000

续表

维度	检验变量	实验组	对照组	独立样本 T 检验	
		Mean（S. D.）	Mean（S. D.）	t 值	Sig（双侧）
学习结果（客观评价）	创造力	4.270（0.665）	3.939（0.586）	2.405	0.018
	合作交流	4.345（0.683）	3.864（0.420）	4.266	0.000
	问题解决	4.329（0.551）	3.901（0.649）	3.394	0.001
	批判思维	4.057（0.510）	3.679（0.521）	3.426	0.001

结果发现，实验组与对照组都存在显著差异。

第一，实验组在挑战度、投入度、成就感上显著高于对照组。数据分析表明，实验组班级在课程学习上感知到更高的挑战性，在课程学习上投入精力更多，并获得更强的成就感。

第二，实验班的深度学习水平显著高于对照班，而浅层学习水平与对照班无显著差异。这表明，实验组学生具有更高水平的深度学习，倾向于采用更高水平的深度学习方式的学生比例也更高。

第三，实验班与对照班在学习结果上存在显著差异。在核心能力变化的感知自评上（如，经过本门课程的学习，我认为自己的创新能力倒退了），

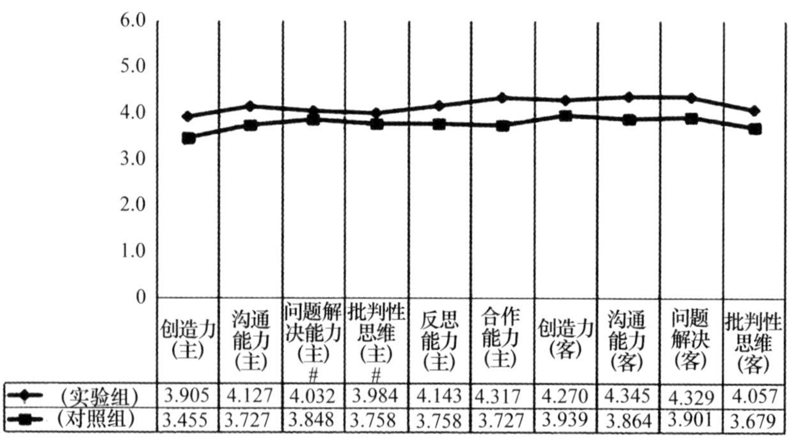

图 6－11　实验班与对照班的深度学习能力对比

实验班在创造能力、沟通能力、合作能力、反思能力上的感知提升程度显著高于对照班。在客观量表测评上，实验组在创造能力、沟通能力、问题解决能力、批判性思维等四项深度学习能力上均显著高于对照班。

（二）其他效果数据分析

课程实施过程中，笔者对学生的课程教学满意度进行了调查。分析发现，超过六成（60.81%）的学生对该课程的学习表示非常满意，有73.1%的人希望还可以在其他课程中采纳这种学习方式；与传统纸笔考试相比，76.3%的学生更愿意采用基于小组视频论文学习的过程性作业；与以往传统课程教学相比，数据显示，学生在该课程学习中与人合作机会增多、研讨机会增多、问题解决和动手能力增强、主动学习意识增强的占比分别为87.2%、79.1%、66.9%和41.9%，只有7.4%的学生表示与传统课程教学差别不大。

学生在网上的课程评价为“5★”（高词频为“新颖、挑战、收获”），线上具有深度的讨论长帖也频频出现。通过课程教学的案例分享、课例展示、竞赛交流，基于深度学习“一核两境五维”模式的混合式教学创新实践得到了学生、教学督导和听课教师、教学创新大赛评审专家的认可。

多渠道数据分析表明，本案例探索形成的由“面向深度学习的一核两境五维混合式教学框架”、设计模型和系列具体实施模式与策略机制组成的混合教学系统革新方案（包括高阶目标升维后的教案模板、2P2D协作学习模式、多元过程性评价体系、共同体学习的协作机制以及“深度认知+温度体验”的课程思政模式等），具有较好的操作性、实效性和可推广性。

参考文献

一　中文文献

（一）中文论文

安富海：《人工智能时代的教学论研究：聚焦深度学习》，《西北师大学报》（社会科学版）2020 年第 5 期。

卜彩丽等：《在线深度学习发生的内在机理、模型与成效研究》，《远程教育杂志》2022 年第 6 期。

卜彩丽、冯晓晓、张宝辉：《深度学习的概念、策略、效果及其启示——美国深度学习项目（SDL）的解读与分析》，《远程教育杂志》2016 年第 5 期。

柴少明、赵建华：《面向知识经济时代学习科学的关键问题研究及对教育改革的影响》，《远程教育杂志》2011 年第 2 期。

陈琦、张建伟：《信息时代的整合性学习模型——信息技术整合于教学的生态观诠释》，《北京大学教育评论》2003 年第 3 期。

褚宏启：《核心素养的概念与本质》，《华东师范大学学报》（教育科学版）2016 年第 1 期。

崔彦、代中现：《以学习者为中心的教学设计与实践》，《全球教育展望》2010 年第 6 期。

杜岩岩、黄庆双：《在线深度学习的发生机理与促进策略》，《中国高教研究》2020 年第 6 期。

段茂君、郑鸿颖：《复杂性理论视野下的深度学习研究综述与展望》，《教育与教学研究》2022 年第 12 期。

郭华：《深度学习及其意义》，《课程・教材・教法》2016 年第 11 期。

郭文欣、吴忭：《人工智能视域下基于设计的实施研究方法：框架及案例分析》，《中国教育信息化》2022 年第 6 期。

核心素养研究课题组：《中国学生发展核心素养》，《中国教育学刊》2016 年第 10 期。

胡航、李雅馨：《深度学习：是什么？怎么做?》，《中国信息技术教育》2020 年第 1 期。

胡航、杨旸：《辨证施治：深度学习研究方法论归演》，《中国远程教育》2022 年第 7 期。

黄涛、赵媛、耿晶等：《数据驱动的精准化学习评价机制与方法》，《现代远程教育研究》2021 年第 1 期。

姜力铭、刘玉杰、骆方：《基于真实问题情境的批判性思维测评：现状与挑战》，《中国远程教育》2022 年第 12 期。

焦建利、贾义敏：《学习科学研究领域及其新进展——"学习科学新进展"系列论文引论》，《开放教育研究》2011 年第 1 期。

李吉林：《情感：情境教育理论构建的命脉》，《教育研究》2011 年第 7 期。

李家新、谢爱磊、雷欣渝：《大规模在线教学环境下教师"数字鸿沟"影响教师韧性的机理研究——基于粤港澳大湾区 1556 位城乡小学教师的调查》，《现代远距离教育》2021 年第 6 期。

李松林、杨爽：《国外深度学习研究评析》，《比较教育研究》2020 年第 9 期。

李祥兆：《学生思维评价的新视角——SOLO 分类评价理论评述》，《教育科学研究》2005 年第 11 期。

李艳燕、马韶茜、黄荣怀：《学习分析技术：服务学习过程设计和优化》，《开放教育研究》2012 年第 5 期。

林琳、沈书生：《设计思维的概念内涵与培养策略》，《现代远程教育研究》

2016 年第 6 期。

刘晓艳、杨南昌、陈祖云：《走出教学设计研究的现实困境：创建可用的教学设计理论》，《现代远程教育研究》2012 年第 3 期。

刘晓艳、杨南昌：《具身学习：理解和设计学习的新视角》，《上海教育》2015 年第 36 期。

刘旭东：《中学英语教师课堂反馈话语研究》，《中小学外语教学》（中学篇）2009 年第 1 期。

刘哲雨、郝晓鑫：《深度学习的评价模式研究》，《现代教育技术》2017 年第 4 期。

吕林海：《“深度学习”视域下的大学“金课”——历史逻辑、考量标准与实现路径之审思》，《高校教育管理》2020 年第 1 期。

罗红卫：《网络英语教学的情感设计研究》，博士学位论文，华东师范大学，2009 年。

马云飞等：《深度学习的发生机制与多模态数据测评研究》，《远程教育杂志》2022 年第 1 期。

庞维国：《创造性心理学视角下的创造性培养：目标、原则与策略》，《华东师范大学学报》（教育科学版）2022 年第 11 期。

彭红超、祝智庭：《深度学习研究：发展脉络与瓶颈》，《现代远程教育研究》2020 年第 1 期。

钱旭鸯：《课堂规范论析》，《全球教育展望》2011 年第 1 期。

任明满：《大单元教学：历史脉络、研究现状及路径选择》，《课程·教材·教法》2022 年第 4 期。

桑新民：《学习究竟是什么？——多学科视野中的学习研究论纲》，《开放教育研究》2005 年第 1 期。

沈小碚、罗章：《论深度学习在综合实践活动中的发生机理》，《教育科学研究》2021 年第 10 期。

师曼等：《21 世纪核心素养的框架及要素研究》，《华东师范大学学报》（教育科学版）2016 年第 3 期。

孙妍妍、祝智庭：《以深度学习培养21世纪技能——美国〈为了生活和工作的学习：在21世纪发展可迁移的知识与技能〉的启示》，《现代远程教育研究》2018年第3期。

王美等：《重新认识学习：学习者、境脉与文化——从〈人是如何学习的Ⅱ〉看学习科学研究新进展》，《开放教育研究》2019年第6期。

王永军：《技术赋能的未来学习者——新版ISTE学生标准解读及其对我国中小学学生信息化学习能力建设的启示》，《中国远程教育》2019年第4期。

王佑镁、李璐：《设计型学习——一种正在兴起的学习范式》，《中国电化教育》2009年第10期。

王佑镁：《设计型学习：探究性教学新样式——兼论尼尔森的逆向思维学习过程模型》，《现代教育技术》2012年第6期。

温雪：《深度学习研究述评：内涵、教学与评价》，《全球教育展望》2017年第11期。

吴维宁：《教育评价新概念——SOLO分类法评介》，《学科教育》1998年第5期。

谢幼如等：《融合创新，有效提升"金课"建设质量》，《中国电化教育》2019年第11期。

闫昱洁：《警惕课堂合作学习中的虚假合作》，《教学与管理》2015年第28期。

杨南昌等：《学习科学的方法论革新与研究方法综述》，《开放教育研究》2011年第6期。

杨南昌、梁慧芳：《高质量教学的内在驱力：教师线上教学的自我价值感研究》，《电化教育研究》2023年第7期。

杨南昌、刘晓艳：《具身学习设计：教学设计研究新取向》，《电化教育研究》2014年第7期。

杨南昌、刘晓艳：《学习科学融合视域下教学设计理论创新的路径与方法》，《电化教育研究》2016年第11期。

杨南昌、刘晓艳：《学习者中心的技术设计：理念、方法与案例》，《远程教育杂志》2008 年第 6 期。

杨南昌、罗毛羽：《“脚手架”如何变成了“绊脚石”——小学数学中的图示障碍研究》，《电化教育研究》2021 年第 7 期。

杨南昌、罗钰娜：《技术使能的深度学习：一种理想的学习样态及其效能机制》，《电化教育研究》2020 年第 9 期。

杨宁：《从元认知到自我调节：学习策略研究的新进展》，《南京师大学报》（社会科学版）2006 年第 4 期。

杨艳辉：《迈克尔·富兰的深度学习理论研究》，硕士学位论文，西南大学，2020 年。

叶浩生：《具身认知：认知心理学的新取向》，《心理科学进展》2010 年第 5 期。

殷常鸿等：《“皮亚杰—比格斯”深度学习评价模型构建》，《电化教育研究》2019 年第 7 期。

尹宝才、王文通、王立春：《深度学习研究综述》，《北京工业大学学报》2015 年第 1 期。

余文森、龙安邦：《实践：指向核心素养的课堂教学行动属性》，《教育研究与实验》2023 年第 2 期。

余文森：《优质教学的教学论解读》，《教育研究》2007 年第 4 期。

张广宇：《学生学科能力培养方法系列（2）SOLO 分类法》，《中学政治教学参考》2015 年第 29 期。

张浩、吴秀娟：《深度学习的内涵及认知理论基础探析》，《中国电化教育》2012 年第 10 期。

张浩、吴秀娟、王静：《深度学习的目标与评价体系构建》，《中国电化教育》2014 年第 7 期。

张华：《跨学科学习：真义辨析与实践路径》，《中小学管理》2017 年第 11 期。

张华：《论核心素养的内涵》，《全球教育展望》2016 年第 4 期。

张良、王克志：《美国深度学习研究的共识、分歧及待解决的问题——基于美国深度学习报告的比较研究》，《外国教育研究》2021 年第 4 期。

张良、杨艳辉：《核心素养的发展需要怎样的学习方式——迈克尔·富兰的深度学习理论与启示》，《比较教育研究》2019 年第 10 期。

郑炜冬：《微课情感化设计：理念、内涵、模型与策略》，《中国电化教育》2014 年第 6 期。

郑晓明、方俐洛、凌文辁：《社会规范研究综述》，《心理学动态》1997 年第 4 期。

钟媚、高凌飚：《评估准则：一种有效的课堂学习评价工具》，《全球教育展望》2006 年第 3 期。

钟启泉：《从“知识本位”转向“素养本位”——课程改革的挑战性课题》，《基础教育课程》2021 年第 11 期。

钟启泉：《“课堂话语分析”刍议》，《全球教育展望》2013 年第 11 期。

周加仙：《“基于脑的教育”理论述评》，《外国教育研究》2007 年第 2 期。

朱龙等：《美国中小学设计型学习新进展：案例与启示》，《电化教育研究》2017 年第 12 期。

朱行建：《SOLO 评价：一种试题难度预估的新方法》，《教学与管理》2010 年第 25 期。

祝智庭、雷云鹤：《翻转课堂 2.0：走向创造驱动的智慧学习》，《电化教育研究》2016 年第 3 期。

祝智庭、彭红超：《创新发展技术赋能的智慧教育——访我国智慧教育开拓者祝智庭教授》，《教师教育学报》2021 年第 4 期。

祝智庭、彭红超：《深度学习：智慧教育的核心支柱》，《中国教育学刊》2017 年第 5 期。

祝智庭、赵晓伟、沈书生：《技能本位的学习范式：教育数字化转型的认识论新见解》，《电化教育研究》2023 年第 2 期。

祝智庭：《智慧教育新发展：从翻转课堂到智慧课堂及智慧学习空间》，《开放教育研究》2016 年第 1 期。

祝智庭：《智慧教育引领教育数字化转型》，《上海教育》2022 年第 36 期。

（二）中文专著

（战国）孔伋：《中庸》，二十一世纪出版社 2015 年版。
陈家刚：《认知学徒制理论与实践》，华东师范大学出版社 2017 年版。
陈静静：《学习共同体——走向深度学习》，华东师范大学出版社 2020 年版。
冯锐：《基于案例推理的经验学习》，华东师范大学出版社 2012 年版。
高文编：《教学模式论》，上海教育出版社 2002 年版。
高文编：《学习创新与课程教学改革》，广东教育出版社 2007 年版。
高文等编：《学习科学的关键词》，华东师范大学出版社 2009 年版。
黄荣怀等编：《教育技术学导论》（第 2 版），高等教育出版社 2022 年版。
胡航：《深度学习：理论、实践与研究方法》，西南大学出版社 2022 年版。
林崇德：《教育的智慧：写给中小学教师》，浙江教育出版社 2019 年版。
刘徽：《大概念教学：素养导向的单元整体设计》，教育科学出版社 2022 年版。
马云鹏主编：《深度学习：走向核心素养》（学科教学指南 · 小学数学），教育科学出版社 2019 年版。
尚俊杰主编：《学习科学导论》，北京大学出版社 2023 年版。
吴康宁主编：《课堂教学社会学》，南京师范大学出版社 1999 年版。
夏雪梅：《以学习者为中心的课堂观察》，教育科学出版社 2012 年版。
徐斌艳等：《学习文化与教学设计》，教育科学出版社 2012 年版。
徐洁：《基于大概念的教学设计优化》，华东师范大学出版社 2021 年版。
学习基础素养项目组：《素养何以在课堂中生长》，华东师范大学出版社 2017 年版。
杨南昌：《学习科学视域中的设计研究》，教育科学出版社 2010 年版。
杨现明、田雪松编：《互联网 + 教育：中国基础教育大数据 》，电子工业出版社 2016 年版。
杨治良、郝兴昌主编：《心理学辞典》，上海辞书出版社 2016 年版。

张建伟、孙燕青：《建构性学习：学习科学的整合性探索》，上海教育出版社 2005 年版。

赵健：《学习共同体的建构》，上海教育出版社 2008 年版。

钟志贤：《面向知识时代的教学设计框架——促进学习者发展》，中国社会科学出版社 2006 年版。

钟志贤：《信息化教学模式：理论建构与实践例说》，教育科学出版社 2005 年版。

朱力：《变迁之痛——转型期的社会失范研究》，社会科学文献出版社 2006 年版。

（三）中文译著

[澳] 约翰 · B. 彼格斯、凯文 · F. 科利斯：《学习质量评价——SOLO 分类理论可观察的学习成果结构》，高凌飚、张洪岩主译，人民教育出版社 2010 年版。

[澳] 约翰 · G. 吉克：《教育神经科学在课堂》，周加仙主译，上海教育出版社 2020 年版。

[澳] 约翰 · 比格斯、凯瑟琳 · 唐：《卓越的大学教学：建构教与学的一致性》（第 4 版），王颖、丁妍、高洁译，复旦大学出版社 2015 年版。

[比] 易克萨维耶 · 罗日叶：《为了整合学业获得：情景的设计和开发》（第二版），汪凌译，华东师范大学出版社 2010 年版。

[丹] 克努兹 · 伊列雷斯：《我们如何学习：全视角学习理论》，孙玫璐译，教育科学出版社 2014 年版。

[德] 哈特穆特 · 罗萨：《新异化的诞生：社会加速批判理论大纲》，郑作彧译，上海人民出版社 2018 年版。

[德] 曼弗雷德 · 施皮茨尔：《数字痴呆化：数字化的社会如何扼杀现代人的脑力》，王羽桐译，北京时代华文书局 2014 年版。

[荷] 杰罗姆 · 范梅里恩伯尔、保罗 · 基尔希纳：《综合学习设计》（第二版），盛群力等译，福建教育出版社 2015 年版。

[加] 迈克尔 · 富兰、[美] 玛丽亚 · 兰沃希：《极富空间：新教育学如何实

现深度学习》，于佳琪、黄雪锋译，西南师范大学出版社2016年版。

［加］迈克尔·富兰、乔安妮·奎因、［新西兰］乔安妮·J. 麦凯琴：《深度学习：参与世界，改变世界》，盛群力等译，机械工业出版社2020年版。

［加］乔安妮·奎因等：《深度学习2：重新定义未来教育的学习模式》，盛群力等译，机械工业出版社2021年版。

［美］戴尔·卡耐基：《人性的弱点》，陶曚译，天津人民出版社2014年版。

［美］丹尼尔·L. 施瓦茨、杰西卡·M. 曾 、克里斯滕·P. 布莱尔：《科学学习：斯坦福黄金学习法则》，郭曼文译，机械工业出版社2018年版。

［美］R. 基思·索耶主编：《剑桥学习科学手册》，徐晓东等译，教育科学出版社2010年版。

［美］R. 基思·索耶主编：《剑桥学习科学手册》（第2版），徐晓东等译，教育科学出版社2021年版。

［美］本尼迪克特·凯里：《如何学习》，玉冰译，浙江人民出版社2017年版。

［美］查尔斯·M. 赖格卢斯：《教学设计的理论与模型：教学理论的新范式》，裴新宁等主译，教育科学出版社2011年版。

［美］查尔斯·菲德尔、玛雅·比亚利克、伯尼·特里林：《四个维度的教育：学习者迈向成功的必备素养》，罗德红译，华东师范大学出版社2017年版。

［英］弗里斯：《心智的构建 脑如何创造我们的精神世界》，杨南昌等译，华东师范大学出版社2012年版。

［美］格兰特·威金斯、［美］杰伊·麦克泰格：《追求理解的教学设计》（第二版），闫寒冰、宋雪莲、赖平译，华东师范大学出版社2017年版。

［美］赫伯特·A. 西蒙：《关于人为事物的科学》，杨砾译，解放军出版社1985年版。

[美] 简妮·爱丽丝·奥姆罗德:《学习心理学》(第 6 版),汪玲等译,中国人民大学出版社 2015 年版。

[美] 科拉·巴格利·马雷特等编:《人是如何学习的 II:学习者、境脉与文化》,裴新宁等主译,华东师范大学出版社 2021 年版。

[美] B. S. 布卢姆等编:《教育目标分类学》(第二分册　情感领域),施良方、张云高译,华东师范大学出版社 1989 年版。

[美] 克莱顿·M. 克里斯坦森、迈克尔·B. 霍恩、柯蒂斯·W. 约翰逊:《创新者的课堂:颠覆式创新如何改变教育》,机械工业出版社 2020 年版。

[美] 理查德·E. 梅耶:《应用学习科学:心理学大师给教师的建议》,盛群力、丁旭、钟丽佳译,中国轻工业出版社 2016 年版。

[美] 卢克·拉斯特:《人类学的邀请》,王媛等译,北京大学出版社 2008 年版。

[美] 玛丽莲·科克伦·史密斯、沙伦·费曼·尼姆塞尔、D. 约翰·麦金太尔主编:《教师教育研究手册:变革世界中的永恒问题》(第三版)(下卷),范国睿等译,华东师范大学出版社 2017 年版。

[美] 莫妮卡·R. 马丁内斯、丹尼斯·麦格拉思:《深度学习:批判性思维与自主性探究式学习》,唐奇译,中国人民大学出版社 2019 年版。

[美] 诺曼:《情感化设计》,付秋芳等译,电子工业出版社 2005 年版。

[美] 西恩·贝洛克:《具身认知:身体如何影响思维和行为》,李盼译,机械工业出版社 2016 年版。

[美] 约翰·D. 布兰思福特等编:《人是如何学习的:大脑、心理、经验及学校》(扩展版),程可拉等译,华东师范大学出版社 2013 年版。

[美] 约翰·I. 古德莱得:《为称作学校的地方培养教师》,苏智欣译,华东师范大学出版社 2023 年版。

[美] 约翰·瑞迪、埃里克·哈格曼:《运动改造大脑》,浦溶译,浙江人民出版社 2013 年版。

[美] 詹姆斯·A. 贝兰卡主编:《深度学习:超越 21 世纪技能》,赵健主

译，华东师范大学出版社 2020 年版。

[美] 詹森·E.、尼克尔森·L.：《深度学习的 7 种有力策略》，温暖译，华东师范大学出版社 2010 年版。

[日] 松下佳代、京都大学高等教育研究开发推进中心编：《深度主动学习：基于大学课堂的教学研究与实践》，林杰等译，人民邮电出版社 2021 年版。

[新西兰] 约翰·哈蒂：《可见的学习：对 800 多项关于学业成就的元分析的综合报告》，彭正梅等译，教育科学出版社 2015 年版。

[英] 辛克莱尔编：《柯林斯 COBUILD 英语词典》，上海外语教育出版社 2000 年版。

联合国教科文组织国际教育发展委员会编：《学会生存——教育世界的今天和明天》，华东师范大学比较教育研究所译，教育科学出版社 1996 年版。

（四）其他

李铁安：《反思导学案》，2021 年 11 月 10 日，http://www.nies.edu.cn/jysp/202111/t20211110_337767.html，2022 年 5 月 14 日。

罗强：《科学学科跨学科命题的探索》，2021 年。

强光峰、崔成林：《基于深度学习的教学评一体化教学设计的本土方案》，《一线教学之声》，https://mp.weixin.qq.com/s/epioLgBOo9mMfNkgXnWyhA，2023 年 9 月 6 日。

趣词：《Compete 英文词源》，https://www.quword.com/w/compete，2023 年 7 月 26 日。

王素等：《中国中小学学习空间调查报告》，中国教育科学研究院未来学校实验室，2022 年。

夏永良：《“中医内科学”课程教学改革与创新》，第二届全国高校教师教学创新大赛现场评审报告，2022 年 7 月。

徐瑾、刘晓艳、杨南昌：《SPOC 深度学习者的反思特征及思维转换研究——基于在线反思话语的分析》，载《中国高等教育学会学习科学研究分会2022学术年会论文集》。

《中国教师未来教育认知调查报告》，中国教育科学研究院未来学校实验室、中国教育发展战略学会未来教育专业委员会，2021年。

中华人民共和国教育部：《义务教育课程方案（2022年版）》，2022年4月21日，http://www.moe.gov.cn/srcsite/A26/s8001/202204/t20220420_619921.html。

二 外文文献

（一）外文论文

Biggs J.,"Individual and Group Differences in Study Processes", *British Journal of Educational Psychology*, Vol. 48, No. 3, 1978.

Biggs J.,"What do inventories of students' learning processes really measure? A theoretical review and clarification", *British Journal of Educational Psychology*, Vol. 63, 1993a.

Black J. B.,"An Embodied/Grounded Cognition Perspective on Educational Technology", *New Science of Learning: Cognition, Computers and Collaboration in Education*, 2010.

Bonwell C. C., Eison J. A.,"Active Learning: Creating Excitement in the Classroom", *ASHE-ERIC Higher Education Report*, 1991.

Bower M.,"Affordance Analysis-Matching Learning Tasks with Learning Technologies", *Educational Media International*, No. 1, 2008.

Brown A. L.,"Design Experiments: Theoretical and Methodological Challenges in Creating Complex Interventions in Classroom Settings", *The Journal of the Learning Sciences*, Vol. 2, No. 2, 1992.

Chang J., Song J.,"A Case Study on the Formation and Sharing Process of Science Classroom Normss", *International Journal of Science Education*, Vol. 38, No. 5, 2016.

Chang J. & Song, J.,"A Case Study on the Features of Classroom Norms

Formed in Inquiry Activities of Elementary Science Classes" , *Journal of the Korean Association for Science Education*, Vol. 35, No. 2, 2015.

Cobb P. , Boufi A. , McClain K. , et al. , "Reflective Discourse and Collective Reflection", *Journal for Research in Mathematics Education*, Vol. 28, No. 3, May 1997.

Cobb P. , Yackel E. , "Constructivist, Emergent, and Sociocultural Perspectives in the Context of Developmental Research", *Educational Psychologist*, Vol. 31, No. 3 -4, 1996.

Cochrane T. , Munn J. , "Integrating Educational Design Research and Design Thinkingto Enable Creative Pedagogies", *Pacific Journal of Technology Enhanced Learning*, Vol. 2, No. 2, 2020.

Conley D. T. , Darling-Hammond L. , "Building Systems of Assessment for Deeper Learning", in Darling-Hammond L. , Adamson F. , *Beyond the Bubble Test: How Performance Assessments Support* 21*St Century Learning*, John Wiley & Sons, Inc, 2015.

David B. Hay, "Using Concept Maps to Measure Deep, Surface and Non-Learning Outcomes", *Studies in Higher Education*, Vol. 32, No. 1, 2007.

Folashadé Solomon, Dionne Champion, Mariah Steele & Tracey Wright, "Embodied Physics: Utilizing Dance Resources for Learning and Engagement In Stem", *Journal of the Learning Sciences*, Vol. 31, No. 1, December 2022.

Fullan M. , Hill P. , Rincón-Gallardo S. , "Deep Learning: Shaking the Foundation" , Pedagogies for Deep Learning: A Global Partnership, No. 3, 2017.

Gordon J. , Halasz G. , Krawczyk M. , "Key Competences in Europe: Opening Doors For Lifelong Learners Across the School Curriculum and Teacher Education", *Case Network Reports*, No. 87, 2009.

Gulikers J. T. M. , Bastiaens T. J. , Kirschner P. A. , "A Five-dimensional Framework for Authentic Assessment", *Educational technology research and development*, Vol. 52, No. 3, 2004.

Gómez Puente S. M., van Eijck M. & Jochems W., "A Sampled Literature Review of Design-Based Learning Approaches: A Search for Key Characteristics", *International Journal of Technology and Design Education*, Vol. 23, 2013.

Hartson H. R., "Cognitive, Physical, Sensory, and Functional Affordances in Interaction Design", *Behaviour & Information Technology*, Vol. 22, No. 5, 2003.

Hattie J. A. C. and Donoghue G. M., "Learning Strategies: A Synthesis and Conceptual Model", *npj Science of Learning*, Vol. 1, No. 1, 2016.

Hertz U., "Learning How to Behave: Cognitive Learning Processes Account for Asymmetries in Adaptation to Social Norms", *Proceedings of the Royal Society B*, Vol. 288, No. 1952, June 2021.

Hokanson B., Hooper S., "Levels of Teaching: A Taxonomy for Instructional Design", *Educational Technology*, No. 6, 2004.

Holton D. L., "Constructivism + Embodied Cognition = Enactivism: Theoretical and Practical Implications for Conceptual Change", Aera 2010 conference, 2010.

John B. Biggs, "Individual and Group Differences in Study Processes", *British Journal of Educational Psychology*, Vol. 48, No. 3, 1978.

Klieme E., Hartig J., Rauch D., "The Concept of Competence in Educational Contexts", *Assessment of Competencies in Educational contexts*, 2008.

Lemke J. L., "Articulating Communities: Sociocultural Perspectives on Science Education", *Journal of Research in Science Teaching*, Vol. 38, No. 3, March 2001.

Makar K., Bakker A., Ben-Zvi D., "Scaffolding Norms of Argumentation-Based Inquiry in A Primary Mathematics Classroom", *ZDM Mathematics Education*, Vol. 47, No. 7, November 2015.

Marton F., Säljö R., "On Qualitative Differences in Learning: I – Outcome and

Process", *British journal of Educational Psychology*, Vol. 46, No. 1, 1976.

Satish Kumar Boguda, Arsid Shailaja, "Maximizing Digital Transformation Innovation-Design Thinking", *International Journal of Engineering Research & Technology*, Vol. 8, No. 8, August 2019.

Schraw G. and Dennison R. S., "Assessing Metacognitive Awareness", *Contemporary Educational Psychology*, Vol. 19, No. 4, 1994.

Sølvik Randi M. and Glenna Anne E. H., "Teachers' Potential to Promote Students' Deeper Learning in Wholeclass Teaching: An Observation Study in Norwegian Classrooms", *Journal of Educational Change*, Vol. 23, 2021.

Trigwell K., Ellis Robert, Han Fei, "Relations Between Students' Approaches to Learning, Experienced Emotions and Outcomes of Learning", *Studies in Higher Education*, Vol. 37, No. 7, 2012.

Trigwell K., Prosser M., "Relating Approaches to Study and the Quality of Learning Outcomes at the Course Level", *British Journal of Educational Psychology*. No. 61, 1991.

Yackel E., Cobb P., "Sociomathematical Norms, Argumentation, and Autonomy in Mathematics", *Journal for Research in Mathematics Education*, Vol. 27, No. 4, July 1996.

（二）外文著作

Alison Castro Superfine, *Teacher Learning in Changing Contexts: Perspective from The Learning Sciences*, London: Routledge, 2022.

Asor L., Erim C., *Life-Wide Learning: A Potent Strategy for Expanding Non-Formal Learning Opportunities for Youths and Adults in Nigeria*, Education for Careers in the 21st Century, 2017.

Banks J., Au K., Ball A. F., Bell P., Gordon E., Gutierrez K., et al., *Learning in and Out of School in Diverse Environments: Life-Long, Life-Wide, Life-Deep*, The LIFE Center (University of Washington, Stanford University and SRI) & the Center for Multicultural Education, University of Washington, 2007.

Baruch Schwarz and Jerry Andriessen, *Argumentation and Education: Theoretical Foundations and Practices*, Argumentative Design, Nathalie Muller Mirza, & Anne-Nelly Perret-Clermont, 2009.

Bialik M., Bogan M., Fadel C., et al., *Character Education for the 21st Century: What Should Students Learn*, Center for Curriculum Redesign, 2015.

Biggs J. B., Collis K. F., *Evaluating the Quality of Learning: The SOLO Taxonomy*, New York: Academic, 1982.

Briggs C. & Makice K., *Digital Fluency: Building Success in the Digital Age*, Social Lens, 2012.

Dede C., *The Role of Digital Technologies in Deeper Learning*, *Students at the Center: Deeper Learning Research Series*, Boston, MA: Jobs for the Future, 2014.

Doll W. E., Developing Competence, In Doll W. E, *Pragmatism, Post-Modernism, and Complexity Theory*, Edited by Donna Trueit, New York: Routledge, 2012.

Fischer F., et al., *International Handbook of the Learning Sciences*, New York: Routledge, 2018.

Friedman T. L., *Thank You for Being Late: An Optimist's Guide to Thriving in the Age of Accelerations*, New York: Farrar, Straus and Giroux, 2016.

Fullan M. and Langworthy M., *Towards A New End: New Pedagogies for Deep Learning*, Washington: Collaborative Impact, 2013.

Leder Gilah C., Erkki Pehkonen, and Günter Törner, *Beliefs: A Hidden Variable in Mathematics Education?* The Netherlands: Kluwer Academic Publishers, 2002.

Lerman Stephen, *Encyclopedia of Mathematical Education*, Cham: Springer International, 2014.

Mayer R. E., Alexander P. A., *Handbook of Research on Learning and Instruction*, New York: Routledge, 2016.

Mayer R. E., *What Causes Individual Differences in Cognitive Performance?* In

R. J. Sternberg & E. L. Grigorenko, *The Psychology of Abilities, Competencies, and Expertise*, New York: Cambridge University Press, 2003.

McEachen J., Kane M., *Measuring Human Return: Understand and Assess What Really Matters for Deeper Learning*, California: Corwin Press, 2018.

Michael Fullan & Maria Langworthy, *A Rich Seam How New Pedagogies Find Deep Learning*, London: Pearson, 2014.

Michael Fullan, Joanne Quinn, Joanne McEachen. *Deep Learning: Engage the World Change the World Engage the World Change the World*, Corwin Press, 2017.

Monica R., Martinez, Dennis McGrath, *Deeper Learning: How Eight Innovative Public Schools are Transforming Education in the 21st Century*, The New Press, 2014.

National Academies of Sciences Engineering and Medicine, *How People Learn Ⅱ: Learners, Contexts, and Cultures*, Washington DC: The National Academies Press. 2018.

National Research Council, *Education for Life and Work: Developing Transferable Knowledge and Skills in the 21st Century*, National Academies Press, 2012.

Nelson H. G., Stolterman E., *The Design Way: Intentional Change in an Unpredictable World*, MIT Press, 2014.

Pellegrino J. W., Hilton M. L., *Education for Life and Work: Developing Transferable Knowledge and Skills in the 21st Century*, National Academies Press, May, 2013.

Rosa H., *Resonance: A Sociology of Our Relationship to the World*, Cambridge: Polity Press, 2019.

Wertsch J. V., *Mind as Action*, New York: Oxford University Press, 1998.

（三）网络文献

Ability, Capability, Capacity and Competence, (Apr 12, 2016), https://www.businessprocessincubator.com/content/ability-capability-capacity-and-competence-2/.

Barab S. A. , Situated Cognition, (Jun 28, 2015), https://sashabarab. org/projects/situated-cognition/.

Barab S. A. , "Ecological Paradigm: Seeking a New Model of Learning" , (2001), http://inkido. indiana. edu/research/theory. html.

Basic Education Curriculum Guide-To Sustain, "Deepen and Focus on Learning to Learn", (2023), https://cd. edb. gov. hk/becg/english/chapter6. html.

David Huang, "A Life-Long Process of Purposeful Learning", (May 25, 2022), https:// singteach. nie. edu. sg/2022/04/19/a-life-long-process-of-purposeful-learning/.

European Commission, "Key Competences for Lifelong Learning", (Apr 30, 2022), https:// www. britishcouncil. org/sites/default/files/youth-in-action-keycomp-en. pdf#: ~ : text = The% 20Reference% 20Framework% 20sets% 20out% 20eight% 20key% 20competences% 3A, initiative% 20and% 20entrepreneurship% 3B% 208% 29% 20Cultural% 20awareness% 20and% 20expression.

European Commission, "Life Comp: The European Framework for Personal, Social and Learning to Learn Key Competence", (Apr 30, 2022), https://publications. jrc. ec. europa. eu/repository/handle/JRC120911.

Galyen K. , et al. , Fundamentals of Exceptional Instructional Design: Essentials of Mindset and Approach, In Whitney Kilgore and Diane Weaver (Ed.), Connecting the Dots: Improving Student Outcomes and Experiences with Exceptional Instructional Design, (Mar 15, 2020), https://opentextbooks. uregina. ca/instructionaldesign2improvelearning/chapter/chapter-2-fundamentals-of-exceptional-instructional-design-essentials-of-mindset-and-approach/.

Great Lakes and Midwest Regional, "Deeper Learning Initiative, Why do Students Need Deeper Learning?" (Feb 12, 2019), http://www. deeperlearning cc. org/.

Henard Fabrice, and Soleine Leprince-Ringuet, "The Path to Quality Teaching in Higher Education", (2023), París: OCDE. Recuperado de, https://www1. oecd. org/edu/imhe/44150246. pdf.

Instructional Strategies Motivate and Engage Students in Deeper Learning, (2013), https://www. sreb. org/publication/instructional-strategies-motivate-and-engage-students-deeper-learning.

Interaction Design Foundation, Design Thinking, (Feb 22, 2017), https://www. interaction-design. org/literature/topics/design-thinking.

Kilgore W., Weaver D., *Connecting the Dots: Improving Student Outcomes and Experiences with Exceptional Instructional Design*, (2020), https://opentextbooks. uregina. ca/instructionaldesign2improvelearning/chapter/chapter-2-fundamentals-of-exceptional-instructional-design-essentials-of-mindset-and-approach/.

LXD. org., Fundamentals of Learning Experience Design, (Sep 1, 2023), https://lxd. org/fundamentals-of-learning-experience-design/, 2023-9-1.

Meet Me, Maybe? All about apps in YOUR classroom! (Sep 14, 2016), http://www. appsinclass. com/jedimasterblog/meet-me-maybe.

Monica R., Martinez, Dennis McGrath, "Deeper Learning: The Planning Guide", (Dec 22, 2022), http://www. monicarmartinez. com/dl-planning-guide/.

NSF, "Science of Learning" (Jan 8, 2018), https://www. nsf. gov/funding/pgm_ summ. jsp? pims_ id =5567.

OECD, "The Definition and Selection of Key Competencies", (May 27, 2005), https:// www. oecd. org/pisa/definition-selection-key-competencies-summary. pdf.

Puentedura R., "Metaphors, Models, and Flows: Elements for a Cartography of Technology In Learning", (2011), http://clikmedia. ca/LMM/sites/default/files/pdf/ajout_puentedura_modelesamar. pdf.

Tasmanian Department of Education, Principles of Backward Design, (Sep 17, 2010), http://www. ltag. education. tas. gov. au/planning/models/princbackdesign. htm.

The William and Flora Hewlett Foundation , Deeper Learning Strategic Plan Summary Education Program, (Jan 4, 2018). http://www. hewlett. org/wp-content/uploads/2016/09/Education_ Deeper_ Learning_ Strategy. pdf.

Vaughan Broderick, Design Thinking for Innovation, (Sep 23, 2021), https://vaughanbroderick. com/design-thinking-process/.

Walsh C. , Promoting Curiosity, Creativity and Clarity in Management Education, In Brito SMDR (Ed.), Creativity, (Sep 15, 2022), http://dx. doi. org/10. 5772/intechopen. 102068.

William and Flora Hewlett Foundation, "Deeper Learning Competencies", (Apr 2013), https:// hewlett. org/wp-content/uploads/2016/08/Deeper_ Learning_ Defined_ April_ 2013. pdf.

William F. Keane, Therese Keane, "Deep Learning, ICT and 21st Century Skills Leading for Education Quality", (2013), https:// core. ac. uk/display/36855236.

"The Intellectual and Policy Foundations of the 21st Century Skills Framework", Partnership for 21st Century Skills, (2007), http://www. youngspirit. org/docs/21stcentury. pdf. p21.

（四）其他

Arianna Sala, Yves Punie, Vladimir Garkov, Marcelino Cabrera, *The European Framework for Personal, Social and Learning to Learn Key Competence*, Luxembourg: Publications Office of the European Union, 2020.

European Communities, *Key Competences for Lifelong Learning: European Reference Framework*, 2007.

Fullan M. , Donnelly K. , *Alive in the Swamp: Assessing Digital Innovations in Education*, Nesta-New Schools, Report, November 01, 2013.

Huberman M. , Bitter C. , Anthony J. , et al. , *The Shape of Deeper Learning: Strategies, Structures, and Cultures in Deeper Learning Network High Schools*,

Findings from the Study of Deeper Learning Opportunities and Outcomes: *Report 1*, *American Institutes for Research*, 1000 *Thomas Jefferson Street NW*, Washington, DC 20007.

Huberman, Catherine Bitter, Jennifer Anthony, J. O' day, *The Shape of Deeper Learning*: *Strategies*, *Structures*, *and Cultures in Deeper Learning Network High Schools*, American Institutes for Research, September 1, 2014.

Kwek D., Hung D., Koh T. S. Tan J., *OER-CRPP Innovations for Pedagogical Change*: *5 Lessons*, Singapore: National Institute of Education, 2017.

Maier J., *Affordance Based Design*: *Theoretical Foundations and Practical Application*, VDM Verlag Dr. Müller, 2011.

Martinez M. R., McGrath D. R. & Foster E., *How Deeper Learning Can Create a New Vision for Teaching*, National Commission on Teaching and America's Future, (2023-1-20).

Noguera Pedro, Linda Darling-Hammond, Diane Friedlaender, *Equal Opportunity for Deeper Learning*, *Students at the Center*: *Deeper Learning Research Series*, Boston, MA: Jobs for the Future, 2015.

Organisation for Economic Co-operation and Development, *The Definition and Selection of Key Competencies*: *Executive Summary*, Paris: OECD, 2005.

Roegiers X., *From Knowledge to Competency*: *An Original Study Assessing the Potential to Act Through Multiple-Choice Questions*, P. I. E-Peter Lang S. A., Éditions Scientifiques Internationales, 2018.

Ronald S. Carriveau, *Connecting the Dots*: *Improving Student Outcomes and Experiences with Exceptional Instructional Design*, Stylus Publishing, 2016.

Sinay E., Graikinis D., *Global Competencies in Deeper Learning Environments Enabled by Pervasive Digital Technologies*: *Evolving Framework for Theoretical Foundation and Developmental Evaluation*, (Research Report No. 17/18-22), Toronto, Ontario, Canada: Toronto District School Board, 2018.

Switzerland: World Economic Forum, *New Vision for Education*: *Fostering Social and Emotional Learning through Technology*, October 3, 2016.

Vander Ark T., Schneider C., "How Digital Learning Contributes to Deeper Learning", Retrieved June, December, 2012.

William and Flora Hewlett Foundation, *Deeper Learning Defined. Menlo Park*, CA: William and Flora Hewlett Foundation, 2013.

附　　录

附录一　深度学习调查问卷

亲爱的同学：

您好！感谢您抽出时间帮助我们填写这一份问卷。我们正在进行一项有关深度学习的调查研究，您的回答在不久的将来或许会为学校的课堂教学改革贡献一份力量。本调查不记名、无对错，纯为学术研究，请按照要求如实填写每一道题目。如果您认为某个问题的答案，会因课程的不同而有所变化，请根据您认为最重要的课程的情况加以回答。再次感谢您的支持和参与！

第一部分：基本信息（请按您的实际情况进行填写）（略）

第二部分：正式部分（请按您的实际情况进行填写）

1.　您经常在什么环境下学习？(　　)

A. 没有网络成分的课堂　　B. 有一些网络成分的课堂

C. 网络占主要成分的课堂　　D. 不清楚

2.　您觉得哪种学习环境学到的知识更多？(　　)

A. 没有网络成分的课堂　　B. 有一些网络成分的课堂

C. 网络占主要成分的课堂　　D. 不清楚

3. 您所拥有的移动设备有（可多选）(　　)

A. 智能手机　　B. 笔记本电脑　　C. 平板　　D. Kindle

E. 其他______

4. 您每天在移动学习设备上花费时间最多的活动是(单选)（　　）

A. 学习　　B. 社交（如微信）　　C. 娱乐（如游戏）

D. 消费（如淘宝）　　E. 其他（如网络兼职等）

5. 对于以下有关课上和课下的技术使用情况的描述，请勾选出最符合您情况的栏目。

		总是	经常	有时	很少	从不
课上	(1) 带手机上课					
	(2) 带笔记本电脑或平板上课					
	(3) 浏览与学习相关的信息（阅读作业材料等）					
	(4) 检索获取与学习相关的信息（查找网络资源等）					
	(5) 记录信息（课堂拍照、记笔记、录音等）					
	(6) 共享信息（与同学转发学习材料等）					
	(7) 交流讨论学习内容（如 QQ 群讨论等）					
	(8) 用于娱乐（如游戏、浏览网页等）					
	(9) 与课程无关的社交（如微信）					
	(10) 无目的地习惯性玩手机（与课程无关）					
	(11) 被禁止使用手机等移动设备上课					
课下	(1) 课下用手机来辅助学习					
	(2) 用笔记本或平板来辅助学习					
	(3) 浏览课前学习内容（阅读作业材料等）					
	(4) 主动获取与学习相关的信息（查网络资源等）					
	(5) 整理信息（整理课堂图片、笔记、录音等）					
	(6) 共享信息（与同学分享学习信息等）					
	(7) 交流讨论学习内容（如 QQ 群讨论等）					
	(8) 利用移动学习设备完成作业					
	(9) 网络在线课程的学习					

6. 在您的本科课程学习中，对于以下每项描述，请勾选出最符合您情况的栏目。

	非常不符合	不符合	较不符合	较符合	符合	非常符合
(1) 所学课程有比较多的线上学习活动						
(2) 学校教室环境能够很好地支持我们使用技术设备						
(3) 学校技术环境很好地满足我们对学习资源的获取						
(4) 学校内学习技术使用的机会比较多						
(5) 教师会鼓励学生携带移动学习设备进入课堂						
(6) 教师会经常结合技术平台辅助教学						
(7) 教师会鼓励学生在相关学习任务中使用技术						
(8) 教师会鼓励学生使用在线协作工具与他人进行交流合作						
(9) 我希望教师能有良好的信息化教学技能						
(10) 我希望可以自带移动学习设备进课堂辅助学习						
(11) 我希望有更多需要技术支持的学习任务						
(12) 我希望有更多线上线下相结合的课堂教学						
(13) 我希望教室环境能有效支持移动学习设备的使用						

7. 对于以下有关技术使用的描述，请勾选出最符合您情况的栏目。

	非常不符合	不符合	较不符合	较符合	符合	非常符合
(1) 我会有意识地从更多渠道获取信息，而不只是通过百度搜索						
(2) 我会有意识地利用技术方法来检验方案的可行性与有效性						
(3) 我会有意识地通过数字技术工具来管理、记录学习任务的完成过程						

续表

	非常不符合	不符合	较不符合	较符合	符合	非常符合
(4) 我会有意识地评估网络信息的可靠性和有效性						
(5) 我能够运用技术与他人有效地沟通						
(6) 我能够运用技术与他人有效地合作						
(7) 我能够通过数字技术工具来整合信息并创建自己的作品						
(8) 我能够采用多种技术去开发创新而实用的解决现实问题的方案						
(9) 我能够自行解决移动学习设备或技术工具使用中出现的小问题						
(10) 我总是会尝试去使用一种新技术工具的所有功能						
(11) 我总是会主动尝试新的技术方法来辅助日常学习						
(12) 我总是会将学到的技术运用在其他情境中						
(13) 我总是会通过技术记录或表达我的想法						
(14) 我会安全、负责任地使用数字技术开展活动						
(15) 我会注意自己在网络环境中的言行						
(16) 我会尊重他人的数字知识产权						
(17) 我会管理个人数据以保证数字隐私和安全						

8. 对于以下有关课程学习的描述，请勾选出最符合您情况的栏目。

	非常不符合	不符合	较不符合	较符合	符合	非常符合
(1) 我会不断思考和复习一些重要知识，直到我完全理解它						
(2) 我采用的学习方法就是尽可能通过考试就行						
(3) 对老师提出的阅读建议，我会很重视并认真完成						
(4) 对不可能出现在考试中的内容我不太关注						
(5) 我发现研究课程中的问题有时像看一部精彩的电影那样令人兴奋						

续表

	非常不符合	不符合	较不符合	较符合	符合	非常符合
(6) 我觉得获得知识和信息更加重要，而非对知识的批判性思考						
(7) 我总是带着许多问题进入课堂学习						
(8) 我的目标是在完成课程考试的同时使自己花费的精力尽可能少						
(9) 我试图通过记住关键知识点来应付考试，而非必须理解它们才行						
(10) 我能体会到学习所给我带来深刻的满足感						
(11) 我仅仅认真学习课堂上给出或课程大纲列出的内容						
(12) 我努力学习是因为我发现了课程学习中的趣味						
(13) 我会花时间去尽可能弄明白课堂上讨论的有趣问题						
(14) 对我来说，深入理解一些知识没有用处，只会浪费时间						
(15) 上课时我会有很多问题想问老师						
(16) 我认为没有必要学习考试范围之外的东西						

9. 对于以下描述，请勾选出最符合您情况的栏目。

	非常不符合	不符合	较不符合	较符合	符合	非常符合
(1) 我喜欢想新点子						
(2) 我喜欢想象一些想知道或想做的事						
(3) 我喜欢试着对事情或问题进行猜测，猜不对也没关系						
(4) 我不容易结交新朋友						
(5) 我喜欢用老方法做事情，不喜欢另找新方法						
(6) 我对自己认定的事坚信不疑						
(7) 我不会怀疑大家都认为是对的事						
(8) 我会先分析问题的重点再解答它						
(9) 我喜欢去找出事物是如何运作的						

续表

	非常不符合	不符合	较不符合	较符合	符合	非常符合
(10) 我能够有条理地处理问题						
(11) 我喜欢思考为主而不是记忆为主的考试						
(12) 我会尝试解决遇到的新问题						
(13) 我会分析情况并找出障碍来解决问题						
(14) 我会尽快解决发生在我身上的问题						
(15) 我不会考虑问题解决的后果						
(16) 我会逃避发生在我身上的难题						
(17) 当同学提出意见时，我不会质疑对方的动机						
(18) 在与同学合作的过程中，任务都能得到合理的安排						
(19) 在参加小组合作的学习活动时，我相信我们会合作成功						
(20) 我和同学的合作过程，沟通途径充足流畅						
(21) 在参加小组合作的学习活动时，我相信同组伙伴也会一样尽力						
(22) 我明白别人跟我说的事情的私密程度						
(23) 我用他人待我的同样坦诚程度来对待他们						
(24) 我会尝试用温暖的语气与他人沟通						
(25) 我会用言语以及非言语的方式支持别人						
(26) 我会尝试让其他人感觉到他们自己很重要						
(27) 跟别人聊天时，我会考虑对方的感觉						
(28) 我会尝试让其他人感觉很好						

10. 对于以下有关课堂表现的描述，请勾选出最符合您情况的栏目。

在课堂上（线下）	非常不符合	不符合	较不符合	较符合	符合	非常符合
(1) 如果我提问的话可能会干扰别人的思路						
(2) 如果我提问的话可能会浪费别人的时间						
(3) 如果我提问的话可能会打乱老师的思路						

续表

在课堂上（线下）	非常不符合	不符合	较不符合	较符合	符合	非常符合
(4) 如果我提问的话会影响课堂的进程						
(5) 我暗自埋怨老师讲得太快						
(6) 我暗自埋怨自己基础太差						
(7) 很想请老师讲慢一点，但不好意思说						
(8) 当前内容能够学会最好，学不会就学其他内容						
(9) 已经习惯了现有的教学方法，真正弄懂必须靠课后自学						
(10) 上课也就是听个大概、框架，细节主要靠课后自学						
(11) 不懂的内容先放在那里，课后多学几遍应该没问题						
(12) 已经习惯了课堂认真听讲不提问的方式，这样很高效						

11. 在公共网络平台（QQ 群、微信群、学习通等）上进行与学习有关的活动时，对于以下描述，请勾选出最符合您情况的栏目。

在网络上（线上）	非常不符合	不符合	较不符合	较符合	符合	非常符合
(1) 如果我提问的话可能会浪费别人时间						
(2) 如果我发言的话可能会干扰别人思路						
(3) 如果我发言的话可能会让别人尴尬						
(4) 如果我发言的话可能会被认为出风头						
(5) 如果我提问的话可能会受到别人嘲笑						
(6) 我暗自埋怨自己文笔（表达）不好						
(7) 如果我发言的话可能会冷场						
(8) 有人提出我想问的问题最好，没有就算了						
(9) 习惯了不提问，自己解决问题更高效						
(10) 习惯了不发表看法，自己知道就行						
(11) 大家都不怎么积极发言，所以也变得不是很积极了						
(12) 相比于线上，我更喜欢线下与老师同学交流，这样比较亲切						

12. 上学年，您在班级的综合素质成绩（综合成绩）排名是（　　）

A. 0% ~10%（含 10%）　　B. 10% ~30%（含 30%）

C. 30% ~50%（含 50%）　　D. 其他

附录二　沉浸体验量表（FSS）[①]

1. 我遇到了挑战，但我相信我的技能足以让我迎接挑战。
2. 我不假思索地做出了正确的行动。
3. 我清楚地知道我想做什么。
4. 我很清楚我做得很好。
5. 我的注意力完全集中在我正在做的事情上。
6. 我觉得我完全能控制自己在做什么。
7. 我不在乎别人对我的看法。
8. 时间似乎产生变化了（变慢或加快）。
9. 我真的很喜欢这次经历。
10. 我的能力符合这种高度挑战的情形。
11. 事情似乎是自动发生的。
12. 我对自己想做的事有强烈的感知。
13. 我意识到自己的表现有多好。
14. 我不需要费劲去想正在发生的事情。
15. 我觉得我能控制自己在做什么。
16. 我并不担心我在活动中的表现。
17. 时间流逝的方式似乎与平常不同。
18. 我喜欢那种表现的感觉，想再次体验它。
19. 我觉得我有足够的能力来满足这种情形的高要求。

① Jackson S. A., Marsh H. W., "Development and Validation of a Scale to Measure Optimal Experience: The Flow State Scale", *Journal of Sport and Exercise Psychology*, Vol. 18, No. 2, 1996, pp. 17 – 35.

20. 我的表现是自动化的。
21. 我知道我想要实现什么。
22. 我良好地认识到在表现的时候自己做得有多好。
23. 我全神贯注。
24. 我有一种完全的掌控感。
25. 我不关心如何展现自己。
26. 当我在表现的时候，感觉时间停止了。
27. 这次经历让我感觉很棒。
28. 挑战和我的技能处于同样高的水平。
29. 我做事情是自发的、自动的，不需要思考。
30. 我的目标很明确。
31. 从我表现的方式可以看出我做得有多好。
32. 我完全专注于手头的任务。
33. 我感觉完全控制了自己的身体。
34. 我不担心别人可能会怎么想我。
35. 有时，事情似乎是以慢动作发生的。
36. 我发现这一经历非常有益。

采用五级李克特量表：（1）非常不同意，（2）不同意，（3）中立，（4）同意，（5）非常同意。Cronbachs = 0.83。

后　记

对于课堂这个学习场域，总有一种难以割舍的情感。自1992年初为人师，从小学、中学一直教到现在的大学，弹指一挥间，三尺讲台一站三十载。其间，经历的课堂林林总总，大中小学各不一样，但我觉得，无论哪一类课堂，学生有效学习发生的内在样子是一致的，实现高质量课堂学习的设计路径也是有规律可循的。然而，要真正说清楚这些内在的规律是什么，似乎又让人难以琢磨。特别是当自诩为研究教学设计的高校学者和中小学一线教师分享课堂教学的时候，我觉得自己的话语多少显得有些“底气不足的苍白”。这成为驱使自己去关注课堂和理解课堂学习的重要推力。因为我知道，课堂是师生日常教学实践最重要的场所，课堂学习的革命是学校教育质量提升的关键所在。

硕士、博士学习期间，跑了不少中小学，也在几所学校的课堂扎根了几年。那个时候，更多是看人家的课堂，研究别人的教学。毕业到大学任教后的这些年，关注大学课堂和自己的课堂多了一些。然而，研究他人的课堂和研究自己的课堂，指导别人的教学和创变自己的教学，终究是两种不同的体验，也只有自己经历的才是最深刻的。

“大学什么都研究，就是不研究自己”，这是过去我们大学教育研究常被人诟病的一种奇怪现象。作为一个教育研究者，我觉得，在自己的大学课堂，特别是在面向师范生的课堂中挑战自己，研究自己的教学，这是一种责任，更是一种示范，因为他们是未来的教师，大学给他们什么样的课堂直接影响到他们未来的教学。

多年来我一直作为主讲，为小学教育专业的本科生开设了一门《小学课程与教学论》课程，而这门课程的主要目的就是教给未来的小学教师有关小学课程与教学的基本理论和设计方法。如果作为教授教师教育类课程的大学教师，在课堂年复一年地传统灌输，自己不带头创新，却要我们的师范生在今后的教学中应该这样或那样去创新，这是不是一个莫大的讽刺！

为此，从2013年开始，我和课程团队基于学习科学理念，在自己的课程中开展面向深度学习的教学创新探索与实践。我们创建了全校首个面向本科生的互动教室，自建省级精品在线开放课程，上线中国大学MOOC，实施学生自带设备（BYOD）基于小组协作的混合式教学，进行了真实问题/项目驱动的设计式学习和多元过程性评价等系列教学改革探索，课程也由此被认定为首批国家级线上线下混合式一流本科课程，本课程的教学创新也荣幸获得第二届全国高校教师教学创新大赛（地方高校正高组）二等奖。

与此同时，我们在小学课堂同步开展面向深度学习的教学创新实践，包括数学交流实践、数学知识结构化教学、基于大情境的单元教学等深度学习模式。我和我的研究生们，在大学课堂和小学数学课堂的创新设计之间，不停地来回穿梭和切换，越来越真切地感受到深度学习课堂在情境、意义、关联、社会交互和专家思维发展等方面的共同指向。

然而，课堂学习的探究之路注定充满艰辛与挑战。在中小学推动课堂学习创新的每一步设计都需要研究者与一线教师、教研员的通力合作，设计效果的每一步循证也需要投入大量精力收集数据。真实的课堂学习情境是如此的复杂，探究涉及的因素是如此的庞杂，使得每一项创新性的深度学习课堂设计研究都需要经过迭代的研究实践，持续的革新探索与学习理解的提升变得永无止境。这么多年来，感觉自己对课堂学习的理解还只是冰山一角，以至于在撰写本书的过程中，准备了很久，写了很久，完成书稿的那一刻又觉得“洞察课堂学习秘密”的研究工作才刚刚开始。但不可否认的是，每一轮的设计研究总会有意想不到的发现，这种不期而遇的意义“涌现”是课堂探究的魅力所在，也是推动自己今后在课堂学习领域继续探索前行的动力所在。

本书的写作凝聚了江西师范大学教师教育高等研究院学习科学与教学设计（LSID）研究团队的智慧和汗水。梁慧芳参与撰写了第一章初稿并校对了全书书稿。吴思珉、刘仪辉参与了引言和第四章的部分资料整理，李梦瑶、邓祯钰分别参与了第四章课堂学习规范、数字化深度学习能力的前期研究，罗钰娜、覃稔分别参与了第五章深度学习评价设计模型、情境化作业设计的前期研究，曹逾凡、徐瑾分别参与了第五章概念地图与数据驱动学习评价案例的前期研究，薛素桐参与了第六章小学数学深度学习单元教学案例的前期研究。王宗富、刘云华、李怿倞、余凌倩、李佳烜参与了书稿图表的绘制与书稿格式修订。宋雨菲、邱翠英、万嘉怡、刘美虹、陈琳、张烨、章萌、乌日娜、韩博核对了参考文献。

衷心感谢我的博士生导师华东师范大学终身教授高文先生将我引入学习科学的研究大门。感谢华东师范大学学习科学研究中心任友群教授、裴新宁教授、郑太年教授、赵健教授和王美老师一直以来的关心、指导和鼓励。特别感谢华东师范大学终身教授祝智庭先生、江西师范大学教师教育高等研究院钟志贤教授，两位恩师为本书的前期研究给予了很多指导和帮助。南京大学教育研究院吕林海教授的大学学习研究给了我们很多启发。本书中的大学课堂教学创新实践和探索得到了江西师范大学党委副书记汪洋教授、副校长钟业喜教授、教育教学评估中心主任揭安全教授、华中师范大学杨九民教授、南昌大学许祥云教授和胡兆吉教授等诸多领导和专家的指导与鼓励。南昌市东湖区教师发展中心数学教研员章明和她的工作室团队，以及南昌市邮政路小学教育集团罗炉枝老师共同参与设计和实施了书稿中的小学数学单元教学案例。感谢中国社会科学出版社许琳、姜雅雯为本书出版所付出的辛劳。感谢《电化教育研究》杂志社社长郭炯教授，《远程教育杂志》主编陶侃教授，《开放教育研究》执行主编徐辉富教授，《中国电化教育》常务副社长、副主编李馨和《现代远程教育研究》主编谭明杰教授等前辈同仁对我一直以来的鼓励和支持。给予我帮助和鼓励的专家、领导、同仁和朋友还有很多，在此，一并致以诚挚谢意。

最后要感谢我的家人，是他们一如既往地支持、鼓励和包容，才使我能安心写作和研究。特别要感谢我亲爱的孩子，感谢他经常与我们分享学校中的成长故事，启发了我写作时的现实思考。他的自律自觉和乐观向上的学习姿态，常常感染着我，使我在写作困境的时候，有了温暖的前行力量。

杨南昌

2023 年 10 月 7 日